2003 年 3 月，與能夠因應各種情況的第 5 團戰鬥群指揮官鄧福德合影。
（GUNNERY SGT. M. M. SMITH, USMC）

2003 年 3 月，放眼望去，整個沙漠都被沙塵暴籠罩而變成橘色。（BING WEST）

2003 年 4 月 3 日，向巴格達衝刺。（BING WEST）

2003 年 4 月，邁向巴格達的最後一段路。（BING WEST）

2003 年 4 月 4 日，陸戰隊戰車逼近巴格達（BING WEST）

越過迪亞拉河進入巴格達的當下，與營長布萊恩．麥考伊（中）和第 7 團戰鬥群指揮官史提夫．漢默碰面（右）。（BING WEST）

2003 年 4 月，一個陸戰隊班在巴格達留影。（BING WEST）

2004 年 4 月，往法魯加探個究竟。（BING WEST）

恐怖分子的魁儡，迦納比。
（BING WEST）

2004 年，對作戰官與各營營長下達攻擊法魯加的命令。（BING WEST）

2004 年，隱藏在拉馬迪街頭的 IED 炸彈。（BING WEST）

安巴爾覺醒運動領袖阿布・瑞沙，攝於 2006 年。（BING WEST）

在伊拉克與本書共同作者賓・魏斯特合影，攝於 2007 年。（OWEN WEST）

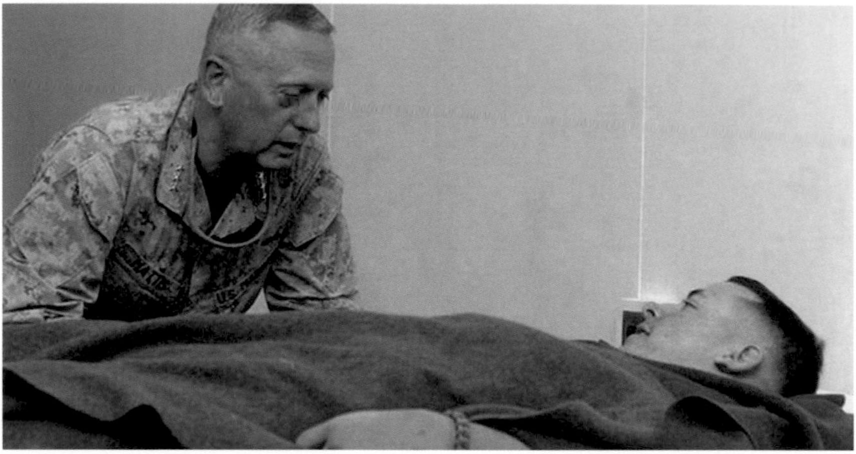

與一位勇敢的陸戰隊員合影，攝於 2007 年。（U.S. MARINE CORPS）

巡邏前提報，2010 年攝於阿富汗。（BING WEST）

與敵軍交戰的陸戰排，他們需要合理的接戰準則。（BING WEST）

在阿富汗的巡邏，2009 年。（BING WEST）

2010 年，攝於阿富汗境內的哨站，部隊總是能夠激勵我。（MAJOR JOSH DIDDAMS）

2011 年，與拉瑞．尼可森准將（Larry Nicholson，右二）和英國國會議員艾伍德（Tobias Ellwood，右一，面部遮住者）攝於馬加。（MAJOR JOSH DIDDAMS）

「過著夢想般的生活」，攝於 2011 年的阿富汗。（BING WEST）

本書共同作者賓・魏斯特（左）與後來升遷少將的約翰・圖蘭合影，攝於 2011 年的阿富汗。（BING WEST）

在巡邏中搜索敵人。（BING WEST）

與部隊交流，攝於 2012 年的納瓦（Nawa）。（BING WEST）

在阿富汗多次巡邏中的其中一次。（BING WEST）

基層大兵。（BING WEST）

CALL SIGN CHAOS

學會領導

馬提斯從戰場與戰略規劃養成的管理學

吉姆・馬提斯　賓・魏斯特——著
趙武靈——譯

前美國陸戰隊四星上將　前美國國防部部長

Jim Mattis　Bing West

LEARNING TO LEAD

僅將本書獻給為了捍衛我們的價值而投身軍旅的你們

目錄

第三部　戰略式領導

謝誌

附錄

前言

二〇一六年十一月底，我正在華盛頓州哥倫比亞河畔的老家享受感恩節假期，意外接到了一通來自副總統當選人彭斯（Mike Pence）的電話。對方問我是否有意願和新當選的準總統川普會面，並討論擔任美國國防部長的事宜？由於我並未參與選舉，且從未與川普先生交談甚至接觸，這次聯繫完全出乎我意料。此外我也心知肚明，在未經國會豁免的情況下，聯邦法律是禁止一位退伍不到七年的軍官轉任國防部長。由於自一九五〇年，喬治．馬歇爾將軍（George Marshall）就職國防部長後，國會就再未授權豁免軍職人員不得轉任的限制，再加上自己也才離開軍旅三年半，令我懷疑自己能否成為適當人選。即便如此，我還是搭機飛往紐澤西州的貝德明斯特（Bedminster, New Jersey），與總統當選人見面。

在橫跨國內的飛行途中，我有時間思索該如何扼要地表達自己對於美國在世界上應扮演什麼角色的看法。從丹佛起飛時，空服員的標準安全簡報引起了我的注意：「假如機艙失壓，氧氣面罩將會從上方落下……請先戴上自己的面罩，然後再幫助周圍的人……」，我們當然都聽過這類宣導很多次，但就在那一刻，這些耳熟能詳的話語卻宛如一個對當前局勢的隱喻：想要維持美國在世界上的領導地位，我們就必須先讓自己的國家齊心協力，尤其當我們想幫助其他人的話。

次日，我被載往川普國家高球俱樂部（Trump National Golf Club）。從側門進入，等待約二十分鐘後，就被帶往一間不大的會議室，並逐一引見新當選的總統、副總統、幕僚長和其他人員。我們討論了關於軍隊的狀況，這部分我們有些看法相同，但另外一些觀點卻是分歧的。在那次長達四十分鐘的會談當中，川普先生提出了涉及多個方面的討論，而語氣則是友善且令人感到舒適的。結束之後，新當選總統陪著我，走向俱樂部柱廊一端的台階；而許多媒體正在該處守候著。我認為自己這就要回去史丹佛大學的胡佛研究所，畢竟除了巡迴全國發表演說之外，我在那裡已經做了幾年研究，且非常享受那樣的時光。我認為自己支持北約的堅定立場，加上反對刑求戰俘的觀點會讓他另覓人選。當我和川普並肩站在台階上，而記者們則一面拍照一面提問時，我很訝異地聽到，準總統在一週內兩度對記者們說，認為我是個「名不虛傳」的人物；幾天之後，我竟然被正式提名了。而那時我也了解到，由於要面對國會的豁免和參議院的認可，自己將無法再回到史丹佛那個既優美又充滿活力的校園了。

會面當中，川普先生曾問過我，是否能勝任國防部長一職？而我則給了他肯定的答覆。由於自己從未嚮往這項職務，因此把握機會向他推薦了幾位我覺得一定能擔當這項重要職位的人選；不過，由於我的雙親屬於「最偉大的世代」：兩人不僅都曾在第二次世界大戰時服役，再加上自己在陸戰隊接受了超過四十年的歷練，因此我把擔任政府公職視為一種榮譽與責任。在我看來，當總統要求你去做一件事，那可不是你該擔心個人利害而裹足不前的時候。就如同一家優秀的美國運動用品公司的口號，「想做就做」（Just Do it），只要做好了準備，就該立刻答應。

在涉及捍衛我們對民主制度的實驗，以及我們的生活方式時，個人的意識形態是應該被排除在外的。無論執政的是民主黨還是共和黨，你都該報效國家。「政治爭議不影響一致對外」，這項信念塑造並影響了我，無論自己有多喜歡在加州的生活，或是能和因軍旅生涯而分隔四十多年的家庭重享天倫之樂，都無法改變這點。

當我回答能勝任國防部長一職時，原意是認為自己準備好了。而非常巧合的是，那其實是一份我知之甚詳的工作。在九〇年代晚期，我曾為兩任國防部長，裴瑞（William Perry）和柯恩（William Cohen）擔任過資料軍事幕僚；另外我也曾擔任過國防部副部長戴李昂（Rudy de Leon）的資深軍事助理。在這樣的近距離接觸之下，我個人得以了解到，國防部長的職責是如此地龐雜而且沉重。這是份艱鉅的工作：不僅第一任國防部長曾經自殺，歷任此職者也很少能在法律爭議或政治風暴當中全身而退的。

我們當時正處於戰時，那是自開國以來持續時間最久的一場武裝衝突。而我個人已經簽署了太多份致陣亡官兵家屬的信函，能了解到在一個沒有準備開戰的國家裡，去領導一個準備作戰的部門將會引發什麼樣的觀感。這個部門有數以百萬計，遍佈全球各地的勤奮軍人與文職雇員，其預算超過了除二十四個國家以外的所有國家的國民生產毛額（GDP）總和的預算來執行其任務。即使在個人層面上，我對首都裡充斥著的混亂與政治手段並不感興趣，因此並沒有很想回到華府。但在華盛頓上演著政爭之際，我不僅沒有因這個職位的複雜度而感到力不從心，反而相信自己能在就任國防部長一事上，得到兩黨的支持。

十二月底，我飛往華府面對即將展開的參議院同意程序。

這本書是關於我在海軍陸戰隊的生涯是如何引領著我到這一刻，並讓本人準備好接受一份如此重要的工作。陸戰隊教導我最重要的事，就是去適應環境、改變自己，進而克服困難；但他們也期望你先做好準備，專精於自己的本務。菜鳥般的表現不僅會招來厭惡，而且在陸戰隊內被人發現有任何缺失的話，可是會遭受直言不諱的批評。而想讓他們感到滿意，唯有百分之百地努力與投入。而在我的生涯歷程當中，每犯下一個錯誤之後——事實上我搞砸過很多次——陸戰隊反而拔擢了我。他們了解到，那些錯誤不僅是我付出的部分代價，更是學習如何把事情做對的必經之路。就這樣年復一年地，陸戰隊除了讓我學會那些必須的技能，更教導我如何因應突發的狀況。

在濃烈普魯士風的短髮，整潔的制服與嚴格的標準之下，陸戰隊造就了一些最為特立獨行的怪傑，以及最具獨創性的智者。在我歷任的指揮職務，派駐的數十個國家與講學過的許多大專校園都能見到他們的身影。陸戰隊並未因軍事方面的傑出表現，而扼殺智識上的自由，或企圖以嚴格控制的思想來取代具有想像力的解決方案。即使知道準則是源自於作戰時的教訓與鮮血換來的經驗，但仍拒絕將其轉化為信條。那些缺乏想像力的人，面對事後檢討時，以準則作為藉口的人可慘了。其他弟兄在打野外時、講堂裡或飲酒作樂之際的批評，絕對足以讓他們坐立難安。這無關個人的感受，當同僚、長輩或下屬提供更多不死板或經過戰史驗證的選項時，即使不符合準則，也不會幫助您度過中年危機。

在任何組織當中，沒有比選擇正確的團隊更為重要。在選擇誰應該晉升，或是擔任重要職務之際，我覺得最該重視的兩個特質是主動性與進取性，我會在同僚當中尋找這樣的特質。體制獎勵什麼樣的人，部屬就會採取什麼樣的作為；陸戰隊在自己的任務方面，卻從來沒有產生過混淆：他們就是一支做好準備的海上勁旅，專門為了在任何天氣與地點主導作戰而設計，而且還會在返鄉之後，成為更好的公民。這樣的信條塑造出了一支令世界各地的盟友歡迎、而使敵人聞風喪膽的勁旅，這是基於陸戰隊嚴格奉行著要獎勵主動性的傳統。

在準備參議院任命同意聽證會的那個月當中，我閱讀了許多極為精闢的情資簡報，並對美國在失去既有軍事優勢（包括技術方面的領先）的程度感到訝異。我們應該要集中心力來重建這樣的優勢。我軍旅生涯的最後十年，是在中東不斷地打擊恐怖主義，從那段時間到我如今退役三年，缺乏計畫的軍事投資更讓局勢雪上加霜，對我們當前甚至未來戰備造成的傷害，甚至比戰場上的敵軍還嚴重。

我預見到個人那些深受陸戰隊影響的背景必須要做出改變，如此才能適合一位文人部長的角色。整個軍事政策的形成，從認定國家的主要威脅，進而改變軍事教育甚至預算，並選出適當的領導者，以因應快速演變的戰爭，將對我有截然不同的要求。這就不難理解陸戰隊為何要將一份擴充的閱讀清單，指定給每一位剛晉升階級的人員。那是由於讀書能讓人深刻地了解過去，進而指引未來的道路。緩慢而堅定地，我們學到太陽底下其實沒有新鮮事：只要能獲得適當的資訊，我們不僅不再是犧牲者，甚至還可以創造出更多選擇。

陸戰隊堅持要官兵研究歷史（而非僅僅閱讀），幾十年來養成我沉浸於戰術、作戰與戰略當中。除了研究前人的成功和失敗，甚至還包括了對盟友、政治圈與如何應付「人為因素」的習慣，這一切終究證明是有益的。在我離開軍旅生涯之際，有人提醒我能在軍中服務這樣久，已經算是幸運了，更遑論能在這個冒險犯難的生涯當中，每每都能在正確的時刻，出現在正確的地點。當我告訴新當選的總統，自己能勝任國防部長的位置時，就很清楚自己這幾十年來的研究，以及觀察能人與庸才在面臨狀況時的作為，將對我的工作帶來莫大的助益。

回首以往，有些事情是顯而易見的：隨著每個階段而增加的閱讀清單、那些迫使我們服膺嚴格標準的教練與導師、陸戰隊強調的適應變化、組織團隊與批判思考、以及我長年在海外的經驗，都等於是為擔任這個職位做準備——即使我從來沒有追求過這個位階。無論是命運、天意或機會的安排，它都讓我在雀屏中選之際，已盡可能地做好了準備。這讓我在被要求再度出任公職時，能給予肯定的答覆，而非基於傲慢或無知。雖然我原本計畫要做完整個四年任期，卻在中途辭職了，那是我公職生涯的結束，而我現在則要告訴你，它是如何開始的。

——

我寫這本書的目的，在於將自己所學到的教訓傳達給軍人或民眾，並希望能對他們有所幫助。我有幸藉由美國民眾的稅金，接受了四十年的教育；而我學到的部分內容，對其他人可能是有用處的。我以身為老派人物自居，因此內容不會涉及時任的總統[1]。在後續的章節中，將會提到那些有助於我面對意外挑戰的經歷，而不會涉及當前激烈的政治辯論，我始終以身為接受大眾託付的公僕自居。

這本書會分成三個部分闡述：直接式領導，行政式領導與戰略性領導。在第一部分，我將會描寫在成長期間、性格養成的階段，以及後來加入陸戰隊的經過，那些越戰時期的陸戰隊官兵是如何栽培了我，以及隨後我首度帶領部下參戰的經過。這是一段直接，面對面領導的時期；而也就在當時，我和所屬之間，形成了一種屬於個人的緊密關係，通常我對這些人的了解，比對自己的親兄弟還要深。

第二部分我將會把範圍觸及更廣的行政式領導的歷程。在那個階段，我陸續指揮過為數達七千到四萬兩千人不等的單位，因此不再可能對每位部屬都知之甚詳。我必須改變領導風格，以確保自己的本意與關注，能在經過多層指揮體系的傳達後，依舊可以被那些我很少直接面對的人——如船上最資淺的水兵與部隊中新進的二兵——都能體會並理解。

最後在第三部分，我將會深入探討那些在戰略層級面臨的挑戰及相關能力。我將會從一位高階軍官的角度談到軍民之間的互動。在這部分，軍事將領必須試圖以文人領袖的人性化抱負以及戰爭的殘酷現實間，做出適當的調和。這時複雜的因素主導了一切；思慮不周將導

1 編註：即川普。

致極為嚴重的後果，甚至會引發災難。

在加入執政團隊並成為內閣的一員後，即使當時的頭銜超過了原本的軍事角色，但持續學習與應變的習慣仍伴隨著我。但驅使我竭盡全力的原因，其實是內心感受到那些參與歷次戰爭的退伍軍人正監督著我，以及自己有幸能領導那些無論華府政局如何變遷，卻依舊堅定忠誠，甚至不惜自願以身犯險來捍衛憲法與同胞的愛國者。

這幾年來，我曾把自己篤信的價值，摘錄在一張手寫的小卡上，然後將它放在我國防部的辦公桌上，而我也曾在那裡，簽署許多海外派兵的部署命令。那張卡片上寫著「這項承諾為美國民眾帶來的福祉，會值得我們派部隊去赴死嗎？」基於所學到的教訓，我比較願意相信，雖然懷抱著無法磨滅的創痛，但對那些失去至親的官兵遺族而言，答案是肯定的。

第一部

直接式領導

DIRECT LEADERSHIP

第一章　加入紀律嚴明陸戰隊的無憂少年

就和大多數二十歲的少年一樣，我總覺得自己天不怕，地不怕。但一九七一年冬天，就在華盛頓州東部的一個陡峭懸崖上，我差點失足摔死。當時我正俯瞰著下方水壩上工人的渺小身影，不料卻腳下一滑，整個人栽向一路延伸至哥倫比亞河的冰面。我把身體往後，企圖讓自己仰著滑下陡坡，避免頭部朝著前方一路衝去。即使腳跟用力，想讓身體停下，但靴子卻還是從石頭上滑掉。隨著背包被扯掉，下滑的速度也越來越快。我的腰部繫了一把卡巴戰鬥刀（Ka-Bar），是一位從陸戰隊退伍的人送我的禮物；當我拔出刀子刺向冰層時，它也很快地從我手裡被扯掉。我不僅繼續下滑，速度還越來越快，於是我翻過身來，慌亂地想抓住什麼，卻一點也沒有慢下來。

我碰到了一塊大石頭，接著反彈，在一陣側滾後，再撞上另一塊石頭才終於停了下來。回過神才發現自己正在流鼻血，但耳朵沒有出血，也不覺得想要嘔吐，確信頭顱沒有骨折。我只管躺在那裡，試著感覺一下身體的各個部位，發現呼吸時肋骨會痛。所幸手腳都還能動，也沒有刺傷自己。

我當時只是運氣好，而不是憑藉著登山技能才保住一命。後來我又花了幾個小時，跌跌撞撞地抵達陡坡下方的山溝，一名工人看到我蹣跚地走著，於是載著我穿過了普利斯急流水壩（Priest Rapids Dam），他甚至還表示願意再開四十英里把我一路送回家。

「非常感謝你，」我這樣回答：「但我想等到傷勢好些再回去。」

對方露出了一種能理解我想法的神情，身為一名工人，他每天都置身戶外，所以很清楚我這種人。假使我選擇在回家前先在外面多待一下，那也是我的事。

我在野外宿營兩天，等著身上的瘀青消退。白天沒事可做，我平躺著欣賞叢草上的凍雨；到了夜晚，睡著的時候都不久，只能小瞇打盹，瘀青加上可能有肋骨斷裂的關係，每次翻身時都會瞬間痛醒。

前一年的夏天，我才通過了陸戰隊後備軍官學校（Marine Officer Candidates School）的嚴格考驗，記得一位強悍的士官長告訴我們的故事。好些年以前，他的排必須在敵火射擊之下佔領一座小丘。當時每個人都很緊張，因為北越軍射擊得蠻準的；他告訴我們，當時的排長是如何讓大家鎮定下來的。

「我們無法選擇自己的死期，」排長說：「但我們可以選擇用什麼態度面對死亡。」

跌落冰面的意外成了一個轉戾點：我想在人生之中與上述那種好漢共事。他們能從容面對生死關頭，在意的是生命的完整性，而非只求活得夠久。我不太在意賺很多錢，而比較想待在戶外，置身在一群有冒險精神的人當中。對我而言，陸戰隊不僅秉持了正確的精神，更是我面對生命的正確方向。這次意外對照上我後來在陸戰隊的生涯，不啻為是一項隱喻：你會犯錯，或是面對人生的挫折，無論如何，都應該重新振作然後繼續下去。你要面對生命的挑戰，而不是抱怨它。

我在華盛頓州的里奇蘭長大（Richland, Washington），它是位於哥倫比亞河畔，一個雖然塵土飛揚，但仍有幾百位居民的農業小鎮。在第二次是世界大戰期間，陸軍的工兵團引進了核子時代的技術，經由哥倫比亞河引入來的水力發電興建漢佛反應爐（Hanford）。它是曼哈頓計畫，也就是製造原子彈競賽的一部分。在這樣的過程當中，里奇蘭成為了一座中產階級的小鎮，沒有所謂的富人區或貧民窟。我們那個有一萬七千位工程師、技術人員、建築工人與商人的社區，在經歷了大蕭條與二戰的考驗後，塑造出了努力、有公德心，以家庭為重和愛國的氛圍。沒有人會藉由自己的身分或地位作威作福。就如同幾年後，我看到傑基・羅賓森（Jackie Robinson）[1]的墓誌銘上寫的，「一個人的生命若不能為他人造成影響，那就是一點都不重要了。」這樣的情操正足以代表栽培我的那個世代是秉持著怎樣的信念。

爸爸是個航海人，他在商船上擔任輪機長，曾在一九三〇和四〇年代航行至數十個國家。媽媽來自加拿大的移民家庭，是高中以優等成績榮譽畢業的女性，二戰期間曾在華府和南非的普利托利亞（Pretoria）的陸軍情報局擔任文職。她是在前往南非的船上認識我爸的。爸媽對三個男孩灌輸的是自由競爭的觀念，一個無須畏懼卻亟待探索的世界。雙親對生命的好奇心，至今都影響著我。

成長過程中，我非常熱愛自己所處的無拘無束，除了全家去山區的露營旅行，以及我帶著點二二氣槍跟朋友或愛犬尼基（Nikki）去獵兔子之外，雙親全然許可我去探索偉大的戶外世界。有多少人的父母會開車把孩子載到鎮外的高速公路上，然後任他依靠搭便車的方式來橫跨整個西部的？

我從不喜歡枯坐在教室，自主閱讀的效率要好多了。我們家裡有的不是電視，卻是一座典藏豐富的家庭圖書館。我拚命閱覽各種書籍，從《金銀島》（*Treasure Island*）、《怒海餘生》（*Captains Courageous*）、《大地英豪》（*The Last of the Mohicans*）、《野性的呼喚》（*The Call of the Wild*），到《海角一樂園》（*The Swiss Family Robinson*）。海明威是我最喜歡的作家，接著則是福克納（William Faulkner）和費茲傑羅（Francis Scott Key Fitzgerald）。讀著路易斯和克拉克西部遠征的故事（註一），讓我不禁為了他們在哥倫比亞河上泛舟，並穿越我住的鄰近地帶而著迷。

從一九六四年我十三歲那年開始就在搭便車。我有著永不滿足的嗜好，總是想看看外面的世界，而高速公路則成為從鄉間往更遠處探險的工具。至於雙親對我突如其來的作法並無意見，因為那是個單純，且人與人之間彼此信任的年代。我也就這樣閒逛過了美國西部不少地方，並享受期間粗曠而寫意的生活。我當時體格健壯，習慣在戶外打地鋪，並對閱讀、人群和鄉野都充滿了好奇心。

1 編註：美國著名背號42號的大聯盟棒球職業球員。

就像任何出門在外夠久的人一樣，我也遇過不少麻煩。在蒙大拿州，我對上了三個當地的年輕人，就在形勢極其不利之際，一名掛著銀色警徽、頭戴白色牛仔帽、開著卡車，看似電影人物的高個子警長出現了。他先把我留置了一晚，次日早晨載著我去火車調車場，好趕上一輛往東的貨運火車。

「三對一，」警長說：「這種情況想贏還蠻難的。」

一九六八年，當我在中央華盛頓州立學院（Central Washington State College）就讀時，只是個平凡又夜夜笙歌的學生。某一晚當我灌了太多黃湯之後，被當地法官下令在牢裡度過週末，以懲戒我未成年飲酒的行為。

其中一位獄友波特．華格納（Porter Wagner，不是那位著名歌星）曾在馬里蘭州棄保潛逃。某個星期六的晚上，他看著我爬上鐵窗向外頭張望，急於看看自己錯過了哪些事情。

「吉米，你看到了什麼？」躺在床鋪上的他問我。

「一座充滿泥濘的停車場，」我回答他。

「我在下面這裡，可以看到夜空中的滿天星斗，」他告訴我：「你可以仰望星辰或俯視泥濘，一切都是你的選擇。」

波特雖然被關在牢裡，但他的心卻在鐵窗外頭。從這位反覆無常的哲學家身上，我學到無論發生什麼事，自己都不是受害者，那都是個人選擇的結果。你總不能都控制環境條件，但絕對可以控制自己回應的方式。從第二天開始，我自願打掃牢房、清洗警車，替其他囚犯在當地餐廳取餐，以便能盡快改變自己的狀況，也就是以一天的勞動，抵銷一天半的刑期。

整個夏天，我都在維吉尼亞州的匡提科接受預備軍官的訓練。我很喜歡這個環境所帶來的挑戰。磨練並評估我們的那些人，都是剛從越南戰場回來的中低階士官。他們將會決定，我們這些有理想抱負的少尉，究竟是要成為優秀的軍官，還是該回家吃自己。那些中士從來不認為我們已經盡了全力，甚至還會反過來逼迫我們要做更多。你如果不能在陸峭泥濘的山路上跟隨他們、在標準時間內通過障礙訓練，並在步槍射擊方面合格，就只能退訓回家。他們曾拿著返鄉的機票在大家面前晃，引誘學員們做出輕鬆作為的選擇——退訓。當陸戰隊不斷在越南陣亡時，我們卻正在接受訓練。試著努力還不夠好，而必須達到標準才行。在那兩年炎熱的夏季，有超過一半的學員被淘汰出局。

一九七二年初，我在大學待了超過三年後不久，就被任命為陸戰隊少尉。第一站必須前往位在匡提科的基礎訓練學校，並待上七個月。四軍種之中較為獨特的是，每位陸戰隊初官都必須接受步兵軍官的訓練，無論你後來會加入什麼學校，然後成為飛行員、後勤人員或其他兵科，所有軍官都以同樣的方式開始陸戰隊的生涯，學習同樣的基本技能，並在單一文化之下塑造成人。每位陸戰隊官兵首先要是一名步兵，因此必須有合格的射擊訓練。少尉們體認到，接下來他們在陸戰隊中的任務，無分階級或職別，都和那些直接面對敵人的新兵息息相關。如此的啟蒙與常態的社會化，對陸戰隊造成了深遠的影響——將「戰鬥」的信條傳達到所有面向。

——

同年稍後，我被派往沖繩，加入我的第一個步兵單位。我很幸運，被分發到陸戰隊四團二營（2nd Battalion, 4th Marine Regiment），該單位絕大多數的骨幹，都曾花了幾年的時間在越南的稻田、山麓與叢林中作戰。他們不僅精於本務，而且沒有因為經歷過戰爭，就冷漠對待他人；這批人既強悍又友善，會分享各自的戰鬥經驗。這令我無需去贏得他們的支持。

也就在這個時候，每位年輕軍官都正在建立起自己在專業方面的風評，無論你是待在陸戰隊裡四年還是四十年，這樣的名聲都會跟隨著你。你體能可以嗎？你的戰術判斷卓越嗎？你能召來砲兵火力支援嗎？你能很快地因應變局嗎？你的排服從你嗎？你能以身作則嗎？你必須和自己的手下一樣強悍，他們可不會管你是讀過多少本書。我試著和體能最好的部屬一起鍛鍊，並向那些戰術上最為洗鍊的同僚學習。

在美國歷史上，七〇年代初是個紛亂的時期，充斥著騷亂、政治上的詐術，以及一場引發分歧的戰爭，而軍方也無法自外於不安的社會。在徵兵制終止之後，我們不得民心的軍隊裡，充斥著越來越多的輟學生以及輕罪的犯人。不同族裔間的緊張、以下犯上與藥物濫用，都造成階級間的混亂與分裂。我們的部屬也是有不少的種族主義者甚至癮君子，而他們還會試著影響其他人。假使一位資淺軍官無法以堅定展現個性的方式來領導，這類問題人物將會越來越多。由於戰爭的傷亡與不佳的營舍環境，導致太多優秀人員離開了陸戰隊，我的排起先也僅有二十六人。我的副排長是當時二十一歲的韋恩．強生下士（Wayne Johnson），他是來自英屬圭亞那（British Guyana）的移民，外號約翰韋恩（John Wayne）。雖然他在陸戰隊才僅有三年的資歷，但全都是在海外度過的，而且其擔負的任務，原本是該指派給一位有十年訓練與資歷的上士才對。即使資歷尚淺，韋恩對愚蠢或懶惰是絕不寬貸的。

「少尉，」強生下士告訴我：「你的態度必須比啄木鳥那堅硬的喙還要堅定。」他再三強調，排上有些人並不符合陸戰隊的標準，我若想要弟兄們跟隨我，就必須和最強悍的手下一樣強悍。有一次，我和全排待在基地外的叢林裡。大家已經辛苦了好幾天，不僅渾身汗臭，更因為缺乏睡眠而疲憊不堪，當然這對基層而言算是家常便飯。結果排上一位最常表達不滿、滿腹牢騷的傢伙，竟然喃喃自語地說：「我要宰掉那個他媽該死的少尉。」當強森下士把他帶到我面前時，我決定不要讓這傢伙毀掉全排緊密的互信，因此叫他跟著我穿過叢林，回到連部。在抵達之前我告訴他：「你可以從背後放我冷槍沒有關係」，但他當時並沒有那個膽子。

我大可以寫報告法辦他，但選擇把這傢伙帶到連士官長——連上最資深士官——馬塔（Mata）面前。雖然少尉的官階比他高，但這僅是形式上的，連士官長是指導我們這些年輕軍官的導師。馬塔叫我回到自己的排上，讓他來處理這件事。

「那個沒用的廢物，」馬塔幾天後告訴我：「已經被踢出陸戰隊了，少尉。」呼，那傢伙消失了，打包後被送走。顯然每位少尉都需要像馬塔這樣的連士官長，他不僅有長達二十五年的資歷，更有遍布多個基地的上百位好友。至於那名不適任者下落如何？

根本沒人會在意，重點的是他離開了。這種人就是那個年代年輕軍官所面臨的挑戰，而在那個紊亂的年代，由於陸戰隊不能降低標準，因此果斷地將壞分子攆出去是必要的。這種稱為「快速除役」的作法，所幸是在我們那個遙遠年代的重要政策。

歸功於像馬塔這樣的連士官長，還有將來會出任陸戰隊司令的年輕營長，在我們營上表現不佳者的數量與影響力都迅速減少。還在搖擺的那些傢伙也很快知道狀況，並開始改變。原因很簡單，沒有什麼事比被大家排擠，甚至快速除役更糟糕。每個人都需要朋友、目標與機會來達到更長遠的目標，沒有人會願意被大家看成廢物、拋在一旁。

身為海軍武力的一部份，陸戰隊的編制是為了駐留在海軍船艦上，並準備在敵國岸際登陸時運用。我們在登艦時，只會帶著戰鬥裝備以及重達四十磅的水兵袋，並靠著這些物品，度過長達幾個月的航程。辛勞的生活卻在我們之間養成了黑色的幽默感，漸漸地我對本連的一百八十位官兵，已經如家裡親兄弟般的了解。大家如果不是在練習兩棲登陸，便會環繞著飛行甲板不停地跑步。我們盡可能閱讀很多書籍——從《星艦戰將》（*Starship Troopers*）到《沖繩島戰役》（*The Battle of Okinawa*）——並在停靠香港、漢城、新加坡、馬尼拉和其他城市之際，趁著幾天狂野的休假釋放壓力，並花光累積了好幾週的薪餉，有時還會惹出一些令各級長官懊惱的麻煩。但我在多次太平洋與印度洋的隨艦部署任務，學到了兩棲作戰的複雜作業，對未來大有幫助。

我在陸戰隊的前面十多年當中，曾指揮過兩個排與兩個連，並隨著六艘不同的船艦，部署至多達十三個國家。我們航行所到之處，以及在國外的每一次登陸與演習，都感受到盟邦的重要價值：在韓國，他們的陸戰隊員不僅擔任我的顧問，更在寒冷的山丘上展現出自己的堅強的一面。那些駐紮在馬來西亞的紐西蘭部隊，則發揮了毛利戰士的精神，教導我們叢林戰，就如同那些在自己的國家協助我們的菲律賓軍人。無論是活力十足又有實力的澳洲部隊，或是那些沉默寡言，但同樣有本領的日本自衛隊員，都讓我們見識到那些不同卻有效的作戰方式。他們與別的部隊都讓我領悟到，從別人身上學習具有無可替代的價值。

而那些越戰歸來的老兵，則教導我仁慈是無法在駁火中獲勝的。在越南的叢林裡，敵軍的戰術是盡可能潛近陸戰隊的防線，讓我們無法呼叫砲兵的曲射火力。而作為回應，陸戰隊非常善於利用所謂的火力口袋——預先標示出可能需要砲擊的重要地點，屆時只要發出一個簡短的代號，成串的砲彈便會落在敵軍頭上。

舉一個我身為初官時接受教導的案例。營上有位連長，安迪．芬雷森（Andy Finlayson）

帶著我學習火力支援的相關秘訣。在菲律賓的實彈射擊場上，他和我一起複習如何發起一連串的砲擊，甚至讓砲彈的落點接近我方的陣地。我試著達到安迪對我的期望，並閱讀那些他推薦給我的書單，其中包括了道格拉斯·費曼（Douglas Freeman）寫的《李將軍的副手》（*Lee's Lieutenants*）以及李德哈特（Liddell Hart）的《戰略論》（*Strategy*）。安迪督促我擴展眼界，我也在後續的軍旅生涯中，延續同樣引導後進的能力。

在訓練的最後一天，我以為安迪會負責砲兵射擊的規劃，結果不然。部隊推進時，他要我獨力管制火砲、迫擊砲與機槍。在友軍前方兩百碼處，我安排了一次迫砲連射，由於確認座標正確，加上時機掌握得宜，因此當八一迫砲的轟擊讓地面也為之震動時，部隊仍能持續地推進。安迪點了點頭，然後轉身走開。我接受到了他要傳達給我的訊息——完成訓練你的屬下後就要選擇相信他們。

從那時候開始，我就試著對每一個世代的陸戰隊員灌輸關於有效運用支援火力的觀念。當一枚五百磅重的炸彈能消滅敵人時，你何必派出一名步兵？火力不僅展現了美國在科技方面的領先地位，更帶給我們士官兵決定性的優勢。再加上年輕軍官們不僅期望，而且相信上級指揮得當，不會罔顧手下性命的信念，才是促成將士用命的關鍵。而隨之誕生的信心，更是我們最重要的武器。

六年以後，我和安迪在夏威夷的陸戰營共事。當時由於蘇聯揮兵阿富汗，我們奉卡特總統之命，登上兩棲船艦航行至印度洋。同時伊朗還扣留了駐德黑蘭大使館的五十二名美國人質。一支突擊隊當時正準備出發實施援救，我們的任務在於吸引伊朗人的注意力，並在必要時對其他的狀況作出反應，例如奪佔敵人的一些重要設施，藉此轉移伊朗軍方的注意力。

我們的營計畫針對伊朗的一座大型設施發起兩棲突擊，當然這只是一場佯攻作戰，但在我們修正並演練整個計畫後，便確定己方有能力打敗駐守該處的幾千名伊朗部隊。即使在數量上居於劣勢，但我們是訓練有素，能運用出其不意優勢的震撼部隊。至於航艦上的戰鬥機，以及海軍艦砲，將有效地震撼守軍，然後由陸戰隊將其陣地攻陷。也許這聽來像是過度狂妄的假設，但歷史上其實充滿了這類例子——如同「石牆」傑克森（Stonewall Jackson）在仙納度山谷（Shenandoah Valley）那樣，卓越的計畫加上敢於冒險，是能夠以寡擊眾的。即使援救任務最終沒有抵達德黑蘭，而我們也未收到發起行動的命令，但我仍感到遺憾——伊朗的狂熱分子是該受到一次屈辱性的教訓。

我選擇在這些戰士當中安身立命，是被士兵們那種桀驁不馴，精力旺盛且毫無顧忌的精神所吸引。我喜歡和基層待在一起，從他們那種具傳染性，通常還有些尖銳的熱心裡，獲得繼續向前的動力。我們都是自願從軍的人，不會將愛國主義掛在嘴邊，而是將其徹底內化。其實多數人並不是為了國家才加入部隊，也很少覺得在準備戰爭之際，全國上下曾團結一心支持我們。大伙主要依賴的是對彼此的認同。單位內處於一種像作者費茲傑羅稱為「在放浪的享樂當中，有機會一瞥他人內心」的狀態。我雖然努力，但不是為了長期的打算，我的目標不遠，想說，「也許當到上尉就好」。這樣的念頭讓我免於擔憂下一個任處會在哪裡，反而集中心力在現職上把事情做到最好。在艦隊陸戰隊（Fleet Marine Force）度過的每一週都可能是和平的最後一週。如同一位三等士官長說的那樣：「準備好啦，下禮拜我們就要去打仗了。」

我在陸戰隊服役初期，學會了領導的基礎，並將它們總結為三個C。

第一個C是「**本職學能**」（competence），要把基礎做到最好，在職分上不可以應付了事，而是要做到專精為止，並隨著你的進展，在每方面都抱持著這種態度。學我分析、找出缺點，然後主動改進。如果你沒辦法在十八分鐘內跑完五千公尺，就多鍛鍊體能。假使你不善於傾聽，就該約束自己少說話。若你沒有辦法明快地呼叫火砲支援，就多練習，因為你的部下都仰賴你。當然有時候你還是會搞砸，但不要就此陷入低潮。地球上最後的一個完人是耶穌，而他已經在十字架上殉道很久了——你只要誠實以對，繼續向前，從錯誤中學乖就好。

作戰，無論是傳統型還是非正規的，都以「取得火力優勢」和「藉機動對抗敵人」這樣的基礎為起點。射擊與機動，就是這些基本的技能決定了作戰的結果（註二）。陸戰隊之所以存在，是為了贏得作戰，而這和塑造陸戰隊員，使其能在困境中堅守價值是密不可分的。任何無助於贏得作戰，或贏得手下認同的作為都不是最重要的。令人遺憾的是，我看過太多受傷甚至陣亡的人，並沒有做到這些基本功。戰爭當中總會有隨機的危險與疏忽的錯誤。基於情報而來的明確命令，以及嚴格的演練，還得搭配能造就肌肉記憶的重複訓練——我指的不是一兩次，而是幾百次。研究歷史，並且深入研究幾場戰役，從他人的錯誤當中學習，絕對比讓子弟兵被送進裝屍袋來得聰明。

體力、耐力、呼叫火力支援、地圖閱讀、清晰的口語、靈巧的戰術，善用微地形，這些全都是必要的。你必須熟悉它們，再將其合而為一，如此才能贏得部下的信賴；但如果一位少尉很會閱讀地圖，卻無法拉單槓，那他也一樣是沒用。

第二個C是「**關懷**」（Caring）。泰迪・羅斯福曾說過：「沒人在意你懂多少東西，直到他們了解你有多關心他們為止。」好比在家庭當中，你會留意自己的弟弟。你對他的事保持關注——他是如何成長、如何學習、長大志向是什麼等等。當你的官兵知道你關心他們之後，你才能在他們表現不佳時率直地批評。他們雖然年輕，但卻是自願加入陸戰隊的，所以你無須刻意遷就他們，這些人清楚自己不是在保險公司上班。而你的批評必須誠懇，目的在於去除他們不好的行為，但別損傷其人格。

你不能對某些人有所偏好。而要格外重視主動性與積極性，因為要膽怯者向前，遠比限制積極者困難。和部屬間必須維持一致的社交與個人距離，謹記彼此之間有一條不可跨越的界線。雖然你必須離那條界線越近越好，但不可犧牲自己的主導權：你不是他們的朋友，而是導師與指揮官。切記要獎勵那些攸關戰場勝利的人格特質。

你必須個別去了解他們——哪些事能激勵他們，他們特定目標又是什麼。有些人可能拼命想升下士，另一個人可能需要一封申請大學的推薦信，其他人可能下定決心，要打破三英里跑十八分鐘的紀錄。當你投注心力在一位陸戰隊員的個性、夢想與發展上時，他一定會感受得到，而這樣的人是不會離你而去的。

第三個C是「**信念**」（Conviction），這一點比實際的勇氣還要更為深刻且困難。你的同儕絕對會率先知道，哪些事你會堅持到底，以及更重要的，哪些事你不會堅持到底，而這也是你的部下會很快了解到的。講清楚你的鐵則，並嚴格遵守它們，別讓任何人對此感到措手不及。同時，藉由自己的謙虛與熱誠，好讓你的專業堅持能漸漸影響部屬。記住，身為一名軍官，你只需要打贏一場作戰——贏得部屬的心。只要你贏得他們的忠心，他們就會為你贏得戰鬥。

本職學能、關懷與信念合而為一之後，就會形成基本要件——塑造出部下的戰鬥精神。領導力的意義是在於如何觸及部屬的內心，在面對那些無法以言語形容的嚴峻挑戰時，培養他們的忠誠與使命感。

——

在指揮了小部隊幾年後，我明確地掌握到陸戰隊給我的期待。無論是指揮或參謀職務，我都是在一個以任務為導向，由明確清楚職責的水兵和陸戰隊員形成的組織內運作。至於如何完成一項任務，就交由我來決定；但同樣明確的是，我必須做出成果。

在七〇年代與八〇年代初期，我花了許多個月的時間待在航行於太平洋與印度洋之間的兩棲作戰艦上。每當危機出現，美國海軍的戰鬥群就會進入警戒狀態，並朝動亂的區域駛去。一九七九年是我第一次前往中東，隨著情報官們的深入簡報，我在現場親身觀察到，衝突是如何在這個日漸激烈的場域迅速蔓延的。

我們當今面對的安全挑戰，多數都源自一九七九年。那一年，一個激進的遜尼派分支團體佔領了沙烏地阿拉伯境內，位在聖地麥加的大清真寺。那場令伊斯蘭世界驚恐的惡戰當中，在激進團體被殲滅前，已經造成數百人死亡。而柯梅尼（Ayatollah Khomeini）的革命政權，在趕走國王並對美國表達強烈敵意之後，控制了整個伊朗。同年，蘇聯正派兵進入阿富汗，打算建立一個親蘇、卻不為遜尼派基本教義分子與部族派系接受的政府。美國則支持沙烏地阿拉伯的介入，企圖對蘇聯的影響力進行反制。很快全世界都感受到了這一系列如催化劑般的事件所引發的回響。不到一年，伊拉克總統海珊（Saddam Hussein）就對伊朗發起了一場毫無結果、長達八年的戰爭，並造成將近一百萬人的死亡。

其實在那個動盪的一年所引發的回響，至今都能感受得到。只是當時身為一名從北阿拉伯海朝珍珠港返航的年輕步兵軍官，自然不會知道這些如同板塊運動般的劇烈變化，將會定義我後續四十年的人生。

第二章　募兵首重態度，訓練養成戰技

如果你想創立一支菁英部隊，那人員的選拔絕對是重要的。就如同任何其他的組織，陸戰隊也必須藉由招募的方式來獲得所需的人才。一九七〇年代中期，我正執行兩次輪派募兵職務中的第一次。

在後越戰環境、徵兵制取消之後，要說服一名年輕人將寶貴的光陰奉獻給陸戰隊，可不是件容易的事。在那些麻煩的時刻，陸戰隊已經收容了太多中輟生，以及那些被法官認為，在陸戰隊歷練一陣子後可以改邪歸正，因而免於牢獄之災的罪犯。在我的第二次募兵工作時，上級體認到陸戰隊的素質取決於那些負責招募的執行者，因此決定派出那些最具競爭力的士官來負責招募。這些人可能出自步兵、砲兵、航空地勤，或是戰車等兵科。這些最優秀的官兵，負責找來那些他們所能接觸到最棒的人選。

陸戰隊在這方面的哲學是，募兵首重態度，訓練養成戰技。陸戰隊官兵深信，態度本身就是一種武器。我們在找的是一種筆墨難以形容的人格特質——願意踏上冒險的旅程，想要和菁英共事，又有意維持巔峰體能的人。招募人員最艱苦的任務，就是要找到對的青年男女，然後把他們送進新兵訓練中心。在那裡，教育班長會使出渾身解數，把新兵磨練成陸戰隊員。

我發現每位招募人員，都會舉家搬到偏遠的小鎮，然後獨自在該處工作，或是與其他的招募人員組成在全美各地散布的小組。每一天他都必須對某位母親提出保證，陸戰隊就是適合她兒子的那個團體。或是說服某位對陸戰隊抱持極度懷疑的導師，好讓自己能接觸到對方的學生。每天晚上，招募人員都會將工作帶回家，並回答那些焦慮父母的來電。工作時間不僅漫長，更時常會遭遇挫折，更別提還有那些帶有敵意的教師。跟著手下的那些招募人員，我學到了說服的藝術，並在看似全然對立的狀況下化異求同，甚至從那些被陸戰隊教育班長惡名遠播的威名給嚇到半死的年輕人贏得信賴。

一九八〇年代中期，我再被派去指揮責任區遍及奧勒岡、愛達荷、一部分的華盛頓州，再加上包括夏威夷與關島的招募站。在西岸的八個招募站當中，我的單位排名接近墊底。在與我的新上司短暫會面當中，他明確表示期望我能做出正面的改變——就如他所說的：「讓事情動起來。」我欣然面對挑戰，從我還在搭便車的那些日子裡就知道，年紀輕輕卻興致高昂、有些傲氣甚至桀驁不馴，會被陸戰隊精神所吸引的人是確實存在的。

當我從會議中離開時，就遇上了自己的作戰官。

「少尉，」我告訴他：「把每位招募人員辦公室的地址給我。」

我接手指揮的是人數相當於一個排的優秀幹部——這些士官分別有六到二十八年不等的資歷，並且都在上一個職務有出眾的表現，只是如今他們都得獨當一面。在接下來的兩個星期當中，我開車與搭機的里程累計超過了兩千英里，為的就是和這三十八位在不同小鎮上工作的士官分別見上一面。而我要傳達的訊息也非常簡單。

「你和我，」我對每位招募官這樣說：「有一個明確的目標，每個月要招到四位能通過新兵訓練的人。你有任何地方需要幫忙，我都會想出辦法。我們會以團隊的形式取得成功，全部人都得出他的那一份力。」

我在艦隊就已經學到，那些經過協調又有效率的單位，每個人都會把團隊的任務當成是自個兒的事。如果身為指揮官的你，只曉得將整個任務定義為個人責任的話，你就已經失敗了。那從來不是「我」的任務，而是「我們」的任務，那三十八位招募官都應該被視為我麾下的指揮官。在軍中甚至民間，時常被用來形容領導的「指揮與管制」（command and control）其實是不正確的。在陸戰隊裡，我學到的是運用「指揮與回饋」（command and feedback）的概念。你不是管控制下級指揮官的每一步行動，而是在明確敘述完指揮官企圖後，便交由他們去主動發揮。無可避免的，在障礙與挑戰出現之後，隨著良好的回饋循環以及呈現的相關資料，你會發現有問題發生，然後準備去解決。你根據這些回饋來解決問題。領導大陸軍的喬治・華盛頓，便依照著「傾聽，學習，幫助，而後領導」（listen, learn, and help then lead）的順序來帶兵。我發現對他而言有效的作法，對我也是非常有用。

一切都取決於明確的目標與有效的教導。在波特蘭的總部裡，我很幸運能和兩位一流的年輕軍官共事。二十四歲的作戰官不僅行動力十足，而且敏銳到足以接手我的工作。隨著團隊小型幕僚能夠落實我的意圖，並依照我的願景協調整個隊伍，使得每個月我能夠花多數的時間教育招募官。我差旅是如此地頻繁，以至於讓那些在波卡泰羅、愛達荷和夏威夷的旅館門房，都能直接叫出我的名字。

陸戰隊總部已經下達了一系列一般來說管用的嚴謹選拔標準，但它也允許對特殊案例——像我這種觸犯過輕罪或違規行為者網開一面。上任後不久，我便碰到一個案例。一位幕僚拒絕了一名年輕人的申請，因為對方有一次使用古柯鹼被捕的記錄。負責招募的士官深信，這是種在判斷力上一次也不該觸犯的嚴重錯誤。

那位在我十九歲時把我送進監牢的法官讓我學到了教訓，但沒有毀掉我的未來。「犯下錯誤」、「讓錯誤決定你的人生」，以及「畢生抱持著錯誤態度」之間是有很大的差別。當他們告訴我拒絕讓那位年輕人放行時，我把幕僚們找了進來。

「你們知道，」我告訴他們：「那位在現場的招募官，已經認可了那位年輕人，他看到了對方的人格特質。除非你們發現了什麼是那位招募官遺漏的細節，否則就該給予支持，並促成總部對其放行。」那位新兵是否能從訓練中心結訓，其實是和招募他的士官息息相關，結果這名新兵不僅被訓練中心接受，並且很自豪地成為了一名陸戰隊員。

為了回饋每週八十小時的辛勤工作，招募官必須讓自己相信，只要能成功找到可以通過訓練的新人，就會對自己的升遷有所幫助。每位士官每年會有兩份的適任報告，評估其工作表現與升遷機會。一九八五年時，電腦與文書處理軟體都還在萌芽階段，而為了繳交那七十六份適任報告，使用一份僅需填空的標準範本當然比較輕鬆，「展現主動性」、「始終努力工作」和「表現優秀」這類評語可說如過江之鯽。但為了那些被我特別挑選出來，又不分日夜努力工作的招募官，我想要為他們寫份與眾不同的適任報告。

在我手下的軍官們、一套詞典與大量咖啡因的協助下，我們字斟句酌地寫完了那批適任報告，並確保每一份都能忠實地反映個別招募官的人格特質與相關表現。要知道那些在總部評估他們是否能升遷的上級，根本不可能親自面見這些士官，因此我拼了命要正確無誤地描述這些陸戰隊員，並將其視為一個獨特的個人。事實上我想我們也願意讓其他人也以如此的方式來評價我們。如果想以合乎倫理的方式來招攬頂尖的應徵者，我就必須確保那些全力投入任務的人，能憑努力爭取到晉升的機會。

當然整件事不可能一帆風順。一開始沒多久，一名招募官便走進我的辦公室，然後說：「長官，我不會做這件事，我不要在這些時段工作。」

他的口氣和態度我已經有所聞，一位資深的三等士官長告訴我：「少校，整個招募站的人，都在等著看你如何處理。」

於是我直接告訴那傢伙：「你可以當個半途而廢的傢伙，或繼續當一名陸戰隊員。但魚與熊掌不可兼得。」最後我是把他降階，並結束了他的軍旅生涯。

敷衍式的承諾會改變一切——它會降低我們「任務優先」的使命感。從我加入那天開始，就已經學到只有百分之百的投入，陸戰隊才會對我們感到滿意，那怕是少了那麼一點都是絕對不行的。如果在某些人逃避責任之際，你還假裝視而不見，那就無法形成一個精銳的團隊。

最重要的是，我學會對每個人採用同樣的標準，我告訴每位招募官：「不管任何時候，如果你無法達標，只管聯絡我，到時候我會派人過來幫你。」很快整個隊伍都能嫻熟且自信地完成招募。接下來的三十九個月，我們都在西岸的招募站中名列第一；而我手下多數的招募官，都獲得了值得讚許的獎勵甚至晉升。他們依照陸戰隊招募人員的訓練計畫，已經學會了說服的藝術。即使面對那些已經將反對越戰的情緒，轉化為反對軍人的高中老師，他們也有辦法化異求同。對我而言，這階段學到的說服式領導技巧，對將來執行工作的效率是極為重要的。

除此之外，在後續的軍事生涯當中，我積極將任務授權給有能力的基層，並確保他們對此有明確的了解。在倫理與誠信方面，每個人都必須達到同樣的標準。因此即使授權給那些一個月才會見到一兩次的部屬，我也依舊處之泰然。整個決策方式採取的就是分散管理，這也才能讓三十八位彼此資歷不同、又相隔達數千里的士官，能在無需碰面的情況下，像一個團隊協同運作。這使我了解到，這樣的作法能在任何組織當中激發部屬的主動性。

招募工作也讓我觸及了一項有幫助的兩難：一方面招募的成功是可以經由量化來衡量，無法造假。但說話有條不紊或儀表堂堂，並不能造就一位領導者。總而言之，我和手下的三十八位士官，每個月都有「業績」要達成。但只管找到人交差是不夠的，招募官的評鑑，和他招進來新兵的表現是有關的。若新兵在訓練中表現名列前茅，那在結訓典禮上，招募官會和新兵一起接受公開表揚。假使新兵被退訓，在招募官的「適任報告」裡也會留下記錄。由於必須達到嚴苛的量化標準，這讓我學會重視有明確達成目標的成績。

但反過來看，能否達到「量」的成果，是取決於那些單靠數字無法評估，也就是「質」的能力。對於那些在招募第一線的人員來說，我就是他們的教練，而我必須了解他們的問題、這些人的優點和缺點、以及如何去改進。這些事都是無法量化。最後我終於體會到，艾森豪總統被傳頌至今的名言。

「我會告訴你什麼叫做領導，」他說：「它是說服、調解、教育與耐心。它是一項漫長，緩慢而且艱鉅的工作。那是我所知、唯一一種的領導方式。」

第三章　作戰

到了一九九〇年，我已經全然推胎換骨，成為一位徹徹底底的陸戰隊員。雖然我討厭某些伴隨著陸戰隊而來的勤務——例如伏進穿過地雷區——但卻沉醉於那種弟兄陪伴著你共同冒著生命危險之際，還盡力保持冷靜的袍澤之情。在驚覺到這件事之前，我已經隨著陸戰隊在全球各地部署了長達十八年之久，且已經升到了中校。一九九〇初，我當時正在指揮陸戰隊七團一營（或縮寫成1／7）。

那是個一個讓人保持謙卑的職務。在軍隊裡，單位的光榮傳統是相當受到重視的，而這個營也確實具有足以自豪的傳統。著名的切士迪・普勒（Chesty Puller）就曾在二戰史詩般的瓜達康納爾島（Guadalcanal）戰役中，指揮過第七團一營。韓戰期間，雷・戴維斯（Ray

Davis）也在關鍵的長津湖（Chosin Reservoir）天寒地凍的戰役中，帶領著這個營將第一陸戰師從共軍的圍困當中拯救出來，並獲頒國會榮譽勳章。

我深感充滿活力，覺得自己足以擔負這項重任。陸戰隊提供了我良好的訓練，在匡提科與隨艦部署的任務裡，我已經非常善於指揮部隊的攻擊與機動，以及兩棲作戰——這些都是陸戰隊軍官的基本功。那些越戰老兵的磨練，不僅磨出我的劍鋒，更教導我如何建立起部屬的信心。前一年我曾在一位極具能力的戰鬥指揮官、卡爾頓．福爾福德上校（Carlton Fulford）之下工作，因此對上級的工作也有所了解。在常颳風的加州二十九棕梠灘基地（Twentynine Palms），我在司令台上接掌指揮權的那天起，便迫不及待想要培訓新的團隊，傳授我所學到的一切。

「營」（battlion）這個概念誕生於十六世紀，衍生自義大利文「戰鬥」（battaglia）這個詞。它是領導者能夠與部隊面對面、能直接連結、最底層的指揮層級。這個單位的編制雖然大到足以獨立作戰一段時間，但也小到足以讓指揮官和部隊之間有緊密的關係。在一個多達九百人的營裡，士官與軍官們是彼此認識的，再加上連長也熟悉所屬的一百八十個人，因此一個營其實是既小又關係密切，就好比一支橄欖球或足球隊，從而發展出一種獨特的性質。這種指揮環境的調性，其實是取決於營長、營士官長、各連連長與連士官長。總體而言，這些人很清楚每一位部屬的特質、優點和缺點。

我的營並不足編，總計不到五百人，少於正常滿編的八百六十人編制。雖然這不如我的預期，但這也是個機會。當我仍是菜鳥少尉，指揮著人數只有一半的排，營士官長就告訴我們集中精神去訓練手上的年輕陸戰隊員，不需要擔心人力不足的問題。那樣的話，將會培訓出骨幹團隊，等到其他新兵加入我們時，這些人就可以發揮帶頭作用。現在我既然在加州偏遠的二十九棕梠灘基地指揮一個兵力不足的營，那就開始著手打造屬於我的骨幹團隊吧。

一個單位會延續其指揮官的個性，就如同球隊會承襲其教練的特質，因此我明確地表達了自己的期望：要求全體行動至上，進而引發所有人的主動性。我會以現有的人力與資源去達成目標，而非浪費時間抱怨自己還欠缺什麼。

一九九〇年春天，我們在東太平洋進行了為期兩個月的兩棲作戰訓練。六月，部隊回到了二十九棕梠灘基地。然後在莫哈維沙漠（Mojave Desert）炎熱高溫下，對另一個營的機械化作戰訓練進行測考。接著我們又朝北飛行了四百英里，前往被內華達山脈群峰海拔一萬英尺圍繞的山地作戰訓練中心（Mountain Warfare Training Center）。

在四個禮拜的日子裡，我手下的每一個班，不分晝夜地在行軍、垂降和定向越野等課目中相互競爭著。唯一讓我們分心的，是那裡高聳而驚人的風景。我們經常性偵察，攀爬陡峭的山崖，在帳篷甚至地面直接休息。期間沒有人能看電視或對外聯繫，更別提休假了。在這個險惡的崇山峻嶺當中，我的主要目標是打造出一批小部隊作戰的領導幹部，能將各項基本功做到盡善盡美。當由十多個人組成的小部隊在一起作戰，共同面對著所有人都必須竭盡全力的環境時，彼此之間自然會產生互信。日復一日，就在我們磨練這些基本功的過程裡，我看到每個班的體能都越來越好，形成更緊密的關係，信心也與日俱增。

這個與外界隔絕的機會，反成為我了解手下陸戰隊員個性的理想環境，因為我的任務就是要了解哪些幹部，該指派去執行哪一項任務。如果卡斯特（Custer）是我麾下指揮官的話，我不會讓他打前鋒，而是部署在第二線——處在一個思慮更為周密的指揮官後方——這樣當戰況明朗之後，我就會放手讓卡斯特採取大膽且猛進的行動[1]。在大家共處一個月之後，我已經清楚每位連長的優點和缺點。他們其中一人曾在越戰時擔任砲兵前進觀測員，由於他非常成熟且冷靜，我會指派他擔任可靠的前鋒。另一位連長的個性主動甚至好鬥，他會在說著一件事時，腦中卻想著另一件事，令人摸不著。我會在局勢明朗之後，運用他的積極性上場。

第三位連長比較安靜，具有威信且足智多謀，他能夠徹底瓦解敵人的陣地。我能夠將他們的人格特質對應到預期的任務上，無論是兩棲突擊、機械化作戰或山地作戰，這都是因為我曾經觀察過他們在這些方面的表現。

在獨裁者海珊的命令之下，伊拉克陸軍於一九九〇年八月侵入了科威特，宣稱科威特是伊拉克的一個省分。由於看中不會有國家保護弱小的科威特，海珊因此企圖佔領它豐富的油田，好為自己增進數十億美金的財富。他更誤解了美國的態度，以為我們對此不置可否。老布希總統強烈譴責這次的侵略，宣稱「此舉無法接受」。事件發生之際，我正在內華達山脈杳無人跡的曠野裡，在無法收看任何電視新聞的情況下，專心進行一次為期三天，以一條偏僻跑道為目標的行軍任務。

我的團長在午夜打電話過來，卡爾頓．福爾福德上校是一位經歷過越戰的老兵，既堅定

1 編註：喬治．阿姆斯壯．卡斯特中校，經常被人稱為卡斯特將軍。一八七六年六月二十五日，卡斯特所帶領的兩百餘名第七騎兵團官兵深入蒙大拿州黑山山谷的印地安人地區，進而發生了小巨角戰役（Battle of the Little Bighorn）。卡斯特所屬寡不敵眾，且援軍無法進入戰場的狀況下遭到了全滅。此役從此成為美軍檢討地面部隊作戰失利的其中一個案例，包括在越戰德浪河谷戰役一戰成名的摩爾中校，更是時刻提及這次的教訓。尤其他所屬的部隊繼承了第七騎兵團的番號，更是讓他引此為戒。

又總是不失禮節的他，是真正的南方紳士，且從來不需要大聲喝斥。在他看來，每個人都可以達成他要求的高標準，而你也確實會這麼做，畢竟不想讓長官失望。舉例來說，某次演習，他告訴營長，說包括營長在內的所有軍官都已「陣亡」，必須由士官們指揮實彈射擊並佔領目標。演習成功收場，全團軍官也學到了教訓。鑑測的重點不在於一個人能表現得多好，而在於整體團隊能在軍官缺席的狀況下發揮到什麼程度。

「吉米，」福爾福德上校說：「把你的營帶回來。」

「長官，」我回答：「我們正準備進行五十英里的行軍，我大概會在四天內回到基地。」電話那頭陷入沉寂，他顯然是面對著全陸戰隊最不會察言觀色的營長所帶來的困擾而開始深思。

「我希望你的先遣單位能在早上抵達基地，」上校回答：「其他人則要在明天回來。你該看一下報紙，我們要去打仗了。」

經由這次當頭棒喝，我學到任何單位的指揮官必須為團隊擔負如同衛哨的角色：你不能讓部隊對意料之外的狀況毫無準備。你不能自顧自地只看到眼前，只將注意力集中在組織的內部工作上。長官會希望各級幹部能持續關注上級單位的要求。而在軍隊中，我們存在的目的就是為了做好準備。

對我自己和手下而言，這是該聽命行事的時候了。

備戰

另一位同團的營長，尼克・普拉特（Nick Pratt）要負責填滿本營的戰力，他把自己手下一百二十五位表現優異的官兵派來給我——其中包括了班長、狙擊手和頂尖的步兵，這些新血很快彌補了本營的缺額。通常指揮官要把手下移撥出去的時候，一般人都是把最好的留下來。我從此就以尼克為典範，當被指派增援其他單位時，會選擇那些自己最不願意放棄的人出去，永遠不以犧牲同僚作為圖利自己的代價。感謝尼克的大力協助，我才能填滿本營關鍵幹部人力的空缺，增援的部隊是在我們趕赴機場的途中抵達的。後來當我的單位奉命撥出一個步兵連增援戰車營時，我派出了手上最好的那個連出去。

離開內華達山脈兩個星期後，本營已經部署在沙烏地阿拉伯那片又熱又潮濕的沙漠。這五個月的漫長任務，是預防萬一伊拉克從科威特南端發起攻擊時，協防沙烏地阿拉伯王國。

剛落地時大家的狀況都很好，但當地令人窒息的高溫，加上沙塵不斷吹進我們的眼睛、鼻子與嘴巴，導致多人都患了痢疾。當地生活條件十分落後，沒有什麼舒適性可言。隨著檢視戰術計畫、演習與巡邏，我們漸漸感到筋疲力竭。像我這樣體重直接掉了二十磅的人比比皆是。

到了十一月中，任務轉變成要以武力將海珊逐出科威特。外交人員已經傳達要求對方撤軍的訊息，如果那樣還不奏效，由老布希總統集結的聯軍將會轉守為攻，把伊拉克陸軍趕出去。戰略很簡單，在空中武力轟炸過伊拉克部隊之後，地面部隊就會發起進攻。兩個陸戰師將會從沙烏地阿拉伯出發，直接往北攻入科威特，圍攻伊拉克陸軍。當伊拉克人和陸戰隊交戰時，美國陸軍和聯軍的各師，將會從西部掃蕩，如一記左勾重拳般朝共和衛隊暴露的側翼進行打擊。

第一陸戰師將突穿伊拉克前線防禦陣地的任務指派給本團，福爾福德上校負責協調這次的突擊任務。我那個在擴編之後的加強營——包括了陸戰隊員、海軍甚至科威特部隊——的一千兩百五十人，將分乘悍馬車與兩棲突襲車（AAV7），在十八輛戰車的增援下，從敵軍的兩道障礙道防線與周圍的雷區中打出多條走廊來。隨後我們將會攻陷敵軍裝甲部隊固守的前線。

我從手下當中挑出兩位最為足智多謀的上尉，讓他們負責在敵軍防線上打出兩條平行的走廊，以便讓後續數千名陸戰隊員能夠跟進。兩隊是由戰車、工兵與步兵組成。我將整個營改編成十三個分隊，把步兵排和戰車結合在一起，並且編組排雷和反裝甲小隊。一旦投入作戰，我不會再重新安排編組。若一個小隊受阻無法前進或蒙受大量傷亡，我便會派出另一個小隊繞過敵軍側翼。不熟悉的單位之間無法遂行良好的聯合作戰，加上我本人奉行著不在戰鬥中重新編組的準則，因此我要求各隊成員要彼此熟悉，甚至達到可以預測隊友反應的程度。

大部分官兵在關上艙門的黑暗車廂裡，由於沒有可以向外窺探的槍眼而無法察覺周遭的發展。訓練過程中，我看過士官們朝著兩棲突襲車丟石頭，好讓車內的陸戰隊員習慣彈片從車身上彈開的聲音。而突擊分隊的幹部會從艙蓋向外窺探，並決定要前進到距離敵軍多近的位置，才能確保車輛安全而不會遭受攻擊。隨即他們會在這個位置打開尾艙跳板，讓車上那些勇敢的年輕人，能在我方空軍與砲兵的掩護下，開始攻擊前進。

每個星期天我們都在規劃前進的路線，其餘的六天則是在沙漠中反覆練習著，以便下週日能將計畫修訂得更好。隨著每個星期按部就班的節奏，人員的表現也越來越好。福爾福德上校偶爾會來視察，但他基本上是以信賴的方式指揮全團，並預設部下和自己具備同樣的專業。他這種不言而喻的信任與權限下放，影響著代號「開膛手戰鬥群」（Task Force Ripper）的本團。陸戰隊雖然是一支通用型的戰鬥部隊，但這次我們不是在灘頭或叢林作戰，而是首次以閃擊戰的方式去攻擊一支完成固守準備的敵軍裝甲部隊。福爾福德只強調一件事：「一旦開始攻擊，就絕對不能停下來。假使一種方法行不通，就改用另一種，好比你開車時換檔一樣。隨著狀況改變，而不要失去主動性。」他的訊息其實很簡單，「做就對了」。而我和其他幾位營長都從這位看似保守，實則狂熱的戰士身上吸收到那種排除萬難的精神。福爾福德令我深信，一旦戰鬥開始，他不會希望我回頭尋求指示，而應該依照指揮官企圖，積極運用自己的主動性。

我和每位突擊分隊的隊長們演練機械化機動，直到我們連在睡夢中都可以順利執行為止。為了節省油料，且避免裝甲車輛的損耗，指揮官們會開著重量較輕的悍馬車進入沙漠，然後彼此分散開來，利用戰術無線電網路對話，模擬對整個單位的指揮。我們解決了錯綜複雜的指揮問題，而且沒有佔用已經忙於演習的部屬們的時間。每隔幾天我就會讓部隊拔營調動，如此讓每個人都能習慣不分日夜，立刻根據戰鬥序列重新集結。

我改進了一項羅馬兵團的技法，將他們長方形的營地改為三角形，這讓每個人都知道自己的方位。不分晝夜，也不論我們在哪裡紮營，三角形的頂端永遠朝著敵軍所在的北方，這讓每個人都會知道迫砲陣地、通訊中心、油料儲庫甚至指揮所的位置。由於我們朝向敵軍，全體都可以在很短的時間內就戰鬥部位。由於上級只配發了數量有限的夜視鏡與GPS定位系統，我們必須靠指北針辨識方位。大家不斷練習夜間行動，直到我們的突破技能化成第二本能為止。我還時常要求空中管制人員讓陸戰隊的噴射機飛過營區，當F-18戰機以五百英里的時速呼嘯著飛過頭頂時，你就清楚眼前那些敵人會有什麼樣的下場。

我們維持這些例行性行動一連幾個月，直接將地面當成床鋪睡覺。到了夜晚，大家就像英國納爾遜海軍上將（Horatio Nelson）手下的軍官們那樣，挪動著代表各單位的小石頭，來爭論戰術的良窳。而我坐在沙丘上，從背包裡拿出講述前人在沙漠作戰的書籍。它們讓我體會到那些混亂的狀況，以及那些可能出錯的事情。

在布置複雜、大若足球場的沙盤上，每一位排長甚至班長，都要從頭模擬各自的一長串任務。例如工兵便要說明自己是如何在空中與砲兵的火力掩護下引爆炸藥，進而在雷區中開出一條走廊。而上等兵解釋要如何開著裝甲推土機，跟隨著前導戰車填平敵軍的戰壕。所有士官手上都有各自的應變計畫，詳細記載了如果某輛車子被擊毀，上面的人員要轉移到哪輛載具上。至於帶領步兵突擊的幹部們，則說明了他們將如何擴大在敵軍防線上的突破口；醫護兵與醫官則說明，將如何從雷區被擊毀的車輛上，將受傷的陸戰隊員救出並後送的程序。我們練習了每個課目與應變計畫到了令人厭煩的地步，我的手下甚至還瞪著我，好像我把他們當成白癡一樣。我們都了解彼此的職責到了足以因應任何意外的地步。我的出發點，是要讓大家熟練到能在戰場上臨機應變，如同那些在紐奧爾良的爵士樂手。這需要人們精通戰爭中的各種工具，如同爵士樂手善用自己的樂器。

正當平安夜的彌撒時，福爾福德上校把我拉到一旁。我們在角落看著部隊唱耶誕頌歌，甚至開心地笑著。他們已經在沙漠裡待了五個月，在離家很遠的地方過著艱苦的生活。我告訴他們，這是一個最好或最壞的耶誕節，取決於他們選擇的態度。官兵決定要讓這個耶誕節成為他們最棒的一次！福爾福德上校低聲提醒我即將要面對的狀況。

「針對突破伊拉克人的障礙物，陸軍方面進行了一系列的測試演習，」他說：「預期在你突擊時，會蒙受非常慘重的傷亡。」

我問上校有多嚴重。

「將近有一半人傷亡。」

伺機而動的陸戰團將有大量的飛機以及超過四十八門火砲，協助攻擊那些監控著地雷區的伊拉克人。我們擬定了一個射擊計畫，足以在我們的兩側與正面形成一個倒U陣型，將突破口隔離開來。但福爾福德上校的話卻令我徹夜難眠，即使他離開之後，窩在睡袋裡的我卻始終無法闔眼。

耶誕節當天，我召來了負責火力支援的小隊。原本還因計畫而志得意滿的他們，在我推翻了一切之後，感到沮喪又震驚。我企圖推翻部隊會在雷區中蒙受慘重傷亡的演練結果。

「從頭開始，」我說：「在那個U型陣地裡，我要你們把所有東西都宰掉，連蚯蚓都不能活。」

心理上的調適

雖然本營當中都是訓練有素的步兵，但除了十幾位經歷過越戰的老手以外，沒有人受過戰爭的洗禮。戰爭的猛烈程度，即使士官兵已經接受過最嚴酷的訓練，也很難做好萬全的準備。你要如何讓所屬做好因應戰爭震撼的準備？一方面，你必須要確定自己的訓練不僅嚴格且多變化，讓他們不再自滿，並在訓練有素的內在，養成正確的肌肉記憶——以便在發生意外時，能直覺做出反應。一旦手下都通過訓練，你必須確保他們在同一個單位裡待得夠久，這樣才能彼此了解，並培養出對彼此的信心。在這樣的基礎建立之後，訓練的下一個步驟，便是加強複習那些在作戰時都會派上用場的戰技。在心理上，這個步驟是能超越戰技訓練，即使在戰鬥稍歇之際，例如進行巡邏或計畫發起攻擊之前，都應該要持續進行這樣的訓練。簡單講，我們會利用任何機會重複練習。

我對於喬治．華盛頓在獨立戰爭之前寫給國會的一段話很了解：「那些習慣於危險的人，會毫不逃避地面對它。但那些尚未習慣軍旅生活的部隊，卻會在沒有狀況時誤以為有危險。」（註一）

對那些尚未經歷戰爭的人來說，準備的關鍵在於意象訓練。它的目標是確保每一位士官兵在戰場上開第一槍之前，就已經在生理，甚至心理上「戰鬥」過十多次，嘗過滲入唇齒間的火藥味，甚至看過滴入土壤的鮮血。

我要官兵們想像會發生哪些狀況，然後在內心形成影像。在接觸到爆炸、嘶吼的命令，以及最重要的，震耳欲聾的噪音之前，要先預料到這些狀況。戰場上聲響是如此之大，讓人很難聽清楚，更遑論要在混亂中弄明白別人到底要你做什麼。在那一瞬間，訓練和複習養成的肌肉記憶必須立刻發揮出來，甚至要在資訊不充足的情況下，迅速做出決定。每一位戰士都必須極為了解自己的武器、職務甚至同伴的反應，如此才能毫不猶豫地發揮效果。就像棒球賽裡的打擊手，他只有四分之一秒的時間判斷曲球的弧線，進而揮棒，他當下根本沒有時間去「想」，而是將依靠多次的練習所導致是否揮棒的判斷，被自動地刻劃到他的肌肉記憶當中。這點對於那些在近距離戰鬥中面對敵人的大兵來說，是同樣的真理。

口頭清楚表達也同樣需要經過嚴格的練習。我們都聽過緊急報案人在911電話報案的過程中，是如何說著難以理解的話。你可以想像，在被敵人射擊時，要在無線電上試著下達既清楚又簡短，而且還必須正確的敘述與命令會是什麼情況。因此日復一日，我要求每一位排長與副排長，都必須利用無線電對那些帶來壓力的突發情況做出回應。

在沙烏地的荒漠中，既沒有週末或休假，也沒有電子郵件。當我在夜間沿著陣地巡視時，站哨的士官兵會在黑暗中告訴你很多事情。當時在國內，有關推測傷亡數字的新聞與畫面，讓軍眷們感到不勝其擾。隨著從後方寄來的信件，同樣的憂慮也帶到給我的陸戰隊員與海軍救護兵。

就如拳王麥克・泰森（Mike Tyson）所說，每個人在臉上挨了一拳之前都以為自己做好了準備。而真正做好準備的戰士，早就知道自己會因為被擊中而後傾，他在開打前就已經預見了這件事。因此我大聲疾呼對官兵們說，這次突擊行動可能會如何搞砸。「萬一我陣亡怎麼辦？」我在非正式場合詢問他們：「萬一在夜間遭到化武攻擊、無線電通訊中斷，那該怎麼辦？」

「下士，你的火力伍在一輛戰車的掩護下前進，子彈不斷地從裝甲上彈開時，你看到左側有一部推土機的履帶故障了，你該怎麼做？又應該要聯絡誰？」

藉由這種讓全體共享心理模式的方法，每個人不僅學會了綜觀全局，也能夠適應環境的變化。經由沙盤上逐步推演，並設想阻撓、傷亡與化武攻擊，我們對於自己應變的能力，有了堅定的信心。我發現這種意象訓練的技法——逐步推演模擬可能面對的狀況，讓士官兵的內心能因應意料之外的狀況——是一項極為重要的領導工具。

為了展示如何照顧傷患，我把全營帶去觀摩一次演練，而周圍的沙丘則成了我們的圓形劇場。營士官長德懷特・沃克（Dwight Walker）手上拿著碼表，準備替整個程序計時。我們的醫療人員開著兩輛卡車前來。在兩位外科醫官跳下車後，營裡的食勤兵也隨著出現，然後建立起防線，讓海軍醫護兵能順利搭建帳篷並架設發電機。二十分鐘不到，一座營級急救站已經準備好處理傷患，我想讓全員看到，我們不會坐視同袍狀況惡化而不立刻給予急救。

這一切的準備都令我對官兵有信心，但同樣重要的是，也讓他們對我保持信心。即使國內寄來的家書與雜誌都預計會有嚴重傷亡出現——尤其是那些身先士卒的攻擊單位——但我們很清楚，自己不僅比敵軍更足智多謀，而且也比對方做了更好的準備。

集中式觀察

雖然在平坦的沙漠上，我可以看見所屬大部分的單位，但仍盡可能將戰術指揮權，下放至最低的層級。一旦進入攻擊階段，我不可能對基層直接下達命令。每個分隊的指揮官都知道我的企圖：打通穿越雷區的走廊，隨後在近戰階段消滅敵人。而在他們進行戰術運動時，也會呼叫火力支援並後送傷患。

讓我掌握情況不是最優先的事項，反正我可以藉由收聽戰術無線電網路收集資訊，而不打擾部隊運作。但我需要的還不只如此，利用一種在閱讀中學到的方法，我想略過正常的回報管道，改為借重「集中式觀察」（focused telescopes）來收集資訊。其實我是從腓特烈大帝、威靈頓公爵與隆美爾元帥等人那裡抄來這項方法。

在我讀過的著作中，我知道自己所需的資訊遠超出那些必須分心和敵軍交戰的指揮官所能提供的。我想要知道各級指揮官的疲勞程度、各單位的士氣，以及敵人的狀況。因此我指派那些有絕佳戰術判斷、始終保持機智，還兼具主動性與同理心的軍官，讓他們略過正常的回報管道，以簡潔的敘述，將無偏差的報告傳遞給我。

由於沒有營級單位使用「J」作為無線電呼號，因此我指定那些負責集中式觀察的軍官，使用「茱麗葉」（Juliet）作為代號。舉例來說，我已指派指揮部人員協助處理陸續送來的傷患，因此僅剩那位了解我作戰計畫與指揮官企圖的副官，沒有其他的事情可做。我指派他擔任「茱麗葉」的負責人。我一共挑選了三人來做這項觀察工作，他們經常在早上會跟我碰面。他們不僅了解行動計畫，也清楚我需要什麼樣的資訊，所以我不至於突然被無謂的回報弄到措手不及。這些了解我意圖的軍官，將會在本營那些四散的分隊當中輪調。其唯一的優先任務，便是在協助我掌握狀況之餘，也讓我的企圖能順利傳達。如果你在處理例行事務之際，又能有多條對外的資訊管道，便能對擴散在外的部隊有進一步的了解。

每位指揮官與副指揮官，都會需要有審視地平線之外的工具，如此才能發現危機並掌握機會。由於這些「茱麗葉」觀察軍官能持續提供一連串正確的資訊，因此對我而言極為重要。我選擇那些我相信能持續被信任的人。而能讓這些觀察軍官免於被其他下級指揮官視為長官派來監督的關鍵，在於他們能在指揮官表達關注的時候，仍維持自己的信心，因為他們清楚那些資訊只會傳遞給我。

了解自己的優點與缺點

在戰爭中，即使是最偉大的勝利，也會夾雜著悲劇。人命和道德的崇高性，跟在商場上損失金錢或沒達到預期銷售額不同。對於作戰，拿破崙說過：「精神之於物質是三比一。」而將那些難以形容的特質——以每位弟兄的力量、敏銳思維和精神韌性為基礎所衍生的信心、互信、和諧與彼此間的情誼，將會打造出足以主宰戰場的齊心勁旅。但，死亡也是始終與其形影不離。

明知可能會使自己從此消失於世上，卻還是願意冒著死亡風險向前推進，是一種違背天性的行為。殺死另一個人或是眼看最親近的同袍死亡，都會造成深刻的情感打擊。在麥可・夏拉（Michael Shaar）的小說《殺戮天使》（*The Killer Angels*）裡[2]，南軍的李將軍（Robert E. Lee）就說過：「想成為一名好士兵，你就必須熱愛軍隊。但為了成為一名好軍官，你也必須具備下令自己熱愛的部隊上前赴死的企圖。這是一件很難做到的事情，沒有其他的行業會有如此的需求。而這也就是為什麼好人很多，卻很難找到優秀軍官的原因之一。」

為了維持自身情緒上的平衡，我知道在作戰過程不該接觸有關傷亡的訊息，更別提是那些弟兄的名字。因此我指示參謀們，除非任務受到阻礙，否則不應和我報告傷亡數字或姓名。醫官、醫護兵與負責抬擔架的食勤兵，會負責照顧傷患，以及將他們快速後送。我必須集中精神完成任務，就某方面來說，我認識手下每一位官兵，我不願意在聽到他們中彈時，腦海中卻浮現當事人的容貌。

身為一位即將要面對重大傷亡的領導者，我必須把自己的情感區隔開來，否則我在處理必要事務的時候會分心。任務永遠優先，個人的情緒緩和必須要等到日後。我很了解自己的極限到哪裡，這些事情我可以等回到老家的哥倫比亞河畔之後再去排解。

進入戰鬥

荷馬在描寫特洛伊戰爭時，說它是狂亂而令人困惑的，如同一陣挾帶著沙塵與硝煙的風暴，除了粗獷的嘶吼與血腥的武器，還夾雜著刺耳的聲音且毫無理性。從那時開始，所有的指揮官便徒勞無功地試圖在想像中找出一個會依照計畫進行、井然有序的戰場，但事實上它是不存在的。

善戰的格蘭特將軍（Ulysses S. Grant）對領袖有其判斷標準，總結來說就是謙遜與強悍的個性。這兩個條件讓一個人能平靜地承受衝擊，既可以在周遭情勢土崩瓦解之際，維持堅毅不屈，又能在當前作法無效之後，以靈活的心態做出改變。這就是我期待手下陸戰隊員在戰鬥時的樣子。在此同時，他們將會給敵人帶來一連串的災難，進而瓦解其腳步，使其陷入混亂之後，無法集中其精神或軍力。

2 編註：以南北戰爭在一八六三年六月發生於蓋茲堡戰役的背景所撰寫的小說，作者夏拉以本書獲得一九七五年普立茲小說獎，並以此為藍本，在一九九三年拍攝史詩電影《蓋茲堡戰役》（*Gettysburg*）。

在超過一個月的轟炸之後，我們在一九九一年二月二十四日破曉之前，發起了地面攻勢。由於伊拉克人已經點燃了數百座油井，濃密的煙霧不僅籠罩著地面，甚至遮蔽了日光。在整夜推進之後，黎明時我們終於靠近了第一道障礙線陣地。伊拉克工兵利用複雜的地雷區、鐵絲網、深壕溝與燃燒的障礙物，建構了堅強的防禦陣地，而這一切還有由進入工事的部隊和砲兵所掩護。

在我方的砲兵與空中支援提供掩護、工兵單位在戰車的協同之下向前衝刺，發射由火箭推進的導爆索引爆周遭的地雷之後，在雷區開出一條條走廊來。隨後戰車和裝甲挖土機朝前推進，除了確保走廊已經淨空，並將尚未引爆的地雷推至兩旁。走廊淨空之後，戰車與步兵再穿過去消滅戰壕內的敵人。當我們急著往第二道障礙線推進時，已經為後方的兩萬名陸戰隊員開出了一條走道。在訓練時，我們突破障礙物最快也要二十一分鐘。但在實戰中，只花了十一分鐘，顯然持續與嚴格的演練是值得的。我方持續的轟炸也削弱了伊拉克軍隊的作戰意願，他們的砲兵射擊顯得斷斷續續且隨機，戰車砲與機槍的火力也不再猛烈。當受到驚嚇的伊拉克部隊成群脫離戰場時，我真心敬重那些還繼續抵抗的少數敵軍，在我們前進之際，部隊都很清楚更困難的障礙還在前面。

發動突擊行動的時候，我不想連長們浪費時間傳遞給我一些只要我人在鄰近地區就能獲得的資訊。從我的指揮車艙蓋，就可以看到官兵圍繞在我四周開闊的沙漠裡。我確定這個景象對那些越戰老兵而言是很奇怪的，他們當時在叢林裡的目視距離還不到三英尺。我一面監聽著突擊連的無線電通訊，偶爾才在營級通訊網內發話，或是經由團級通訊向上更新戰況。聽著他們的聲音和語調，讓我可以從其視角感覺到局勢的變化。貫穿敵軍最前方的陣地之後，我們便趕往位於北邊九英里處，第二道、同時也是更為困難的障礙物陣地。我知道速度是一切的關鍵，伊拉克人如今已經曉得我們打算作為突穿主要防線的概略位置。我們並不想給他們任何機會再去強化那段防線。

在第二道障礙物陣地那裡，敵軍發起了更為頑強的抵抗。隨著地雷損壞了我們幾輛戰車與其他車輛，部隊也開始有人傷亡。敵方的砲兵火力只能拖延，而無法阻擋我們。我一度落入了一個彈坑，在洞內趴下的時候，注意到有隻螞蟻試著往外爬，而在我舀掉一點塵土後，那隻螞蟻就掉回洞裡，隨即又開始向外爬，而我又再次舀掉一些塵土。

「別往外爬，螞蟻先生，」我試著告訴牠：「這裡面比較安全啊。」

當空中與砲兵讓敵方火砲再也無法反擊後，我們便繼續推進。在一個被稱為統治者農場（Emir's Farm）的農耕站，有個構築了工事、固守該處的伊拉克營向我們發射了迫擊砲。B連在距離敵軍戰壕約六百五十碼處，派出甲車上的步兵展開掃蕩。當陸戰隊員往前衝時，那些重新鼓起勇氣的伊拉克軍人開始反擊。隨後一架F－18戰機呼嘯著通過頭頂，投下了一枚五百磅炸彈。在那之後，那些還活著的敵軍高舉雙手，魚貫走向我的陸戰隊員。

綜觀整個南部戰線，聯軍的攻勢正在加速。那些建構軍事行動的基礎——從計畫與演習、反覆地討論、將官們對整體戰略的意見交換、猛烈的轟炸、同步打通多條貫穿雷區的通道等——都形成了一場暴力協奏曲。到了下午的時候，陸戰隊員已經大大超前了進度，聯軍司令部原本預期敵方的毒氣、地雷和直射火力，將對各營的突擊行動造成重大傷亡，因此本營並未接到後續任務的指示。我反而還要節制領頭分隊的行動，畢竟我們的進度超出預期太多了。

到了第三天，累積了更多動能的我們，開始朝科威特國際機場直衝。由於數十座油井被點燃，濃煙讓我們的能見度降至幾百碼。到了中午，我甚至要打開手電筒才能看地圖。經由負責集中式觀察的軍官們，以及監聽無線電通訊與參謀的建議，我可以同步掌握現況而不需暫停腳步開會。我們不會放慢腳步。我只下達了幾個命令，讓負責領導突擊的指揮官們自己做決定。

敵軍已經陷入潰敗。當他們啟動內燃式引擎的同時，便會在我們的熱影像瞄準具上反映出變為一個炙熱的形跡，所以每輛車子甚至戰車都成了活靶。當我們在但丁般的煉獄、濃稠而黏膩的煙霧中前進時，眼鏡蛇攻擊直升機則在上方的低空中盤旋。四處散布著伊拉克軍不是被擊毀或化成碎片，就是斷裂開來的戰車與裝甲車，現場宛如被龍捲風掃過一番，破碎的車輛與人體都四處散布著。很少遺體還保有人形，多數都被燒得焦黑，並縮到只有原來一半的大小。

當部隊接近一處大型採石場時，我正與打前鋒的分隊在一起，導致我們擠在部隊右翼的小角落。我們在這片荒涼而沒有特色的沙漠，沿著高壓電纜線前進。由於這三天甚少休息，我疲憊的內心並沒有察覺到有什麼異常就通過了採石場。頓時，前方地平線上竟出現了夾雜著綠色曳光彈的陣陣火光，顯然以逸待勞的敵軍，是將電纜線當成絕佳的目標參考點，敵軍戰車和機槍就朝著該處隨時待命射擊。同一時刻，一個藏身在採石場內的敵軍機械化連，衝出來打擊緊隨在我後方的後勤分隊，遭遇伏擊除了令人不快，更是提醒了讓全營在開闊沙漠上被包圍的我，自己跟克勞賽維茲那樣的兵聖可差得遠了。

就在敵人攻擊之際，我看到克里斯·伍德布里奇中尉（Chris Woorbridge）站在砲塔上的悍馬車，移動到我的前方。個子很大，過去曾是橄欖球員，臉上總是帶著笑容的他，負責帶領一個反戰車排。就在我的目光投過去的時候，他的悍馬車正被一枚戰車砲彈直接命中，進而消失在沙塵與濃煙當中。隨著沙礫和煙霧包圍了伍迪的車輛，連我都感受到被震波掠過。

我偏過頭去，把他被敵軍直接命中這件事擱在一旁，接著下令各單位朝更右邊移動，增加機動的空間，好讓我軍的戰車投入戰鬥。當我再向後瞥時，便看到了紅色的信號彈，那支由傑夫·霍克中尉（Jeff Hooks）率領的後勤分隊正發出遭到攻擊的信號。幸運的是，這半年來傑夫和坎道爾·哈夫三等士官長（Kendall Haff），每隔兩天就會為他們手下那批醫護兵、食勤兵、駕駛兵、工兵、文書兵與保修兵進行步兵戰鬥的訓練。當他們撲向敵軍的時候，我就知道他們的訓練是有成效的。

在他們擊毀敵軍車輛的同時，我方的迫擊砲也分別朝著南方和北方，也就是正面與採石場內的敵人射擊。當伊拉克部隊出現時，那些食勤兵與工兵積極地以機槍和反裝甲火箭回敬，摧毀了對方好些車輛。結果整場戰鬥在十二分鐘內結束，那些醫護兵與保修士，笑嘻嘻地迎接前來增援的步兵，而我急急想要去加入他們。是我的這些官兵解除了我的危機，他們的記憶肌肉與神經，不僅擊潰了敵人，更擾亂了對方的決策循環。

我們繼續攻擊，部分伊拉克人也繼續抵抗，但多數很快就投降了。下午兩三點左右，福爾福德上校集合了所有指揮官。我們要繼續攻擊，並在入夜前突入科威特市，比預定的時程提前了好幾天。迅速下達命令之後，我回頭走向自己的悍馬車。

「今天有學到任何教訓嗎？吉姆。」福爾福德低聲問我。

我倆都知道是手下的陸戰隊員，把我從採石場的危機中解救出來。

「是的，長官。」

「很好。」他在離開的時候這樣回答，沒有多說什麼。

回到營部時，我把所有指揮官召來進行快速的命令簡報。披頭散髮的伍迪也在場，雖然渾身是沙土，但四肢依然健在，還開心地笑著。

「我以為你死了。」我說。

「我也以為自己死定了，長官。」伍迪笑著：「那顆砲彈將一堆塵土傾倒到我們身上。」爆炸過後，我強迫自己不去想伍迪和他手下的狀況，但人類的內心卻是個充滿奇妙的奧義。我在二十五年過後寫到伍迪的故事時，那種如釋重負的感覺，仍然和當年他在對我露出笑容時一樣強烈。

——

經過一個月的轟炸，與一百小時的地面戰鬥後，伊拉克陸軍被完全擊敗，並被逐出了科威特。過程中我學會了不要過度相信針對敵軍的估計，直到我們和對方交戰為止。雖然營裡有十多人負傷，但讓我真正鬆了一口氣的事情是，沒有一位陸戰隊員、水兵或科威特人陣亡，但將來就不是如此幸運了。科威特人在被解放後歡欣鼓舞的樣子，讓我們體會到勝利的滋味。雖然當時的我並不了解，但七團一營的能力、士氣與信心，成了我在日後的戰爭中，評量部隊訓練的基準。我知道充滿信心的人在投入戰爭的時候會是什麼模樣。

返美幾個月後，我漸漸因為所屬沒有獲得表揚而感到不悅。軍隊在前線執行勤務是危險的工作，因此表揚他們的英勇行為是極為重要。我並沒有聽從高階長官的勸阻，他說對上級抗議敘獎的作為會毀了我的前途，進而決心為部屬爭取適當的獎勵。我直接上書陸戰隊遠征軍（MEF）司令羅伯特・強士頓中將（Robert Johnston），並提出我對此事的關注。我隨即領教到身為將級軍官的力量。強士頓將軍親自致電給我，並向我保證會改善這個狀況。一週之內，我收到了令人振奮的消息——適當的獎賞。將軍明快反應的典範，也成為日後我注意類似情況時的參考。假使我們要向面對敵人的弟兄表達敬意，那延遲或吝惜給予前線部隊獎勵的行為，就不能再發生（參見附錄A）。

戰爭是對軍隊實力最終極的審核者。我們贏了這場戰爭，而且傷亡遠低於任何人的預期。這主要必須歸功於從空中對地面目標的偵測和打擊的重大改進。更廣泛地說，美國軍隊在越戰後的二十年內，已經研擬出了與機械化作戰對抗的準則，並將我們在運動與機動力方面的優勢發揮到淋漓盡致。從地緣政治的層面上來看，老布希總統更贏得了身為一位政治家的三連勝。在外交方面，他整合了一支包括西方與阿拉伯國家的聯軍。軍事方面，他為手下的將軍們提供了必要的武力與政策指引。政治方面，他避免了在達成解放科威特的目標後，再採取過度的行動。

他曾經說過：「侵略科威特是令人無法接受的。」以過人的決心，美國人信守了這些諾言，將海珊趕出科威特。從我自己的軍事判斷看來，老布希總統很清楚如何以我們的方式來結束一場戰爭。當他說美國將不會坐視不理，我們也真的展開了行動。總統批准我們部署壓倒性的軍力逼迫敵方撤軍，或快速地結束戰爭。他還避免做出一些幼稚的決策，例如強行決定部隊人數的上限，或是設定一個我們必須停戰撤軍的日期。

老布希總統有系統地贏得了民眾的支持、國會的認可與聯合國的同意，然後設定了一個明確且具限制性的結果，再利用外交手段整合那些我們甚至未曾並肩作戰過的盟友，進而組成一支聯軍。他傾聽反對意見的觀點及指導相關的整備，並且在不冒犯或排擠任何參與國家的前提下，堅決維護自己的戰略目標。

在他睿智的領導之下，政府並未一再的變動任務目標。未來，針對貫徹戰略正確性的這部份，我們並沒有做到類似的自我約束。

第四章　眼界漸開

在我參與波灣戰爭八個月之後，返國就要面對一個嶄新的全球形勢。就很多人看來，「歷史的終結」似乎唾手可得。主要強國間將不再發生戰爭，自由民主已經擊敗了共產主義。而在海珊撤軍之後，我們返國的部隊在紐約的百老匯，享受了一場彩帶滿天飛舞的大型遊行，這樣的情景是二十多年來的首見。隨著蘇聯解體，華沙公約組織也跟著分崩離析。一九九二年秋天，老布希總統更和俄羅斯的葉爾辛總統共同發表聲明，表示冷戰已經結束。當內部矛盾導致蘇聯從內部崩壞，阿富汗戰場又使得紅軍損兵折將之際，美國與北約守住了防線。而參議院更批准了美國與俄羅斯雙方大規模裁減核彈頭的提案。

接下來的幾年，形勢更為複雜。正面而言，西歐的十二個國家間有了更緊密的合作，進而形成歐洲聯盟。東歐國家朝西方靠攏，俄羅斯境內的一場軍事政變也以失敗告終。負面的部分，南斯拉夫政權倒台並爆發了內戰，中國進行了核武試爆，以提升其戰略武器的能力。至於新當選的柯林頓總統，則由於十八名美軍在索馬利亞的陣亡，而將維和部隊撤出該地。現實似乎正粗暴地暗示著即將要到來的混亂世局。

而在美軍內部，政府對全球局勢的評估，對我們造成了重大的衝擊。由於爆發大型戰爭的威脅不再迫在眉睫，要求和平紅利的壓力，導致我們從波斯灣返國後，預算就面臨了大幅裁減。已經離開營長職務的我，被指派到位於五角大廈的陸戰隊司令部。就一位軍官的生涯而言，這是一次例行的調動，也就是從支援單位的幕僚職、海外派遣到作戰單位的指揮職，加上每四到五年回到院校接受深造教育的循環。我要負責指派相關職務給所有現役的陸戰隊士官與士兵。我的部門必須要批准每一位打算留營的陸戰隊士官與士兵的人事命令，而這可是件吃力不討好的差事。陸戰隊正在迅速裁減兵力，從原先全員超過十八萬九千人，變為僅剩十七萬兩千人。無論他們的意願為何，有百分之九的陸戰隊員必須要退休或離職。

那些加入我們的人是希望成為一個小型、菁英部隊的一分子，也就是成為「自豪的少數人」（the few, the proud）。美軍當中，陸戰隊的預算還不到其中一成，而我們則以這樣稀少的資源達成多項任務。幾個世紀以來，我們僅憑那些能帶上船艦的裝備走遍了全世界。陸戰隊不僅部署至各大洋，也鎮守所有的駐外使館，而且無論何時何地，都急於被率先投入戰場（註一）。在各軍種的平均年齡來看，陸戰隊是最年輕的，其中三分之二的成員僅經歷過一次海外任務。那些較具資歷的軍官與士官，始終都佔少數。為了克服任務的障礙與老舊的裝備，我們只能變通。但這樣的努力，不足以因應大幅度的預算刪減，我必須從全軍剛從戰場歸來的戰士當中，裁減數以千計的人力，並決定哪一個士官要指派到什麼職務，誰該晉升，而誰又該退伍。

十年前，我還得開車往返美國的太平洋西北地區，鼓勵招募士官們多找些人加入陸戰隊。才不過幾個月之前，我還要感謝上天讓所屬的各個士官，在我戰鬥中做出錯誤決定時力挽狂瀾。就是那些持續幫助著我，甚至匍匐穿過雷區，並面臨其他危險的同一群人，如今卻要帶著家人、收拾行囊，然後各走各的路了。我們必須割捨那些服役四年、十四年甚至二十四年的忠勇之士，且其中僅有二十年或以上資歷者，才能領取退休俸——多數人未享有這項福利。但那其實不是決定性的因素。即使社會將人的價值和他賺多少錢畫上等號，軍方和那些志願服役者，採行的則是另一套社會契約。假使你致力於保衛這個國家，甚至為美國人民奉上你的生命時，你會期望換來的一個終生的職業。如今在卻是每個階級與年資的人力都得裁減，以維持一支均衡的武力，並確保各階層不會停留在後冷戰時期的氛圍裡。當我率領士官們前往每一個陸戰隊基地，並說明這個壞消息時，我真的很難面對那些被強迫除役的弟兄。

戰爭是結束了，但當二〇〇一年九月十一日的奇襲發生之後，我們會惋惜當初強迫讓那些弟兄離開。

進修、進修、進修

當我進入國家戰爭學院（National War College）就讀時，已經四十三歲了。在之前二十年的軍旅生涯當中，我曾在大約二十五個國家接受過訓練，並經歷了十多個不同的職務。當中的每一次歷練都拓展了我的技能，這其實是我們軍隊中的基本要求。每一位軍官或士官，都要通過相同的養成教育。軍中是個封閉的勞動體系，我們必須負責栽培自己的領導階層，而我很樂意有榮幸為其付出。

大多數人到戰院進修的人都已經是上校了。到目前為止，我們的心力主要都集中在指揮層級的最低層。一步步，一個階級到一個階級，我們累積了那些足以指揮一艘戰艦，一個有八百人的營，或是一支耗資數百萬美金的飛行中隊的本事。我們每一個學員都是基於對戰術與作戰能力的嫻熟，才升到這個位置。戰院在戰略、歷史與經濟方面的課程，拓展了我的視野，單是那些客座講師，就包括參議員、內閣官員、外國官員與歷史學家。經歷一年的研習與反思，當我們離開戰院時，許多人都被指派到需要執行政策、而非直接領導的位置上。

回顧我在學官階段學到的教訓。當一位嚴格的教育士官要修正我的戰術錯誤時，他使會諷刺地說：「幹得好，學員生。你剛把你的陸戰隊員害死了。」幾年之後，我正在沖繩北部的叢林裡訓練，在毫無預警的狀況下，臨時被賦予指揮多達一百八十人的一個連的任務。在某個星期六的早晨，士官長抓住我要去跟他私下談談。就技術上而言，當然我的階級是高過他，但任何稍微頭腦還清醒的尉官，都不會在團隊最高階士官主動要和他單獨談話時，還會拖拖拉拉。

「你是位非常具有說服力的年輕人，」他這樣告訴我，並遞給我一本關於羅馬軍隊百夫長的書：「但你最好還是要先做點功課。」

在出發往戰場之前，你可以藉由詢問老兵們的經驗，以及不斷地閱讀來學習。尉官要了解的是如何把握戰鬥中的重要因素。至於更高階的軍官想的，則是如何在謀略上勝過對手。藉由鑽研其他人是如何處理類似的狀況，我從可接觸到的領導典範那裡更快速地增進自己對戰鬥的了解。

陸戰隊向來以強調生理上的強悍而著名。但我清楚記得一位來自以色列的交換軍官，某一次我們在維吉尼亞州悶熱的林子裡跑步時，曾經大聲告訴我，擁有強健的身體與過人的智慧，兩者間不矛盾。「讀讀古代希臘人的故事，了解他們是如何培養戰士，」他這樣告訴我。

閱讀那些幾十年甚至更久以前，由戰士或歷史學家們耗費時間撰寫的著作，不啻為一項榮幸與贈禮。作者將畢生中經歷的征戰去蕪存菁，以便能和你「對話」。人類已經在這個星球上戰鬥了上萬年，若不能善用這些累積的經驗，可說是愚蠢且不道德的。單憑個人經驗的程度，並不足以作為依據，如果你到現在還沒有讀過上百本書，那你不僅和文盲無二，更可以說是無能。任何指揮官敢自稱「忙到沒空讀書」的話，那就只能承受弟兄被裝進屍袋的這種痛苦的方式學到教訓。在戰鬥中無能的後果是決定性的，歷史也告訴我們，天底下其實沒有什麼新鮮事。因此陸戰隊司令部為不同層級的陸戰隊員，擬定了一份必讀書籍的清單。所有陸戰隊員都會閱讀同一個書單，只是士官們會有一些額外的，校級軍官則再有一些其他的書籍。至於升到將級的，則會有另一套全新的必讀書籍清單。簡單講，就是陸戰隊裡沒有任何階級能規避學習。當我和任何一群陸戰隊員談話時，從他們的階級我就可以知道，這些人已經讀過哪些書了。因此在計畫和投入戰場期間，我可以直接向他們引述那些案例說明其他人是如何解決類似的挑戰。當我們為了特定任務而調整時，這也讓那些年輕官兵能有共同的思考模式。

閱讀其實能為人生面臨的困境提供指引。藉由這種回溯到過去的方式，增進了我對於當下的把握。我個人偏好研究羅馬的領袖與歷史學家，從哲學家皇帝馬可・奧理略（Marcus Aurelius）、大西庇阿將軍（Scipio Africanus）到歷史學家塔西佗（Tacitus），這些人在面臨壓力時的沉著，以及對於人生的反思，都足以作為當代領袖的典範。藉由閱讀，我能隨著凱撒跨越高盧，或是從平淡的文字中體驗到，格蘭特與薛曼將軍那種堅毅決心的可貴。尤金・史賴吉（E.B. Sledge）在《決戰沖繩島》（*With the Old Breed*）一書中，寫出了發生在沖繩島上的激烈戰鬥，以及讓眾人團結一致的向心力，也是每個世代的士兵必看的作品。那些關於羅馬將領、美國原住民酋長，到戰時政治領袖或基層幹部的傳記，甚至孫子與柯林格雷

（Colin Gray）這類戰略思想家，都曾在我面臨困難挑戰之際提供指引。結果就是在我個人的圖書館中，有高達數千本的藏書。除了廣泛的閱讀之外，我還選擇了幾場自己不熟悉的戰役或是陌生的領域做更深入的研究。每當有陸戰隊同仁請我提供特定的案例時，我都會送給對方一份自己最喜歡的閱讀清單（參見附錄B）。

——

從戰院畢業後的接下來兩年（一九九四至一九九六年），我接掌原本由福爾福德上校率領、駐地為莫哈維沙漠的第七陸戰團。這是一個擁有超過六千名、分別被編為六個營的陸戰隊員與水兵。我已經來到了不再直接領導、並接觸到每一個官兵的層級。僅能將我的指示，逐層經過軍官與參謀傳遞。因此我必須更加努力，才能維繫和基層官兵們的直接接觸。

當一名指揮官無法與所屬直接互動之後，他得盡可能避免過度管控部隊，並抗拒那種直接聯繫的衝動。我的意思是，任何高階軍官或參謀，都能夠很快地查詢狀況，將會加速基層軍官的回應。隨著數位技術的發達，造成在快速提問後會期望能得到即時反應，讓高層的指揮部以為自己掌握了一切狀況，養成他們想要調整下級的每項細節。當你藉由緊密的通訊管制來強加指揮時，只會養成一種事事徵詢許可的懦弱態度。

在你下級的指揮官感受到那樣的氛圍後，他們就會陷入遲疑。鉅細靡遺的命令背後最大的弱點在於，不可能預測到所有的未知狀況，而且還會讓部屬喪失主動性、扼殺其積極性，並減緩任務的節奏。倘若上級還企圖規避風險的話，兩者相加將會使問題更為嚴重。戰場上足以主導勝敗的機會與危險，往往只發生在緊湊且猛烈的幾分鐘裡，而只有那些強烈傾向於採取行動的年輕積極軍官，才能從中取得成功。我始終期望，在指揮官企圖的引導之下，將上述的特質從年輕幹部身上發揮出來。指揮體系當中，高層與下級的互信，是不可或缺的重要資產。

為了培養出這樣的互信，陸戰隊從我們還是年輕軍官開始，就要求幹部學習如何表達自己的企圖，以便命令在逐層傳遞到最基層的新人之後，還是能被正確地理解。舉例來說，你可能會告訴所屬：「我們要攻擊那座橋梁，以便截斷敵人的撤退路線。」這裡最關鍵的資訊在於，將你的目的彙整在後半段的那句話裡。也就是說，如果有一個排攻下了那座橋，並讓敵軍無法逃脫，那任務就算成功。但假使在打下橋梁後，敵軍仍繼續想辦法撤離，那該排排長便不該在原地不動。他應該不待進一步的命令，就展開行動阻止敵軍逃亡。這種與目的一致的獨立性，必須以對任務原因的共同了解為基礎，這一點才是展現勇氣的關鍵。

想要養成依照指揮官企圖採取行動的文化，仰賴的是單位甚至個人能有更高的自我要求，而非去下達大量鉅細靡遺的命令。在擬定自己的企圖時，我學到了僅提供必要的內容，以達成一個明確定義的結果：告訴整個隊伍行動的目的為何，除了「你打算採取的手段」這類必要細節外，只要再明確敘述為了遂行後續任務，你這時想要達到的目標或結果即可。將「如何完成任務」的細節交給屬下，是因為他們必須學習展現主動性，並因此得到獎勵，如此才能在機會甚至問題浮現時掌握先機。

那些你在命令中沒有提到的細節，其實和你提到的部份一樣重要。正由於所有人都朝你的目標努力，他們的足智多謀與主動性才能夠發揮。你只要透明分享資訊（我知道哪些事？這些事該讓誰知道？我已經告知他們了嗎？），便可以指揮一個有組織的隊伍，而不必在意什麼「管制」或「同步」。

下級指揮官們若無法了解每一道命令背後的目的，那他們就無法掌握隨時變化的機會。顯然，想正確地執行獨立運作，便有賴於長官和下屬之間，都能對「任務」和「指揮官打算如何完成它」有共同的認知。

假使一名置身前線的下士，無法告訴我「指揮官企圖」為何，那就代表我已經失敗了。這如果不是我沒有花時間講清楚，就是我的部下沒有正確地將它沿著指揮鏈傳達下去。個人主動性的養成、積極性與承擔風險的特質，不會在戰場上自然出現，而是要在一個組織的文化當中，經過很多年的培養、觀念成形甚至獎勵而來。如果一位指揮官期望部下能夠在壓力下把握稍縱即逝的機會，那他的團隊就必須在訓練、升遷到表揚等各方面去獎勵這樣的行為。更重要的是，他還要能容忍手下犯錯。假使那些敢於承擔風險的人被懲處了，那你處於各階的部下就會要規避風險。

史林姆將軍（Viscount Slim）是二戰期間英軍最優秀的野戰指揮官。一九四一年時，日軍將英國人逐出了東南亞。在他名為《反敗為勝》（*Defeat into Victory*）的書中，史林姆描述了自己是如何振作了手下的敗軍，進而擊潰日本人的經過。我對於他能夠指揮那些深入叢林，已經一連數天甚至數週都未能以無線電聯繫的單位感到相當訝異。

史林姆在書裡寫道：「各級指揮官都必須靠自己的判斷行動；而他們也獲得更大的授權去擬定自己的計畫，以便達成陸軍指揮官企圖。後來這讓他們的想法明顯地變得更靈活。再加上堅定的決策，使得他們在取得新情報或環境改變之後，能夠立刻採取行動獲得優勢，而不再回頭徵詢長官的意見。下級能依照指揮官的總體企圖，不等待命令，或在預測長官的命令之後，甚至尚未批准前便採取行動的作法，無論是在任何型態的戰爭當中，都應該是本能的一部分。」

「不等待命令便採取行動，卻又始終能依照指揮官的總體企圖」（註二），其實就是福爾福德上校當年在沙漠風暴行動中，領導第七陸戰團的方式。回想當初，我處在科威特的空曠沙漠，他即使有很好的通訊能力，卻很少直接聯絡我，而他的參謀更是做好了準備，隨時能支援我的營，而不是追著我詢問情況。從史林姆到福爾福德——他們兩位最後都擢升到四星上將的地位，傳達的是同樣的訊息：在執行層面，你的工作是去鼓勵年輕軍官與士官的主動性，並協助他們取得成功。在手下盡全力執行你的意圖卻發生錯誤後，你要去支持他們。檢視你對他們的訓練，以及你是否將自己的意圖流暢地說明清楚。要記住最重要的事情：讓部屬培養出採取行動的積極意願。

我說一個實際的例子。我們第七團緊鄰著棕梠泉（Palm Springs）的二十九棕梠灘基地，可利用的空間大概比羅德島還稍微小一點而已。一九九五年的某次演習中，本團遇上了一支狡猾的假想敵部隊，對方散佈在廣達六百平方英里的峽谷與峻嶺當中。我參照了福爾福德上校下達任務命令的方式，不僅沒有強行劃分各營的作戰範圍，還擴大了他們的火力分布與機動區域。在刻意提升了各營協同必要性的同時，也增加了他們發揮主動性的機會。幾分鐘內，那些中校們開始在團級無線電通訊網上進行協調。接下來的演習當中，我僅需要監聽他們快速調動部隊的情況，發現這些人正以「在你的砲兵射擊山丘左側時，我會從右邊推進」的方式進行溝通。數千名掌握任務節奏的陸戰隊員，明快地抓住他們周遭致勝的機會。藉由分散式指揮，並利用寬闊戰線上的各種機會，我們運作得比敵軍更快，進而擾亂其決策循環。在我的意圖引導下，他們採取行動，上下級間的循環回饋，讓我得以集中心力去設想決策的重點。那一天，是下面的官兵讓我學到了許多。

那是一次關於建構隊伍與掌握節奏的經驗，手下們都清楚我的企圖，幾乎沒有人注意到我在通訊網裡「消失」了（事實上這對他們來說可能更好）。所以在後續的幾週，僅試圖發出簡短的提醒與建議以分享我的看法。我藉由傳遞一位戎馬半生上校的建議、不強行介入管制的方式，來引領我的團。後來有一天，我走進作戰室。作戰官站在黑板前方，手裡握著粉筆。有著濃厚布魯克林腔的約翰·圖蘭中校（John Toolan），即使鼻子被打斷過，到了四十幾歲他仍然熱衷於橄欖球。他很愛做嘲諷式評論，臉上始終帶著足以令人卸下心防的愛爾蘭式笑容。而在那面黑板上，這位作戰官已經寫下了CHAOS五個大寫字母。

出於好奇，我問他正在想什麼，圖蘭卻將粉筆遞給我。

他問道：「上校有另一個更棒的提案嗎？」（Colonel Has Another Outstanding Suggestion, 縮寫CHAOS）

從此「混亂」（Chaos）便成為了我的無線電呼號。事後有謠傳說「混亂」代表我試圖將敵軍各階層搞得像瘋人院，而這點其實沒錯。但真正的潛在原因，是我那些愛搞怪的部屬給我取的。我們總會遇到像圖蘭中校那樣的人，會讓你警惕自己不要過度膨脹，而前提是你得將那些敢於承擔風險和桀驁不馴的人留在身邊。

一九九六年，我成為國防部長威廉・裴瑞博士和其繼任者、參議員威廉・柯恩的資深軍事幕僚。我在檢視成堆的文件，以及簽發那些報告時，才發現他們處理的各類問題令人吃

驚。其中包括了大到維持一個世界上最大規模組織的運作，小到關於發布一篇新聞稿。每天早上，國防部長可能要與某位國王見面、決定一艘造價以十億計的航空母艦，或是面對一名下士在日本惹出麻煩的新聞。到了下午，他將會和國會各黨領袖開會、計畫如何在七天內造訪七個國家，並為一場即將對全球發表的演說字斟句酌。再重大事項也必須受到時間限制，我對他們決策的速度感到訝異。

雖然在首都的工作並不是我的菜，但對於那些共事的夥伴，以及教導我一些全新事務的人來說，我都予以持續不變的尊重。我以親身體會的方式了解了美國憲法第一條，其中載明國會有「除了徵募並支援陸軍以外，也有組建並維繫一支海軍」的職責。我關注到國防預算是如何被分配，也傾聽關於出兵前往巴爾幹半島，以及高階將領應具備哪些特質的辯論。另外我也常要和民間的夥伴，例如國務院、中情局甚至白宮的國安會幕僚打交道。這些人在我面對跨局處、難以想像的複雜流程之中，持續地提供協助。

我位處決策過程的第一線。每個星期，我的上司也就是國防部長，會和國家安全顧問與國務卿開會，以確保外交政策的一致性。國安會協調來自各局處的資訊，內閣成員藉著會談來解決計畫與執行方面的歧見。整個過程不僅總是紊亂，而且總是需要作出不可告人的妥協。從國防部的層峰位置觀察這些事，進一步增進我的了解——我當時只須關注、傾聽與學習，但無法確定這樣的在職訓練如何在未來發揮用處。

一九九八年，我回到陸戰隊司令部擔任人事計畫工作，並擢升為一星准將。起先我還感到不解，為什麼要指派一位步兵軍官來監督人事政策。但等卸任後，才了解為什麼這項工作需要一名戰士投注心力。如果一個組織因為它的作為而獲得獎勵，那麼晉升那些適合打仗的戰士，便是展現實力的舉措。

在選拔將領方面，這一點也是同樣的實在，那將會彰顯軍種所在意的特質。每年在陸戰隊司令部，高階將領所組成的審查委員會，從將近兩百名合格上校當中選出不到十二名的新任准將。委員會的每個成員，都會分配到十餘位上校的人事檔案，其中包括候選人數十年來的服役紀錄。經過幾天的研究之後，成員會一一提報所分配到的上校人選，並根據實力概略排名。最後整體委員會投票，決定要淘汰哪些人，留下哪些人。

這樣的過程會一再重複，直到委員會將候選人數刪減至二、三十人為止。從每個兵科：步兵、砲兵、航空與後勤當中選出佼佼者。在這個節骨眼，運氣的成分居多。如果這時候入選者不幸墜機了，排序下一個和他在總體表現上沒有什麼差異的遞補者，就會獲得升遷的機會。而這也代表了陸戰隊上校們的素質，經歷過服役期間和先前選拔的淘汰，入選者在專業上的聲望，選拔委員會的成員們其實都一清二楚。

面對敵人之際，所有陸戰隊員執行任務的決心都是同等重要。即使是身為將領的我，也從來不會以為自己比一名年僅十九歲的上等兵更有決心；我可以從他們的眼神當中窺視到這樣的精神。對陸戰隊員們言，他們最大的殊榮，就是能在另一位陸戰隊員身旁共同奮戰，因此無分階級，我們都會尊重彼此。雖然在世俗文化裡，將軍們似乎總是高高在上。五角大廈會把他們派去接受稱為「頂石」（Capstone）的特殊課程，由退役將領指導新任准將，使他們明白自己的新角色。那些經歷過越戰的老兵們影響並改變了我們，提醒一旦晉升為將領後，就永遠不會再吃到惡質的伙食，或聽到真話。從那些老將身上，我們親耳聽到他們犯下的錯誤，或學到的教訓。但在這門課或是我接下來十多年役期中，以將領身分參加的其他訓練，老將們還是教導要以謙卑與敬業之心來維繫我們的專業倫理。

二〇〇〇年，我重返五角大廈，擔任國防部副部長的資深軍事助理。在兩次的論調期間，我先後以上校和准將的官階在國防部的行政體系裡待了三年。除了修習一門經營大型組織、宛如博士級課程以外，也親眼見識到在文人部長管制下的軍隊是如何運作的。國防部長最常都是在做些「將負面降到最低」的選擇；假使要從幾個好選項裡挑出一個，那種很容易做的決定，通常在抵達部長這個層級前就已經完成了。我參與了多到數不清的會議，從經驗裡掌握的重要脈絡，便是將決策權下放的重要性，否則高位者便要面對令組織為其癱瘓的混亂。

我留在陸戰隊的目的，是為了和部隊待在一起；而在五角大廈，我則盡力支持文職長官，並在過程中學到了很多。我對於我們政府的型態、文人領袖的動機與國會的信念也隨之增強。話雖如此，我仍舊迫不急待地想離開這個崗位，這樣的工作並不適合我，待在辦公桌無法提供我能量。即使和平紅利的聲浪塵囂甚上，我仍有幸協助那些深刻關注美國國防的人士，其中包括裴瑞、柯恩與倫斯斐（Donald Rumsfeld）三位部長，以及約翰．懷特（John White）、何慕禮（John Hamre）、戴李昂（Rudy de Leon）和伍佛維茲（Paul Wolfowitz）這幾位副部長。無論其觀點是否與我相同，他們的竭盡心力是無庸置疑的。

到了二〇〇一年七月，我開心地回到位於聖地牙哥以北的潘道頓營（Camp Pendleton）報到，並擔任陸戰隊第一遠征軍（I MEF）的副指揮官[1]。這個單位包括了位在加州南部與亞利桑那州內各個陸戰隊基地，以及多達四萬名的水兵與陸戰隊員。能回去和基層人員待在一起讓我欣喜若狂。在整個軍旅生涯當中，我每每都會假設，該次升遷將會是終點。因此我十分確定，自己的生涯句點將會回到起點，也就是和陸戰隊員們待在一起。再一次於作戰部隊服務之後，我就會急流勇退，重返位在山區的老家。

如今回首過往，我才知道當初的假設有多麼不切實際，並且了解到，學習並精通自己的工作是永無休止的。自沙漠風暴後的十年裡，我歷經了很多改變——歷經了陸戰隊的縮編、戰院進修、領導一個兵力眾多的團級單位，並學習如何讓官僚體系為戰士們服務。這一切的歷程，其實是為了確保我能夠面對將來的試煉。

1　編註：全稱 I Marine Expeditionary Force，是陸戰隊陸空特遣隊（Marine Air-Ground Task Force, MAGTF）之中編制規模最大的一種，其他還有陸戰遠征旅（MEB）以及陸戰遠征隊（MEU）。MEF可以在大戰區執行兩棲登陸作戰，並且具有長期地面作戰的能力。第一遠征軍以太平洋為主要的作戰區域，總部在潘道頓營，所屬部隊包括著名的第一陸戰師，總兵力可達四點五萬人。一般陸戰隊遠征軍是由一個陸戰師、一個航空聯隊、一個海軍支援部隊所組成，不過可以因應作戰規模增加戰力。

第五章　犀牛據點

二〇〇一年九月十一日上午六點，我正在開車前往潘道頓營的路上，心裡還在思索著即將在埃及舉行的演習。從收音機裡，我卻聽到雙子星大廈的其中一棟被客機撞擊的消息。

我當時的第一個念頭是，「敵人穿透了我們的防線」。

我很確定賓拉登（Osama bin Laden）是幕後的主使，因為蓋達組織（Al Qaeda）早在九〇年代中期就已經對美國宣戰。他們在一九九八年攻擊美國位於非洲的兩座使館時，便造成超過兩百人死亡。隨後還趁柯爾號驅逐艦（USS *Cole*, DDG-67）進港加油之際，炸死了船上十八名官兵。國內情報界的人都很清楚，在激進的伊斯蘭神學士政府庇護之下，伊斯蘭恐怖組織當時正在阿富汗蓬勃發展。我當下的感覺認為，美國的軍方與情報單位失職了。不過，我隨即強迫自己不再去想這件事。我把車停進車位前，便開始思索如何追擊這個組織直至天涯海角為止，對這些人來說，就是要追到阿富汗去。自一九七九年起，我就持續進出中東，因此內心非常清楚，這不會是一場能夠速戰速決的戰爭。而那些以為傷害美國人便能讓美國卻步的狂人，將會發現自己已經鑄下了大錯。

九一一當天，蓋達組織摧毀了紐約世貿大廈，並謀殺了來自九十一個國家的三千位平民，更造成紐約市、賓西凡尼亞州與華府三地超過六千人受傷。小布希總統（George W. Bush）與國防部長倫斯斐，都堅持立刻展開報復行動，派出中情局幹員以及陸軍綠扁帽部隊，和阿富汗的北方聯盟（Northern Alliance）接頭之後，召喚空中武力摧毀那些被發現的神學士與蓋達組織部隊。

我猜想自己與手下的陸戰隊員將會被投入戰場，但此舉需要先說服我們的長官。原先湯米·法蘭克斯將軍（Tommy Franks）就婉拒了陸戰隊初期派員協助的提議，甚至對他的幕僚解釋說：「各位，毫無疑問（註一）這個混蛋正身處內陸，我們不需要陸戰隊的兩棲作戰能力。」就因為阿富汗距離海洋達四百英里，所以中央司令部[1]的某些人就預設不會動用到陸戰隊。正如中央司令部的計畫人員所解釋的那樣：「反正無論如何，我們不可能從海路抵達該處，

必須藉由空運，所以只要派出陸軍。我們很快就排除——至少在初期——考慮動用陸戰隊。」（註二）

像他們那樣，就是在思考上墨守成規的典型案例。陸戰隊員並不是只有在灘頭周邊才能從船上登陸。我們具備長途飛行，並能空中加油的直升機與運輸機。我們是一支遠征部隊，能夠在短時間內藉由前進部署，與自給自足的戰鬥後勤來投入戰鬥。

才在上一個月，我於潘道頓營接手了陸戰隊第一遠征旅的指揮權，並計畫前往埃及參加一場稱為「明星」（Bright Star）的多國年度演習。雖然國家已經開戰，但與十多個友邦進行演習，並維持與外國軍方的接觸仍然是很重要的。當我抵達埃及的沙漠時，有一種回到家的感覺，這是由於我習慣在炎熱、不舒適的刻苦環境下生活。我手下的陸戰隊員和其他來自八個國家的部隊，共享著一片充滿帳篷的廣大營區、夾板搭建的辦公室，以及成群的蒼蠅。這次演習經過精心策劃，既要展示政治上的團結，也要進行軍事訓練。因此當幕僚和我都記

1 編註：Central Command，簡稱 CENTCOM。美軍的地域型聯合作戰司令部，負責中東和中亞地區軍事行動的指揮。

住了陸戰隊要負責的部分之後，便有足夠的時間去研究阿富汗的情勢。

我喜歡刺激年輕人。你總是能因此學到東西。我也喜歡在幕僚會議上，說明某個上等兵最近的建議之後，欣賞在場軍官們臉上的痛苦表情。假使你無法和組織裡最資淺的成員隨興談話，那代表你已經與部隊脫節了。

「狀況如何，小夥子們？」

「嗚剌（Oorah）！很好，長官。一切都很好，宛如夢境……」

我向來無法接受這種官式回答。

「才怪。我倆都清楚你剛講的是屁話，原本想去痛宰蓋達組織的我們，如今卻被卡在這個鬼地方。坦白告訴我，有哪些是我能設法改進的事情。」

就在其中一次對話裡，官兵指出他們必須與其他國家的軍人共用流動廁所，但部分友邦人員的衛生習慣實在令人不敢恭維。為了解決這個問題，我派出一名士官前往八十英里外的亞歷山卓（Alexandria）。令官兵們喜出望外的是，該員不僅帶著滿滿一卡車的衛生紙回來，而且還給每個人都發了一捲。有時候生活中最基本的事情，才是最重要的。

一位指揮官應該隨時守護自己的部隊，並對危險保持警覺。有一位高階軍官，就因為我下令陸戰隊員要隨時攜帶實彈而非常不滿。他甚至公開指出我違反規定，且攜帶實彈是不被允許的。一九八三年，當我在通知七個遺族家庭，說他們的兒子已經在貝魯特的恐怖炸彈事件身亡以後，就堅持陸戰隊員必須為自己的安全負責，也就是我們會帶著自己的彈藥。九一一事件才過了一個月，我很驚訝竟然還要為了這種事爭論。

當然，莫非定律總會插上一腳。就剛好在那一天，兩名陸戰隊員因不慎導致槍枝走火。雖然沒有人受傷，卻引發了高層的震怒，使得我必須再次承受「解除所有陸戰隊員武裝」的壓力。而我也再一次拒絕服從，並抗議這是不顧後果的倉促決定。那兩名資淺的違紀官兵被各降一階，因為他們粗心大意的鬧劇，動搖了高層對四千名陸戰隊員紀律的信心。在後續的部署任務，這兩人禁止攜帶上膛的武器。這次不光彩的事件以後，再也沒有發生類似的狀況。

演習開始後，我的朋友，主管陸戰隊駐中東部隊的約翰·「葛拉德」·卡斯特羅少將（John "Glad" Castellaw），終於有時間和我一起坐在偽裝網下，討論如何對付蓋達組織。他推測我們派出兩支搭載在船艦上的陸戰隊，連同一個小型指揮部進駐北阿拉伯海。約翰的話讓我開始動腦筋，回到營帳後，我要求參謀們找出阿富汗境內，陸戰隊兵力能夠抵達的偏遠地區，接著便又回去進行演習。

演習結束後，我接到命令飛往巴林，那是個位於波斯灣內小島上的國家。從一九四〇年代開始，它不僅是我們堅定的盟友，總是做出期待以外的貢獻。巴林是美國海軍第五艦隊的駐地，在二〇〇一年當時，是由海軍三星中將威利・摩爾（Willy Moore）指揮。抵達巴林後，我就向他報到。當天稍晚，他致電要求我去他的辦公室。他指著牆上的地圖，說明自從中情局和特戰部隊與阿富汗的部族聯手後，神學士和蓋達組織在北方就受到我軍的猛烈攻擊。

摩爾將軍顯然有做功課，他告訴我阿富汗的南半部依舊是神學士的地盤，而我們在北方的轟炸作戰，迫使更多神學士人員往南移動。這五百年來，首都喀布爾（Kabul）始終無人成功防守住，因此威利知道敵人要去那裡——阿富汗的第二大城，以及神學士精神象徵的坎達哈（Kandahar）。我們估計有高達數萬名的戰鬥人員分布在多個省份，還有更多的人正往南逃竄。他們的領袖穆拉・歐瑪（Mullah Omar），則藏匿在當地兩百萬名的普什圖人（Pashtun）當中。隨著冬季降臨，神學士往該區的集結，空中轟炸將可能殃及無辜的兩百萬居民。但如果就此罷手，等到來年春天時，歐瑪便能建立起強大的防線。威利認為只要有了第二戰線，就可以避免這樣的狀況發生。

坎達哈大約是在摩爾將軍辦公室東北方一千英里外，位在俾路支斯坦山脈（Baluchistan）

與荒蕪沙漠的遠處。情況更為複雜的是，巴基斯坦正處於北阿拉伯海和位居內陸的阿富汗之間，所幸摩爾除了是一名不會因距離或敵軍數量而動搖的戰士以外，也不是坐待命令的那種人。相反，當旁人只看到阻礙時，他卻能洞察當中的機會。

「有一種天賦，」拿破崙曾經在回憶錄裡提到：「是在觀察地形時，很快發現當中的可能性。你可以稱這種能力為瞬間掌握（Coup d'oeil）（註三）。而很多偉大的將領，都有這種與生俱來的本領。」

「這是指揮官在瞬間掌握的能力，」連克勞賽維茲也同意這樣的觀點：「他有能力將看到的事物簡化，並以自身的能力綜觀戰局，這是優秀將才的本質所在。只有當內心以如此全面的方式運作時，才能主宰所有事情，而不至於反過來為其所控制。」

摩爾中將不僅具有這種天賦，還展現在堅定的外表上。如果他早出生兩百年的話，我可以想像他在攻擊敵艦時，臉上戴著眼罩，手裡揮舞著短劍的模樣。他當下問我：

「你能否調動一批陸戰隊員，」他說：「從地中海和太平洋的艦隊上踏上阿富汗，並朝坎達哈推進？」

「是的，我可以做到，」我回答他：「但我需要幾天的時間做計畫與偵察。」

「好，去弄清楚你需要什麼支援，然後我會弄一架偵察機給你，」摩爾告訴我。從我多年來艦隊陸戰隊累積的經驗，到人在埃及時與一位善於把握時機的中將於偽裝網下的討論，把以上的所有事情都聚集在一起了。

依照他的要求，中央司令部授權摩爾計畫突擊作戰，但他更想的是如何不受約束地延伸這項命令。如果我們能從一個出其不意的位置快速發動攻擊，那將會讓神學士倒台。換句話說，摩爾在一瞬間洞察到這個良機。

我在當下得到了這個機會。著名總裁們的傳記裡總會強調，藉由勤奮工作、智慧或頑強堅持才能得到成果。相反地，很多沒有成功的案例，則被歸咎於壞事發生或走霉運。至於我則相信，這兩種觀點是同樣的真實。就在九一一事件發生後，蓋達組織與阿富汗的神學士政權成為目標之際，剛好輪到我要到海外部署。就像邱吉爾寫的：「每個人都會在一生當中，經歷一個特別時刻，就如同突然被人拍了肩膀，然後有個獨特的機會降臨讓他們可以發揮才能去完成一件很特別的事。如果他們在這個能夠大顯身手的時刻，卻沒有事先做好準備，或根本達不到要求，那可真是一件莫大的悲劇。」感謝那些經歷越戰的老兵，讓我能在這個「特別的時刻」做好準備，並且有資格去完成「一件很特別的事」。如果是在半年前，那就會是別人率領陸戰隊員殺入阿富汗。而所謂精通你選擇的職業，指的是當機會敲門時，你已經做好了準備。

當我走出中將的辦公室時，整個作戰計畫已然在腦海成形，只要上級批准，我們就要穿透四百英里的距離。而摩爾所設想的方法，從準則上來看，是不按牌理的作法。但準則是那些缺乏想像力者的最後避難所，陸戰隊教導我，它僅是一項方針，而不該成為打壓聰明才智的工具。我們強調隨機應變、調整與克服，因此我會竭盡全力，來執行中將的意圖。

我們首先要面對的，是距離的遙遠問題。多虧了一九五〇年代做出的正確決定，讓陸戰隊擁有自己的 KC－130加油機，以及改裝成能進行空中加油的直升機。也感謝海軍的船艦，讓數千名陸戰隊員能千里奔馳而不需利用它國的基地。只要摩爾中將一聲令下，就可以開始行動。

我可以調來兩支陸戰遠征隊（MEU），每個遠征隊下轄一個加強步兵營，超過二十架的定翼機與旋翼機，以及分別存放在三艘船艦上，足以維持十五天的作戰補給。一連三天，我和我的三人「幕僚」一直在推敲各項數字——從距離、天氣、油料、高度、直升機的爬升載重到火力支援，以及其他細節。我們的結論，從海上出發並飛越四百英里的距離是可行的。

當然你永遠不該讓自己的熱忱，超出部隊的能力範圍。我的評估，是根據深思熟慮後的風險為原則訂定的。

我解釋了計畫之後，摩爾中將回答：「很好，我要派你去指揮五八特遣艦隊（Task Force 58），包括它們的船艦與登陸部隊。」

五八特遣艦隊包括有六艘兩棲登陸艦以及不固定的聯軍護衛船艦所組成，搭載了超過四千名陸戰隊員。令我感到謙卑的是，一位原先並未和我共事過的高階海軍將領，會願意將如此的重責大任，授權給出身陸戰隊的我。這是將近兩百年來，第一次有海軍船艦，被交由一名陸戰隊員指揮。威利・摩爾更因此受到了來自海軍內部的非議，只不過他並不在乎。他的態度和我如出一轍：只管去做就對了。

當我從摩爾中將的辦公室走出來時，內心十分清楚他對我的信任。我也從來沒有想過我們可能會失敗。不僅陸戰隊員打心眼裡不知失敗為何物，我也很清楚我軍空中攻擊的威力。年輕士兵正迫不急待打算投入一場惡戰，準備讓那些攻擊我們國家的敵人，還有在背後支持他們的團體血濺五步。我當下的任務就是，把我的陸戰隊員從航行在大洋的船艦上，弄到神學士政權的後院。

就在中將的辦公室外，我巧遇一位友人——海軍上校鮑伯．哈沃德（Bob Harward）。他手下的海豹部隊正因為缺乏空運載具而卡在巴林，無法投入戰場。從他三分頭髮型與壯碩的身形，鮑伯看來就是一名典型的海豹隊員。因為年輕時曾在伊朗居住，他不僅能說流利的波斯語，而且對中東的知識非常淵博。我知道他是一位足智多謀、靈活且實力堅強又能以身作則的領導者。我向他伸手致意：「歡迎來到戰場，我手頭上有飛機可用，讓我們一起採取行動。」於是我們握了手，而這個隨著戰爭延續數十年的合作關係就此成形。

而在整個阿富汗南部執行過多次突襲行動的，是由陸軍少將戴爾．戴利（Dell Dailey）所指揮的聯合特種作戰特遣隊（Joint Special Operations Task Force）。一連數週，他主要是以派遣小部隊從位在北阿拉伯海的小鷹號航艦（USS *Kitty Hawk*, CV-63）上起飛的方式，發起多次對南部區域的突襲。戴爾的任務節奏，也因為要在困難條件之下進行長距離飛行而受到了限制。我和他才碰面，戴爾就衷心地支持將五八特遣艦隊部署到阿富汗南邊的作法。建立一座前進基地能讓他和所屬更具有靈活性。在我抵達前幾個禮拜，他手下的突擊兵才針對一座代號「犀牛」（Rhino）、距坎達哈不到九十英里的偏遠簡易機場，發起一次大膽的夜襲。戴爾建議我將陸戰隊員降落至該處。一旦我們取得該處作為據點，特戰隊員與陸戰隊便可以朝四面八方展開突襲。沒有人能在和敵軍交戰前，確切地了解其實力，而戴爾正是和對方交手過的那個人。既然他覺得「犀牛」是正確的位置，那我也就認同他的看法，將摩爾中將的企圖轉化成行動。

我的下一站是前往沙烏地阿拉伯的一座空軍基地，和空軍中將麥可．摩斯利（Michael Moseley）會面。他是主管空軍在中東與阿富汗作戰的指揮官。在我和摩斯利解釋整個作戰的概念時，他先依照比例測量了地圖上的距離，接著抬頭問我：「你真打算這樣做？」在我做出肯定的答覆後，摩斯利把地圖推過桌面給我，然後說：「如果遇上狀況，我會把每一架你需要的飛機派過去。」

以我對摩斯利的觀察，他是個言出必行的人，因此我在軍旅生涯中首次決定，不將砲兵與突襲編隊同行。雖然準則明確指出，登陸的砲兵對於促成全天候作戰的任務節奏而言是一項關鍵，但我判斷自己在依照我軍的直升機參與、敵情威脅與空中支援後，做出權宜之計的決策。在這個特定的案例當中，我可以藉由稍後讓砲兵投入戰場，換取其他作戰部隊在初期所投入的人數。

但我仍需想出辦法，讓部隊能飛越巴基斯坦領空。搭著摩爾中將的專機，我飛往伊斯蘭馬巴德（Islamabad）與我國的外交官以及巴國將領會面。

在我踏入她的辦公室時，錢伯琳大使（Wendy Chamberlin）質問：「一個陸戰隊員來這裡是做什麼？」

「大使女士，」我回答她：「我正要帶領幾千名好朋友去阿富汗，好宰掉一些人。」於是錢伯琳笑著說：「那我想我可以幫上忙。」我個人從未親身感受過來自一名外交官如此直接的衝擊。

我需要飛越巴基斯坦領空才能攻擊藏匿在阿富汗境內的蓋達組織，與他們的神學士盟友。而這位優秀的外交官，立刻安排了正確的會面對象——巴基斯坦軍方計畫處長，法魯克．阿赫曼．汗少將（Farooq Ahmad Khan）。在幾次和位於東面的印度作戰失利後，巴基斯坦決定要影響任何在喀布爾成立的阿富汗政權，以確保不會再有任何來自西面的威脅。但神學士不僅庇護著蓋達組織，如今還拒絕與那些原本接受其保護的蓋達成員劃清界線。巴基斯坦人清楚我將會攻打神學士——那些原本接受前者援助的對象。

會面時，法魯克將軍對幾十年來的美國外交政策表達了一連串的不滿，我傾聽了他的觀點。說實在，對巴基斯坦與美國之間的關係，雙方都有明顯不滿，結果造成一股宛如猛火悶燒般的怨恨。

等到法魯克將軍抱怨完後，我才開口：「將軍，我並不是外交官，而我準備揮兵阿富汗了，我要知道你是否會幫忙。」

法魯克當然了解這點，因此我們的討論方向也隨之改變，他同意提供飛越巴基斯坦的空中走廊。當第一批突襲部隊搭乘具備空中加油能力的直升機順利佔領「犀牛」之後，接著增援部隊也會直接飛往該處。

通過對主動權的掌握，指揮官可以逼迫敵人被動地反應，甚至陷入困境。在我軍降落後，將能藉著空中支援，擊潰任何敵軍對「犀牛」發起的地面攻擊。另一方面，一旦我們的人員落地後，便可以控制周邊道路，並在準備奪取坎達哈之前先將其孤立起來。

南北戰爭時，北軍的薛曼將軍（William T. Sherman）在他發動的那些快速機動戰裡，習慣在攻擊之前先對兩個目標形成威脅，此舉導致南軍將領必須分散兵力，使得薛曼在開始突進時就掌握了決定性的優勢。摩爾中將想的也是類似的狀況。只要本旅進駐「犀牛」，神學士就會面臨兩難局面：是要把部隊的主力留下來防衛北面，還是要將他們往南調動，以便在我軍攻擊時能據守坎達哈？

為了達到這個效果，我們必須迅速採取行動。在決策與速度的關聯性上，歷史已經給了我們夠多的前例。一九四三年，麥克阿瑟將軍（Douglas MacArthur）正計畫在西南太平洋發動登陸，因此他發電文給負責南太平洋戰區的海爾賽上將（William Halsey），請求他發動一場海上作戰來轉移日軍的兵力。才經過兩天，海爾賽回覆麥帥，允諾提供支援（參見附錄C）。雙方的參謀都沒有必要再繼續交換意見，因為他們共同的目標就是摧毀日軍部隊，而任何其他的事都是次要的。這兩位意志堅定的將軍攜手合作，對敵人造成了沉重的打擊。

與前述巨大的嘗試相較，我們在二〇〇一年的努力，就規模上而言是相形失色；但它同樣也需要迅速的決策。我們必須在敵人有時間強化防衛之前，採取行動攻擊坎達哈。無論是官僚的、組織的甚至政治上的紛擾，都必須擺到一旁。在不過幾天的時間內，一名海軍中將、一位美國大使、一名海豹部隊指揮官、一名陸軍特戰部隊少將，加上一名空軍中將與一位陸戰隊准將，就決定了侵入阿富汗南部的最佳方案。正由於我們都具有合作精神，才能迅速做出決定。大家在握手之後便盡力促成他人的成功，並相信每位成員都會克盡職責。互信仍舊是一項重要的資產。

小群參謀

當我飛往巴林時，身邊僅帶著三位幕僚，他們分別是極具效率的助理，華倫．庫克中尉（Warren Cook）、明智的計畫官，麥克．馬漢尼少校（Mike Mahaney），以及我在作戰方面的智囊，克拉克．萊辛中校（Clarke Lethin）。既然摩爾中將已經任命我擔任海軍的五八特遣艦隊指揮官，我們便立刻著手工作。這個特遣艦隊的番號可以追溯到源自二戰時的光榮傳承。當初憑藉著神速與欺敵，五八特遣艦隊如巨錘般重創了一個又一個由日軍控制的小島。到一九四五年的硫磺島之戰時，該特遣艦隊共有十八艘航空母艦與八艘主力艦，擁有比歷史上任何海軍艦隊都更為強大的火力。

我們迅速衡量之後，決定這個二〇〇一年版的五八特遣艦隊，除了六艘兩棲作戰艦艇外，再加上護航船隻，共有多達三千一百名水兵，以及四千五百名陸戰隊員。另外還包括了KC-130加油機、海獵鷹式戰機與直升機。雖然比起二戰時的同名艦隊編制小了很多，但這種規模的作戰，還是超過三人參謀組所能負荷的能力。

依照準則，一個海外部署的旅級單位，其編制可以有超過兩百名參謀。但依照規畫，我們藉由採行「跨級指揮」（skip-echelon）的方法，大幅減少了參謀的員額。這是我在一九九一年波灣戰爭中，和一名被我的營所俘虜、既會說英文又健談的伊拉克少校在討論裡學到的。在多數的軍事單位中，每一個指揮階層中，都有同樣功用的參謀單位：例如人事管理、情報收集、作戰計畫與後勤支援。依照那位伊拉克少校的說法，這樣的重複性不僅耽誤時間，而且毫無附加價值。

我因此要求那些居於最高層級的幕僚，負責那些僅須我們才能達成的事務，然後盡可能授權下級那些顯然有足夠能耐的陸戰隊與海軍指揮官執行任務。由於設想我的上級知道如何率領第五艦隊[2]，且手下也會指揮他們自己的船艦或單位，因此我沒有編組重複的幕僚人力。我決定特遣艦隊旗艦指揮部不再有隨軍牧師、新聞官，或其他與下級單位功能重複的職務。身為一位岸際的艦隊指揮官，如果有法律相關的問題，我就去向摩爾中將所屬的海軍律師求教。至於出航後，我則可以向陸戰隊幕僚中的律師徵詢意見。抵達阿富汗後，我決定麾下最資深的士官顧問，將會擔任聯軍特戰部隊的總士官長。他會通過自己在海軍、陸戰隊甚至友

2 編註：第五八特遣艦隊的上層單位。

邦單位中的廣泛士官人脈，不分國籍隨時讓我知道，下級人員面臨了哪些廣泛的問題。在我的軍旅生涯中，比較偏好和部隊裡現有的成員合作。當新任指揮官帶來一大群自己喜歡任用的人員後，便會引發內部的不和，以及權力集中在高層這類問題。利用「跨級指揮」，代表我信任下級指揮官與他們的幕僚。我選擇建立一個有向心力的隊伍，盡全力去支援他們，並調開不符合條件的人。

藉由精簡重複的人力，我保持在最低限度的幕僚。相較於準則上的兩百人，我只動用了三十二人，其中包括了海軍與陸戰隊的軍官，甚至還有一位空軍特戰部隊的上尉，以及一名中情局官員。每當有人接聽電話時，他們總會以簡短又切中要旨的方式來回答每個問題。

企管學書籍裡往往會強調「集權計畫與分權執行」（centralized planning and decentralized execution）的概念，但我個人覺得這樣太過於由上而下。我相信的方法是藉由集中的洞察力，再輔以分散的計畫與執行。一般而言，總裁可分為兩種類型：一種是僅會依照幕僚的建議做出反應；而另一種則是能指引自己的幕僚，給予他們發揮空間，並在必要時給予指導，以便他們能執行命令。我自己必須集中精神在重大的事務上，並放手讓他們去補上如何達成目標的細節。在完整的回饋循環指引下，我只要回歸到三個問題上：「我知道些什麼？誰需要知道這些事？我是否已經告訴過他們？」只有做到共享資訊，才能確保計畫單位之間的一致性。

我的每一位參謀，依照陸戰隊既有的慣例，都要去裝填沙包（註四）。沒有人能免除這類最簡單的勤務。此外我們接聽自己的電話、煮自己的咖啡，只有在運氣夠好的情況下才能睡足六個小時。用餐時間則順道進行與任務相關的討論，因此我盡量確保在提出指揮官企圖時，維持簡短且只有要點。在我完成和部屬在企圖方面的溝通之後，這些下一層級的指揮官便會和他們的海軍或陸戰隊幕僚一起草擬出他們將如何執行所分配到的任務計畫。

我也確保溝通管道的暢通。假使有人需要我的指引，可以直接走進我的辦公室，然後告訴我：「長官，這部分有問題，你打算要我們如何進行？」我已經研究過二戰時英軍在緬甸的戰史，為了讓為數眾多的日本部隊措手不及，歐德．溫蓋特准將（Orde Wingate）於一九四三年率領了一支跨越長距離、直搗敵人防線後方的「欽迪」特遣隊（Chindits）。我不僅深信我軍同樣可以做到這點，而且重要的是，在深入敵境四百英里後仍能維持部隊的後勤與運作。

在每一天結束之際，我們全體都會討論到目前為止已經完成的事項。而我則會以「不錯，我喜歡這樣。就這麼做」來作為會議的結尾。到第二天早上，我的海軍與陸戰隊作戰官則會向我報告「目前進度到這裡」。藉由頻繁的對話（註五），以及數百次的艦隊演習，如今證明是值得的。如果這些年來沒有整合海軍與陸戰隊演習與複雜任務的經驗，我是沒有能力執行這一次的作戰。

我搭乘海軍的P－3反潛機，在阿富汗南部上空進行了一次連續八小時的偵察飛行。它是一架航速快、滯空時間長的飛機，專門為了搜索潛艦而設計。機上搭載的精密科技裝備使得我的觀察過程更為容易。我們在預定突入點附近，沒有發現敵軍的蹤影。神學士可說是敞開了他們的後門。在此提醒年輕軍官們：如果我與比一桶石頭還笨的敵方頭目作戰，我就能顯得很出色。

孰為重要

軍人對於戰爭的失敗，其實是有很多一連串的記憶。一九一五年，英國試圖奪取達達尼爾海峽（Dardanelles Strait），以便迫使和德國同一陣線的土耳其退出戰局。但在加利坡里的兩棲登陸卻以災難收場，高達二十萬名部隊被釘死在灘頭，最後造成聯軍有四萬四千人陣亡，十萬人負傷（註六）。因此在第一次世界大戰結束後，歷史學家們普遍強調從海上發起突擊是無效的。

但在六年後，彼特·艾利斯少校（Pete Ellis），一位忠誠又特立獨行的陸戰隊員，預料到即將和日本開戰，因此敦促陸戰隊司令部應盡早研擬兩棲作戰的方法，以便屆時能奪取太平洋上的前進基地（註七）。海軍與陸戰隊在加勒比海進行的實驗，將兩棲部隊磨練成一支勁旅，且事後也證明，兩棲突襲是贏得二戰的關鍵。一九四四年諾曼第登陸之前，德國始終牢牢控制住西歐。同一時期的太平洋戰場，由於成功奪取各個島嶼，才孤立並註定了日本的失敗。對日軍所固守的島嶼發起的多次正面攻擊，導致了數以萬計陸戰隊員的傷亡。

當韓戰在一九五〇年爆發時，麥帥不理會華府的提議，下令陸戰隊在北韓人民軍的後方登陸並奪取漢城——當時敵軍所佔領的南韓首都。

「這次兩棲登陸，」麥克阿瑟解釋道：「是我軍所採取最具威力的手段。我們必須深入敵境發動重擊。這次憑藉出其不意的深入包圍，除了能截斷敵軍的補給線，更會是這場戰爭當中最具決定性的作法。」（註八）麥帥在韓戰中所採取的睿智判斷——在尚未察覺有異的北韓人民軍後方，讓陸戰隊員跨越數百英里，自海上登陸的決定——讓友軍傷亡能大幅地減少。

韓戰之後，海軍開始建造在設計上接近航空母艦的直升機母艦。幾年後，陸戰隊改良了耐用的C-130力士式運輸機為戰鬥機與直升機進行空中加油。六〇年代末期，陸戰隊採用了CH-53直升機——這頭重達四萬六千磅的怪物，能滿載部隊與貨物一連飛行數百英里。

每一代的戰士，都是以前人所打造的工具投入戰場。因此到二〇〇一年時，我手上的工具，可說是在以往的戰爭所無法想像的。但部分軍方與政界領袖，仍然會把現代的兩棲作戰想像成是過去的硫磺島登陸那般。當摩爾中將指著地圖上，位處內陸且距海洋遠達數百英里的阿富汗時，我就知道自己可以讓數千名陸戰隊員推進至該處。由於我已經掌握了正確的工具，因此計畫只花了幾個禮拜。藉著超過半個世紀以來，那些深謀遠慮的軍方與民間人士所促成的各項條件，讓我能將它們整合進五八特遣艦隊。

但除非上級相信你的執行能力，否則空有計畫也是無用武之地。身為領導者，你除了要保持對下級的暢通聯繫以外，向上溝通也是必要的。當你要跟那些心裡對「登陸任務」還抱持著如二戰般在諾曼第與太平洋的既定印象者，介紹當代的「兩棲作戰」時是有些困難沒有錯。

到了十一月的第二週，由中情局幹員和陸軍綠扁帽部隊所組成的多個小隊，開始在阿富汗北部為那些正在圍攻神學士的部落民兵提供空中支援。由於相信我們奪取「犀牛」的計畫是切實的，摩爾中將決定把這個建議提交到中央司令部，看上級是否批准——可行或不可行。中央司令部召開了視訊會議，由摩爾中將、戴爾．戴利和我發言，其他人員則列席傾聽。中央司令部原以為陸戰隊會像綠扁帽那樣發動小型的突襲行動。

但實際上，我們提議的是展開入侵行動，只是摩爾中將建議我們不要強調這點。因此在簡報中，我說明了奪佔「犀牛」將可作為突襲行動的前進基地，但避開不談撤離我軍的部分，我並不打算這樣做。一旦登陸後，我打算留在該處、痛擊敵軍。出乎意料之外，與會者沒有人提及落地後撤出的問題。

我根據深思熟慮之後的風險權衡，評估這次複雜的作戰行動。但當我提到陸戰遠征隊打算以夜間機降突擊的方式攻擊目標，隨後還會有四架陸戰隊的KC-130運輸機降落在簡易跑道上，並載來更多的增援之後，中央司令部此刻的顧慮就明顯得多了。螢幕上，我注意到兩位中央司令部高階將領的表情，他們都是擁有數千小時飛行經驗的飛行員，不僅非常了解夜間加油的危險，也很清楚我們提議的作戰行動涉及許多變數：從地中海以全速趕來的船艦、夜間起飛的直升機、要在內陸數百英里處與KC-130加油機會合、在敵區中藏匿了好幾天，只與海上船艦保持聯繫的海豹隊員。但我深信，計畫的每個部份都在我們能力所及的範圍之內。

視訊會議也許可以加速決策過程，但它也有問題，你只能看到鏡頭下的與會者，而無法觀察其他鏡頭以外人員的肢體語言。除了上述兩位將軍以外，其他成員也在位於佛州坦帕的會議室裡傾聽著，再加上還有在其他地點，如巴林、華府甚至夏威夷的十多人參與，我知道自己僅有幾分鐘時間來取得中央司令部的同意。否定的結果更可能是在無言的狀況下發生。當時我已經從巴林的艦隊指揮部，移動到北阿拉伯海的旗艦上，原因是想暗示那些行駛中的船艦與搭載的陸戰隊員，「我們要出動了」。但在我出席這場會議的時候，卻對中央司令部將如何決定全無頭緒。

會議的沉默被一個問題給打破，有人擔心五八特遣艦隊可能會和綠扁帽的寶劍特遣隊（Special Ops Task Force SWORD）衝突；而原本在帳篷裡安靜地參與會議的寶劍特遣隊指揮官，立即在這時候介入進來。

「我本人完全支持五八特遣艦隊的提議，」他堅定地說：「我們已經排除了時間與地理位置上可能發生的衝突，因此我完全支持這項任務。」

他的話促成了行動計畫，我們的入侵行動就此獲准。

持久自由行動——二〇〇一年十一月

任務目標：在和寶劍特遣隊協同行動的前提下，兩棲突擊部隊將對神學士／蓋達部隊持續施加壓力，在造成其混亂之餘，撼動敵軍對於阿富汗南部的控制能力。

我計畫利用敵軍正集中注意力於阿富汗北部地面作戰的弱點，在與寶劍特遣隊協同、整合並避免衝突後，利用兩棲突擊部隊以持續的突襲行動，攻擊位於阿富汗南部的神學士部隊，以摧毀其安全感，並瓦解其抵抗意志。兩棲突擊部隊不僅將進一步擴大寶劍特遣隊的戰果，並延續該部隊攻擊敵方目標的能量，迫使對方採取行動，並暴露在我方的聯合戰力之下。

預期目標：

讓神學士／蓋達組織領導產生混亂，使其在任務上產生該將部隊調往阿富汗北部或南部的兩難。

使五八特遣艦隊在地面作戰時，能全然依照我方選擇的時間與地點進行。摧毀神學士「阿富汗南部仍在其控制之下」的自信。

在感恩節之後幾天，我站在一艘位於巴基斯坦外海幾十英里處、兩棲突擊艦的甲板上。隨著陸戰隊員們朝海面試射自己的步槍，槍聲在機庫甲板內迴盪著。全副武裝的人員，帶著數百磅重的背包，攀爬上狹長的走道，紅色的照明燈，將他們厚實如金剛般的身影，正投射在艙壁上。黑暗的飛行甲板，陸戰隊員依照藍色螢光棒照亮各機跳板，引導人員登上和曳引車般大小的CH-53直升機。一群群穿著彩色上衣的水兵與陸戰隊員，正在精確地執行各項勤務。在為飛機加油與掛載武裝的同時，隊伍還能有序地向前移動著。

隨著每個零件就位，伴隨著頭頂上震耳欲聾的螺旋槳噪音，美國的戰爭機器正在啟動。這個看似混亂，事實上安排得井然有序的甲板，可容不下那些沒有經過訓練的人。每一個步驟都演練過了。

白天的時候，AV-8B海獵鷹式戰機從巴丹號（USS *Bataan*, LHD-5）上起飛，去攻擊坎達哈外圍的目標。躲藏在能夠俯瞰「犀牛」陣地內的海豹隊員，已經送來事前約定的暗號「冬天」，表示目標區沒有敵軍出現。如今在我目送之下，七架攻擊直升機與六架龐大的CH－53，從貝里琉號（USS *Peleliu*, LHA-5）的飛行甲板上升空，開始長達四小時的航程。在他們飛過巴基斯坦東北部時（註九），會有四架KC－130為其進行空中加油。

當天晚上九點，第一波人員抵達了「犀牛」。第一架降落的直升機將細如滑石粉的塵土大量揚起，形成一道飄至空中數百英尺的捲流。這是每位飛行員在降落時都會擔憂的情況——被沙塵完全包圍。幾分鐘之後，第二波的陸戰隊員們覺得像是搭上了一部失控的電梯，彷彿如溜溜球般忽上忽下。就因為無法看得清楚，飛行員必須在盤旋時小心調整，直到他們「感覺」降到地面為止。不到一個小時，一百七十名人員已經佔據了防禦陣地，沒有出現任何意外。空軍上尉麥克・佛拉藤（Mike Flatten）的特種戰術中隊，確認了這條簡易跑道可以承受KC－130的起降。

九一一事件之後，沒有國家能像美國這般行動。戰爭，如同颶風般，在毫無預警的狀況下出現。如果你不想在遭受奇襲時，才痛悔沒有預先準備的話，就必須在事前準備好反應所需的準則及各項資源。就在幾個月前，我已經視察過這個部隊，從位在加州外海的船艦上朝莫哈維沙漠的深處，進行了一次突襲演練。因此我有信心他們能夠達成任務。

在突擊行動前一連幾晚，我們都悄無聲息地安排陸戰隊員與車輛，以便突襲梯隊從船艦上出發。到日出之際，四百多名陸戰隊員以及他們的武裝車輛都已經降落。我的隊伍也創下了在戰爭史當中，從海上發起兩棲突擊的最遠紀錄。

這次行動從開始到結束，只花了我們這個團隊——其中包括來自海軍、陸戰隊、陸軍綠扁帽與國務院的成員——二十八天構思、計畫、說服並執行入侵阿富汗的行動，可說是基於互信，才能迅速促成了這些任務。

到了十一月二十六日，也就是D＋1天，神學士從西北方五十英里處的拉什克干（Lashkar Gah）派出一支裝甲車隊來攻擊「犀牛」。不過海軍的F－14戰機與陸戰隊的眼鏡蛇攻擊直升機很快就摧毀了他們，對方不僅沒有靠近到目標，甚至沒有任何人能活著逃回那個因兩千四百年前亞歷山大大帝的軍隊入侵而命名的城鎮。

參謀長聯席會議上，主管作戰的格雷戈里・紐波上將（Gregory Newbold），後來曾被問到關於在戰爭中開啟第二戰線一事。「五八特遣艦隊的滲透行動，」他說：「對神學士與蓋達組織，造成了沉重的心理衝擊——他們得面對嚴峻的軍事狀況——放棄緩慢從北方撤退，

再集中最大兵力堅守地形障礙的構想。五八特遣艦隊從根本上扭轉了敵軍的戰局，將其從一線生機逼至全無希望。」（註十）

我在「犀牛」的目標是迅速建構起戰力，然後發起攻擊。

就一個前進作戰基地而言，「犀牛」只有一個優點——位在阿富汗境內，除此以外，它是個令人非常不舒服的地方。這裡位處乾湖床，強風讓每個人總會被塵土覆蓋。當你踏下一步時，揚起的塵土會包覆全身，在你的眼睛、鼻腔、耳朵甚至嘴巴裡結塊。地表上沒有任何灌木甚至雜草，從眼前到地平線全是單調的褐色。所有的水源都靠空運進來，我們無法洗滌。部隊必須敲開已經鈣化的岩石才能挖出防禦陣地，導致很多人時常咳出痰來。

「犀牛」原本就是要做為發起點。因此我們在降落的第一週，逐步累積戰力、燃料、醫療器材。哈沃德海軍准將則把來自多國的特戰部隊，和他麾下的海豹部隊整合起來。很快地，我們就做好出兵坎達哈的準備。

我們飛行員的表現，更是突破了人與機械的限制。盟友都趕來協助我們——像澳洲、加拿大、德國、約旦、紐西蘭、挪威、羅馬尼亞、土耳其與英國。當我聽到飛行員在能見度為零的狀況下降落的事情後，便將規定訂嚴格了些，但在塵土飛揚的環境中，不幸的意外仍難以避免。一架CH－53將殘骸吸入了進氣口，導致失去動力而緊急迫降，幸好沒有任何人傷亡。另一架UH－1休伊直升機在起飛之際失去動力，在機身翻滾後被火焰吞噬。還有一次夜間起降，一架正在進入滑行道的C－130，撞上了另一架CH－53的旋翼，但再一次無人傷亡（註十二）。背後的原因其實是麥克·佛拉藤和他的十多位部屬，在三十九位外號「海蜂」的海軍工程營人員支援下，不分晝夜地藉由測量與銑鋪，維持著跑道的運作。至於空軍的C－17運輸機，部分甚至從遠在三千六百英里外的德國飛來為我們提供補給。

在我離開貝里琉號前往「犀牛」之前，上級要求我對隨艦的記者發表談話。未經深思熟慮的狀況下，我告訴他們：「陸戰隊員們已經登陸，我們現在已經佔領了一部分的阿富汗，但會將它還給該國人民。」

但到了頭條標題上，卻只剩下「我們現在已經佔領了一部分的阿富汗」。國防部長倫斯斐雖然沒有直接和我聯繫，但卻在一次記者會上以「別再發表這類言論」的平和方式告誡了我，並繼續說我「明顯興奮過頭」。雖然媒體的標題在中央司令部掀起了一陣恐慌，但那不是我能解決的問題，所以我還是登岸去了。

在「犀牛」的第一週即將結束之際，我開始感到不耐，因為我們依舊停留在原地。

法蘭克斯將軍則語帶保留：「我們可能會調用位於犀牛的兵力來截斷道路，但這不是一次侵略。只要我們完成任務，就會將該基地移除。沒錯，我們也可利用這裡為阿富汗民眾提供人道協助。」（註十二）

這不是一次侵略？好吧。但我們就是在他國境內——數百名陸戰隊員與特戰人員，渾身沾滿塵土不說，一天還要清潔武器四次。九月時，總統還描述中央司令部的作戰計畫「需要派出地面部隊，獵殺剩餘的神學士與蓋達成員」。而我們到「犀牛」來，就是要摧毀那些害死三千名民眾的恐怖分子。摩爾中將也告訴我，登陸之後，粉碎神學士抵抗的最後希望。他堅定的眼神，加上有魄力的個性，在這次任務的計畫與執行上都給了我穩定的支持。他的作為將成為我日後的典範。

即使法蘭克斯將軍的聲明令人困惑，我還是將精神集中在累積戰力上，以便很快能奪取位在九十英里外的坎達哈。在五角大廈，時任參聯會主席的李察德．邁爾斯將軍（Richard Myers）則說：「坎達哈可說是神學士反抗的最後堡壘，敵方將會強化工事並頑強抵抗直到最後為止。」（註十三）參聯會主席已明確指出適合五八特遣艦隊的任務，因為這座「最後堡壘」就在我們的打擊範圍內。機動戰也教導過我們，要粉碎敵人做出明智決策的能力，如今神學士在坎達哈的指揮中心已經手足無措，是時候讓他們的領導者穆拉・歐瑪不再苦苦等候，瓦解神學士和他們的蓋達組織的盟友，不給他們重整的時間與空間了。

然而，我們卻蹲在這裡，不知道在等什麼。雖然摩爾中將已經盡力讓我們投入戰鬥，五八特遣艦隊卻被上級卡住，要我們原地待命，令人極為惱怒。我麾下一位來自紐約市的陸戰隊員，用一句話總結了我們的挫折感，「這是一場完美的戰爭，長官。」他說，「對方想找死，而我們也想宰了他們。就讓我們動手吧。」

登陸滿一個星期後，法蘭克斯將軍又舉行了記者會，並表示：「關於那些陸戰隊員……我不會說位在那裡〔犀牛〕的他們，是一支攻擊坎達哈的武力。事實並非如此，那不是我方部署他們的用意。」(註十四)

現在我可完全糊塗了。否定的聲明並不等同於任務。就算只在「犀牛」枯等，不揮兵攻擊敵人，我們也是在消耗資源，並冒著出意外的風險。我們究竟是來幹嘛的？

到了十一月二十八日，消息比之前更糟了。就在我們抵達「犀牛」的第三天，摩爾中將通知我們，中央司令部決定把我們的兵力總數限制為一千人。但無論是他或我，都沒有被告知為什麼中央司令部要單方面做出這種決定，不讓我在「犀牛」增兵後攻擊神學士。據估計目前對方有兩萬人（註十五），而我所屬還有三千五百名陸戰隊員在艦上待命，只要中央司令部與國防部下令，便可以派過來。但在陸地上，我還需要包括「海蜂」那樣的後勤人員來維持簡易跑道的堪用性。就因為上級專斷的人數限制，再加上為了讓「海蜂」前來，我只好將戰鬥人員送回船上。

到了十一月三十日，也就是降落後的第六天，對五八特遣艦隊抵達「犀牛」後的指揮權，從摩爾中將轉移至位於科威特、中央司令部的陸軍指揮部（U.S. Army Forces Central Command, ARCENT）。而每天晚上，我都會發送一份「企圖訊息」給摩爾中將與陸軍指揮部，除了更新最近的行動資訊，也說明我的企圖與後續幾天的作為。我持續擴張巡邏區域，有時更遠達「犀牛」六十英里外。我對那些乘車作戰的小部隊戰技深具信心，我們迫不急待想打一仗。敵人知道我們在那裡，卻選擇不接戰。

對作戰採取有彈性的指揮管制模式，在陸戰隊與海軍文化裡是如此地根深蒂固，而經年累月的合作更讓兩軍有高度地一致性。但陸軍則是由高層幕僚來進行更為深入的監督。雖然陸軍指揮部急著要支援五八特遣艦隊，但他們需要協調的時間與大量資訊。那些沒有一同訓練過的陌生人，自然不可能很順利地一起工作，一旦陷入混戰，就必須先將千千結給解開。

理論上來說，他們也會和我們一樣，在任務之前不斷地演練。但陸軍指揮部的人員，為了能達到詳細而完整的計畫過程，卻帶來了一大批的幕僚。

從陸軍的觀點，這代表他們正急於做出貢獻，但這些人需要資料、大量的資料：包含我們正在做的事情、需要的協助，以及時間、地點、方式在內的計畫細節。其中許多都是我這個精簡化的幕僚群所不知道的，因為我們從來不會過問下級單位類似的問題。他們需要的資料量簡直壓垮了我們，那些地面部隊資深參謀傳來的資訊，遠超過我的小團隊能吸收的程度。

我的作戰官只好告訴他在陸軍指揮部的聯絡官：「長官，我只有一個人，而你們有幾十個人。即使我現在一天已經工作二十二小時，也無法回答你們所有業管軍官的問題，我『只能回答您一個人的問題』，而無法應付您所有幕僚的問題。」（註十六）

陸軍指揮部的回應，則是傳來一項更為概括性的指令：「準備截斷敵軍在坎達哈以西的交通線（道路）。」

那項指令可說是既明確又簡短，因此我們展開了大範圍的巡邏。某天晚上，一支乘車巡邏隊在距離「犀牛」約八十英里處伏擊，當他們摧毀了神學士車隊的前導後，後方幾百碼的敵軍便跳下砂石車，打算從側面包抄巡邏隊。巡邏隊從夜視鏡看到了這個狀況，便召來了空中支援。就在敵軍正要爬回自己的砂石車上時，海軍的F－14戰機投下了炸彈，消滅了那批應該是全阿富汗最倒楣的神學士部隊。

第二天早上，當我正在刮鬍子時，保密電話突然響了起來。我的通信兵雅克白下士（Jacobek）接了起來，回答了幾個問題之後，掛掉電話。

「是陸軍指揮部，」他告訴我：「關於昨晚的伏擊，他們需要一些資訊，長官。」

我沒有再多想，但同樣的狀況在另一次成功的例行性伏擊之後再度發生，因為雅克白當時在忙，所以我就接了電話。

「關於昨晚的行動，」電話那頭的中校說：「我們在事前並沒有得到通知，所以我需要細節，某人要為此負責。下士，你把那位該背鍋的人的名字給我。」

「馬提斯。」我這樣回答。

「該死的，他是負責指揮的將軍……你是誰？」

「馬提斯。」

電話那頭突然一陣寂靜。

「狗屎，我是說抱歉，長官。那是一次成功的攻擊，國防部長也很高興，但我們沒有記錄授權這次攻擊。」

我們雙方都笑了出來。這就是不同的人與不同的體系，但這也代表了那種前置簡報、命令、報告與龐大的幕僚群，反而會導致判斷上的困難。

基於某些我無法理解的原因，五八特遣艦隊還是被限制在這裡。那些乘車巡邏隊，其實只是我們戰力的其中一部份。此外，敵軍的重心還是放在坎達哈，該處早已涵蓋在我們的攻擊範圍內。理論上來說，我們的部隊確實成了「存在的威脅」，也就是說，雖然我們僅佔領了「犀牛」，卻已經影響了敵軍的行動。但我可不想要這一千名已經落地的精銳機動部隊，以及其他在艦上待命的數千人，僅有這種理論上的效果。我想要放手讓他們出擊，給敵軍製造混亂。

維持以往的習慣，晚上我還是會沿著防線巡視，順帶跳進散兵坑，和那些正在發抖的哨兵們聊聊。在耀眼的繁星下，看著每口呼氣化為白霧，我們很容易就聊到任務方面的話題。而夜復一夜，我都聽到同樣的訊息。

「我們什麼時候才會投入戰鬥，長官？」

「很快，」我都這樣回答：「馬上就會輪到我們，所以不要鬆懈，隨時做好準備。」九一一事件的景象依舊鮮明存在我們心裡，大家都想要摧毀蓋達組織與神學士。這些感到惱怒的年輕人，想要的是能擊潰那些傢伙，而不是呆坐在冷板凳，只能吐出黏在嘴裡的泥土塊。

焦急的神學士部隊正混亂地朝坎達哈撤退，一支十一人的綠扁帽小組，也正在和反抗勢力的政治領袖哈米德・卡爾扎伊（Hamid Karzai）朝該處移動。到十二月五號的早上，作戰中心通知我，有一架眼鏡蛇直升機墜毀，所幸機組員都被安全救回。但幾個小時後，在「犀牛」東北方一百三十英里處，由於一項嚴重的錯誤，一枚兩千磅的炸彈誤擊了那個支援卡爾扎伊的綠扁帽小組，造成了慘重的死傷。一時之間，傷員的座標也無法確定，起先是在巴基斯坦邊界上，後來又出現在另一個距坎達哈較近的地點。我根本無法知道哪一個才是正確的。當時正是白天，也就是說如果救援直升機被指引到錯誤地點，前往一個有敵人的降落區，就可能會有威脅。由於初步位置報告所引發的混亂，我拒絕立刻派出直升機。

綠扁帽官兵當然非常憤怒，事實上如果我是他們的話，也一定會如此。他們已經蒙受了傷亡，而且傷兵需要立刻的援助。但我必須權衡，立刻採取行動將會導致多少人冒險？而代價又是為拯救多少人？到了中午時分，確實位置終於確定之後，直升機便趕往現場，並將四十一位傷者送抵「犀牛」。

雖然我們的海軍外科醫師竭盡全力，但其中一名受傷的阿富汗戰士仍不幸死在「犀牛」。是因為我延後的決策，才導致他和家人必須面對這樣的不幸嗎？我應該在綠扁帽的催促之下，早一點把直升機派出去嗎？還是我因位置不明，沒有倉促派出直升機，才避免了更多的意外與傷亡？

當你在指揮時，永遠都會有下一件事情等著你去決定。你不能像哈姆雷特，可以緩慢來回踱步，反覆思索不同的方法，只能盡你當下的全力，並活著承擔那些後果。指揮官必須要將自己的情感區隔開來，集中精神在任務上，也就是說你必須做決定、採取行動，然後持續往前。

由於兩支綠扁帽小組不僅展現了決心與勇氣，甚至無私地犧牲奉獻，在十二月的第一週快結束時，卡爾扎伊已經抵達了坎達哈外圍。數百位部族的民眾，有感於神學士的統治即將結束，在他乘車通過時夾道歡呼。鮑伯・哈沃德和我，在一位聯軍特戰指揮官的陪同下，搭著直升機前往坎達哈外圍一座原先為穆拉・歐瑪所佔用，隨後毀於轟炸的別墅裡和他會面。

卡爾扎伊不僅平靜且充滿自信，對現況感到滿意，而且和特戰部隊關係良好。遠處偶爾傳來的槍聲，但我們坐在環繞著火爐的地毯，影子還投射到牆上。我們討論美軍將如何佔領坎達哈機場，他則和我們保證，穆拉．歐瑪和其他神學士領袖已經逃走。

在討論期間的一次休息過程，卡爾扎伊和我走到別墅的花園散步。

當時我就告訴他：「如果我聲稱佔領了一部份阿富汗會給你帶來困擾，那我向你道歉，那不是我的本意。」

卡爾扎伊停了下來，「那不是問題，」他回答我：「當我在《紐約時報》電子版上看到那項消息時，就走出去對著我的手下高喊，陸戰隊已經到阿富汗南部了，我們已經獲勝了。」

我不禁笑了出來，原先被中央司令部視為擾亂作戰的行為，其實連茶壺裡的風暴都算不上。恰恰相反的是，這項消息更在艱困的時刻，鼓舞了卡爾扎伊的部隊。

數百名神學士部隊依舊在城裡，雖然憤怒又不甘願，但他們已無能為力。在會議之後的幾天，五八特遣艦隊與綠扁帽在佔領坎達哈機場、主要道路和政府中心的行動中，只遭遇了零星的抵抗。令人們高興的是，惹人厭惡的神學士已經被趕跑。我看到原先被禁止的風箏在天空中飛翔，男人們則在理髮店前大排長龍，打算將鬍鬚給剃掉。

到了十二月中，坎達哈機場已經完全為我軍所掌控，戰事的重心也轉移到「犀牛」以北四百英里處的托拉波拉（Tora Bora）山區。賓拉登已經帶著來自十多個國家、兩千多名效忠於他的蓋達戰士撤退到那裡。許多年前，他就已經雇用工程人員與挖土機，打造出配備了發電機與供電線路的洞穴網路，如今他的部隊就盤據在這些工事裡。

雖然我預期五八特遣艦隊會參與這場摧毀蓋達組織高層的最後一役，而且本旅也是該區域範圍內，唯一具有火力、完整的領導組織、機動性與震撼部隊的美軍單位，足以完成任務並結束這場戰鬥。作為額外好處，我渴望著派出我們的直升機，載著哈沃德麾下的突擊小隊投入作戰。利用這支戰技精良的隊伍，我們可以結合一般部隊與特戰的龐大戰力投入獵捕行動。

我們雙方的幕僚與情報分析人員，都在整合賓拉登撤退的情資（註十七）。乍看之下，在托拉波拉有好幾條向東的路線都能抵達二十英里外的巴基斯坦，但由於一萬六千英尺高峰上的積雪與低溫，導致僅有少數崎嶇冰封的路線還能通行。我們擁有高解析度的地圖，能看清楚這些高山路線上的每一個位置。影像情報顯示，僅有十多條道路還能通行。而這些道路全數都在我軍妥善布置於高處、彼此互相聯繫的哨站的監控與火力壓制之下。

再一次，歷史提供了我們前人的教誨。我研究過陸軍的吉拉尼莫會戰（Geronimo）。一八八六年，為了追蹤這位阿帕契族酋長，陸軍從亞利桑那州南部到新墨西哥州，興建了多達二十三座能以陽光反射作為信號的哨站（註十八），用以觀察與通訊，無論阿帕契族改走哪一條道路，都會被發現然後截斷。我們在美國國內的陸戰隊情報參謀，很快提供了由電腦繪製的可見光地圖，我的參謀則規劃出高地哨站的位置，確保二十四小時都能觀察到所有的逃脫路線。哨站之間不僅彼此可以目視，火力上也能交錯重疊。

我準備派出綠扁帽小組與陸戰隊步兵排，並且搭配能夠導引空中攻擊與砲兵火力的前進觀測員。直升機會將配備了寒帶衣物、前進空管員、狙擊手、機槍與迫擊砲的監視小組載往每條通道。攻擊機隨時待命增援——空中攻擊可以破壞洞穴出口，將恐怖分子困死在裡面（註十九）。但如果對方試圖逃跑，五八特遣艦隊就會在每個出口等著他們，如鐵砧般截斷其退路。我也編組了加強步兵連，隨時準備出動解決掉蓋達部隊。十二月十四日，直升機已經在坎達哈的跑道上就位，配備精良的強悍部隊，也已準備好登機。

我們已經將兵力調動的提案，提交予陸軍指揮部在科威特的幕僚（另外也給了摩爾中將作為參考）。在沒有得到任何回覆之後，我開始四處打電話聯繫。在十二月初，我有些莽撞，導致某些人覺得我的簡報令人厭惡。我則表明自己的顧慮，如果不迅速截斷山區通道，賓拉登就可能脫逃。但沒有人理會我的看法。

由於前述的選項碰壁，我甚至還提議把自己和所屬單位納入比我低階的鮑伯．哈沃德的作戰管制之下。但這項方案也沒有被採納。在接下來令人發火的兩個星期裡，我們都沒有被派往前線（註十九）。

相反地，法蘭克斯將軍派出了那些忠於北方軍閥的阿富汗戰士，他的看法是此舉能展現出阿富汗人在打自己的戰爭。但這些人卻比不上那些藏匿在托拉波拉的敵軍——不僅缺乏裝備，而且當地人對他們感到陌生。結果證明他們根本無法攔截那些既強悍又在做困獸之鬥的蓋達戰士，許多敵軍領袖也因此毫髮無傷地逃到巴基斯坦。耶誕節時，情報官通知我，他們認為賓拉登已經逃走了。而我只能說，「這真是一份要命的耶誕節大禮。」（註二十一）

在他的回憶錄中，法蘭克斯將軍解釋了為何不派出我的陸戰隊員。「我們不想重蹈蘇聯的覆轍，」他這樣寫道：「為了追逐輕裝的敵軍，而派出裝甲營在山區與峽谷間亂晃是不會

有結果的。」（註二十二）

問題是我的部下並沒有裝甲部隊，卻是快速移動的輕步兵（註二十三），以及鮑伯．哈沃德的特戰部隊，他們不僅可以機降，更有靈活的輪型輕裝甲車輛支援。藉由監視隊伍截斷山區的通道，然後派出獲得妥善支援的步兵進攻，我們準備好將蓋達部隊逼進鉗形攻勢裡。以下是《紐約時報》駐白宮記者描述的當時情況：「領導中情局在阿富汗行動的克魯普頓（Hank Crumpton），將他的顧慮呈報給白宮，並拼命要求小布希總統，派出陸戰隊截斷敵軍的脫逃路線。小布希將決定權交給法蘭克斯。就因為總統想讓軍方主導，而錯過在其總統任期內，捕獲美國頭號公敵的最佳機會。」（註二十四）

至於我的看法則有點不同，是身為軍人的我們錯過了這次機會，而不是總統。他正確地將執行任務的方式，交由高階軍事指揮官來決定。反思之後，我認為或許是我沒有投入夠多的時間讓指揮體系對我的了解。

當我的登陸部隊不再歸摩爾中將節制之後，我必須適應一位和我有不同的管理型態的陸軍指揮官。如果我想要上級替我發聲的話，當時真的應該投注更多心力，並和他們建立起共識才對。

派出有強大火力的小隊截斷那些通道的作法，看來是足以令人信服的，因此我坐等上級的命令下來。但我人在阿富汗，而那些決策者卻身在另一個大陸上。

當你專注於戰術層級的事務時，由於對現實掌握得很清楚，所以會很容易假設自己的上級，會和你有同樣的觀點，這是完全錯誤的。當你成為一支駐外部隊的高階指揮官時，把你對現場情況的了解分享給上級，就和你花時間進行偵察一樣，是絕對值得的。如果我能有機會重來一次，就一定會聯繫陸軍的指揮官和摩爾中將，並告訴他們：「長官，我有個計畫能完成獵殺賓拉登的任務，並為您帶來勝利，我所需要的僅是您的同意。」

二〇〇五年，一位《紐約時報》的記者寫道：「一名美國情報官員告訴我，小布希政府過後得出的結論認為，中央司令部拒絕派出陸戰隊是這場戰爭中最嚴重的錯誤。」（註二十五）

第二部

行政式領導

EXECUTIVE LEADERSHIP

第六章　向前推進

托拉波拉山區之後，陸軍一〇一空中突擊師派出了一個旅飛往坎達哈，接替我手下的陸戰隊與海軍官兵。弟兄們回到艦上，我則奉命回到巴林的艦隊指揮部，再飛往潘道頓營。

二〇〇二年春末返美後，我向陸戰隊第一遠征軍司令，麥可·哈吉中將（Michael Hagee）報到。「你升兩星少將，」他告訴我：「你將會在今年夏天接掌第一陸戰師，並協助他們做好和伊拉克作戰的準備。」

這消息令我既愉悅又困惑。一方面，能夠接掌這個不管在平時還是戰時都服務過的陸戰師，讓我感到榮幸且謙卑。在二戰時，第一陸戰師是美軍第一個轉守為攻的單位，並曾在索羅門群島（Solomon Islands）的瓜達康納爾島登陸。該師的臂章，被稱為藍鑽石，是以蒼藍夜空中南十字星座的五顆星為圖樣。自二戰至今，一代又一代佩戴著這個臂章的陸戰隊員，都在國家有難時挺身而出，從韓國、越南到最近的科威特。對我而言，能接手指揮該師，可說是三十年來投身軍旅為國效命的最高峰。

但另一方面，入侵伊拉克一事令我震驚。我們為何又要和對方作戰？我並不知道華府將蓋達組織與海珊牽扯在一起的論調。當時國際情報單位普遍認為他握有化學武器，認為應該入侵並瓦解海珊的論據在於，預防他將來把大規模毀滅性武器轉手給恐怖分子。但即便假設海珊真握有化武，我相信美國已經藉由每日派出軍機執行禁飛區巡邏，及制裁其原油出口的方式把他給困住了。基於自己在中東派駐二十年的經驗，我認為海珊對伊朗的痛恨，反而對美國的區域戰略是有利的。但在我質疑這項任務的時候，哈吉將軍卻直接了當地說：「這項高層級的決策是由置身首都的文人領導所決定，不是我們。」他指出不管怎麼樣，我的工作是要讓手下完成戰備。

在我和哈吉將軍會面後的晚上，我將個人裝備丟進房間，然後從書架上找資料，開始研究發生在美索不達米亞流域的戰爭。先從雅典哲學家色諾芬（Xenophon）的《長征記》（*Anabasis*）與亞歷山大大帝的書籍開始讀起——一發就不可收拾了。

在八月初接掌指揮權之後，我將本師的資深軍官與士官請到會議室。「利用這個週末，」我告訴他們：「安頓好你的家人與完成必要的禱告。週一開始，我們要集中精神，準備摧毀伊拉克陸軍。」

我花了整個週末，寫出了一系列指引我的幕僚的指令。對我而言，幕僚群將會是作戰工具，彌補我的不足，拓展我的視野。

我指揮的共有兩萬兩千名官兵，某些甚至駐紮在數百英里外。從當時的人數、地理位置和各項要求，我必須從直接式領導完全轉化為行政式領導。我接收了那些從體制內安排的幕僚與幹部，但也明確告訴他們，那些在三個月後還不能依照我的優先順序辦事的人，最好另謀高就。

陸戰隊在制度上的優異性，確保我繼任後能接手一群卓越的幹部：當吉姆・康威中將（Jim Conway）將第一陸戰師的指揮權移交給我時，本師有四十五項的重要軍職，而我僅填補了當中四項職務的人選。由於和我在阿富汗共事時展現了創新的精神，我讓克拉克・萊辛中校主導作戰，約翰・布羅德梅多斯（John Broadmeadow）負責後勤。華倫・庫克中尉仍舊是我的助理，我另選了約翰・圖蘭上校擔任我的作戰官，他除了過去和我共事時合作愉快之外，也能配合我把握機會的作戰方式，也就是強調在現地做出改變，以利用每一次敵人的失誤。

在這個行政式領導的階段，我將那些管理相關的例行公事——例如人事運用和裝備申請等等，都轉交給我的參謀長。我則和所屬的各級指揮官，研擬未來如何作戰的計畫。我對全師只有兩項優先要求：準備海外部署以及在化學武器的攻擊下戰鬥，並取消所有和這兩件事無關的師級督導。態度依靠的是身教，而非言教，因此我讓那些經驗豐富的各級指揮官，自行安排和這兩項主要目標相關的訓練，並希望這些訓練就如同即將到來的戰爭那樣進行演練。我的目標在於讓那些指揮官們不眠不休，進而將學習的環境推展開來。我要求他們每個人每天都要自省，「是否忽略了什麼要點」。

每當開完幕僚會議，甚至只是剛好遇上部屬，我都養成了在結束對話前，逼迫他們對我提出各種尖銳問題的習慣。我要知道什麼事情會讓他們在晚上感到輾轉難眠。我要讓所有人養成「好的意見比階級更重要」的價值觀。在加入步兵之後，我很早就學會傾聽現地年輕人員的意見，像萊辛中校就是個典型的例子。

和以往不同的是，我這個完全機械化的師，將不會從海上登陸，而是要搭乘七千輛車沿著幾條道路推進。這應該是陸戰隊歷史中，最深入敵境的主要地面攻擊。我需要一種可以展現出這種挑戰的方法，又不至於擾亂他們的就地訓練。在研究美國初期投入一戰的歷史後，我發現交通堵塞將會延誤甚至打亂我們的攻勢，因此要想辦法避免這樣的狀況發生。

樂高主題公園就在我們加州基地的附近，結果克拉克自行採購了七千塊樂高積木，然後由士官群依照每個部隊不同的人數編組，將它們黏在厚紙板上，接著將這些厚紙板布置在本師的集合場。每一位指揮官，要依照我們的突擊計畫，拖著屬於他的那疊樂高，走過標示在師集合場上的伊拉克地圖。在我們的注視下，幾十張厚紙板擠成了一堆。就這樣，我們找出了從科威特的發起陣地，一直到深入伊拉克境內的橋梁中間的交通樞紐，那些位置即使在沒有敵情威脅之下，也會讓部隊擠成一團，並產生嚴重的交通堵塞。正因為克拉克用這種方式呈現問題，讓各指揮官更具體了解要解決什麼樣的問題，隨後我們便將演練移師到莫哈維沙漠舉行。

我指派年輕情報官研究我們即將面對的六位敵軍師長。他們的個性是積極的還是遲疑的？哪一所軍校畢業？受過哪些深造？他們的手下對其風評如何？除了想知道對方的弱點以外，更重要的是這些人會不會掌握先機？我還把這些將軍的照片放在書桌的抽屜裡，讓自己集中精神在這些人身上，而非去計算他的師裡有多少輛戰車。在任何對峙當中，你都必須了解你的敵人。

但在另一個戰場卻出乎我意料之外。二〇〇二年六月，哈吉將軍將侵略行動做了兵棋推演，並發現了一個被我忽略的嚴重問題。這無關突破伊拉克陸軍的防線，也和佔領巴格達、逼海珊下台無關。而是在完成這些事情之後，我們要怎麼辦？

「將軍，」我說：「難道我們不能先集中精神贏得戰爭，然後再考慮接下來的事情嗎？」

「不行，」哈吉答道：「在我們排除了海珊之後，接下來的事情才是戰場，但我卻沒在這方面得到上級的任何指示。我們必須針對敵對狀態結束之後，擬定自己的計畫。」

哈吉將軍所預見的問題，其實和早在兩千四百年前，深入美索不達米亞的色諾芬所遇到的情況相同。當時色諾芬手下的一萬名士兵，比起當地百姓的數量是微不足道的。因此他知道他們必須迅速控制住局面，否則鄉間的民眾將會開始反抗他們。

哈吉給我在為將之道方面上了一課。現在我終於了解，為什麼他會重述前陸戰隊司令查爾斯．克魯拉克將軍（Charles Krulak）的觀念，也就是注意未來，並稱其為「戰爭三要項」（three-block war）：一來你要對抗敵軍，再則要將人道援助帶給困苦的百姓，最後是將交戰的派系隔開。這些事都要在同一天完成。

我在十一月又聽到了同樣的話。當時本師所有軍官都參加了陸戰隊隊慶的宴會，這類典禮和儀式會在很多地方甚至艦上舉行，讓陸戰隊的退役與現役人員可以聚首，並舉杯慶祝。我邀請了前中央司令部司令，安東尼·辛尼退役將軍（Tony Zinni）來演講。在儀式開始之前，我所屬的所有高階軍官都在我的旅館房間集合。辛尼坐在床鋪的邊緣，那感覺就像是繞著營火圍坐，等著傾聽長者的智慧觀點。他率直地告訴我們，他認為將會發生的狀況。

「出兵的決策已經定案，你們將會前往戰場。如果你們沒辦法在六個星期內擊潰伊拉克陸軍，那我就要和你們斷絕往來。」接著辛尼搖著手指和我們說：「接著困難的事情才要開始。剷除了獨裁政體之後，你們得為當地的治安、供水、電力和其他的一切負起責任。趕走海珊後，佔多數的什葉派將會被解放，而少數的遜尼派則會失勢，但他們對於失去控制權可是很在意的。」

來自色諾芬、哈吉與辛尼的警告，讓我更加在意關於戰後控制的問題。但上級卻告訴我們，在敵對狀態結束後不久，陸戰隊將會離開並執行其他任務。因此無論中央司令部計畫如何掌管伊拉克，都應該不會依靠我們來執行。身為本師的師長，我只計畫進行短期的戰後戰地行政。不過基於哈吉的兵推，我還是採取了一些預防措施，特別是為砲兵單位填補了一批具備民事行動專業的後備軍官。

在隊慶宴會後——我接掌了指揮權一百天——我和我的先遣幕僚動身前往科威特。在加州，我指揮的三個步兵團，被任務編組為第一、第五和第七團戰鬥群（Regimental Combat Team, RCT）。這些都是我可以調遣的部隊，每團有五千至六千五百人，且有戰車、砲兵與空中支援。還在國內的他們，正在日夜不眠不休地操演。

抵達科威特後，就是一連幾個月的計畫與演習。一如以往，作戰計畫總是會因為敵軍意圖的逐漸明朗而處於持續變動的狀態。這樣重複地工作，是會讓計畫人員疲於奔命，因此我們保持會議時間的簡短。首先是由情報官進行敵情的更新，這通常是參考針對敵軍陣地的空拍照片。然後全體與會者發表自己關於敵軍意圖的判斷。雖然我堅持要明確劃分「資料佐證的事實」與「推測性的判斷」，並避免貿然將推測當成事實來看待的危險，但我也需要這兩方面的看法。然後我們會再調整部隊的火力與機動的方案。接著是後勤官提出簡報，作戰的距離很可能會把我們的速度拖垮。他的工作就是要把我們油料、水源或彈藥的耗盡臨界點，不斷地往後延伸。

對幕僚們而言，最令他們開心的，是通信官尼克・佩卓奇歐上校（Nick Petronzio）上台發表他精彩的簡報。二〇〇三年，網際網路與聊天室逐漸成為日常的一部分。在尼克加入陸戰隊的時候，我們還覺得無線電如能越過山頭跟十英里外聯絡是項奇蹟。但如今我們有了友軍追蹤系統（Blue Force Tracker），在車輛內就有一個小型數位螢幕，能顯示我們全軍的位置。在我們夜間集合時，尼克都必須用極為通俗簡單的方式，來向我說明最近電腦發生的小狀況。但當他試過四到五次的努力之後，尼克就會雙手抱胸，然後說：「長官，請別鬧了。」我很確定世界上任何一位通信官，都會同情尼克的遭遇。

相對於圖蘭，尼克的遭遇算是小意思。我們都睡在小帳篷裡，而他卻倒楣到要和我同一張篷。夜間簡報之後，我會先吃一份野戰口糧（ＭＲＥ）然後睡覺，但圖蘭會在作戰中心工作到午夜之後。等他疲憊的身軀蹣跚地走回帳篷時，我卻已經要起床準備閱讀數百封電子郵件。這無形在無意間提醒約翰，他當初為什麼會以「混亂」，也就是「上校有另一個更棒的提案」的縮寫，來作為我的無線電呼號。每天晚上，我都會把自己最新的建議「分享」給圖蘭，直到他從呢喃地回應變成鼾聲為止。

約翰睡著後，我會趁機讀幾本書，像羅素・布拉登（Russell Braddon）寫的《包圍》（*The*

Siege），是描述我即將領軍攻打的伊拉克，一戰時英國在這裡遭到挫敗的故事。當然還有勞倫斯（T.E. Lawrence）的經典《智慧七柱》（*Seven Pillars of Wisdom*）。近代歷史上很少有西方人能在戰場上與阿拉伯人建立起如他這樣的互信。另外，幫助伊拉克現代化的葛楚德·貝爾（Gertrude Bell）的傳記。此外，我也再次研讀亞歷山大穿越美索不達米亞的作戰，以及《薛曼朝大海行軍》（*Sherman's March to the Sea*）。我打算沿襲後者的方法，讓敵人始終處於左右兩難、進退維谷的困境當中。最後，馬可·奧理略的《沉思》（*Meditation*）也是我的良伴，他的建議讓我在某些令人惱怒的計畫會議當中，能不受影響地保持理性。我是個取巧型的學習者，也許自己無法想出很多創新的意見，但卻能沿襲或整合許多其他人的優點。

二〇〇三年一月，本師大部分兵力已經抵達了位於科威特沙漠裡的營區。在我上頭有三個不同的指揮結構，由湯米·法蘭克斯將軍指揮的中央司令部，負責領導全般作戰。在他之下，是指揮所有地面部隊的陸軍中將大衛·麥基爾南（David McKiernan）。

在麥基爾南之下的，是我的直屬長官吉姆．康威中將，他負責指揮陸戰隊第一遠征軍。第一遠征軍是一支結合了海軍、陸戰隊乃至英軍的部隊。其中有多個航空、後勤與地面作戰單位。我指揮的第一陸戰師（註一），就是地面部隊的一部份。

整體而言，我們的地面部隊是以三個師——陸軍的第三步兵師、英軍的第一裝甲師以及我的第一陸戰師編組而成。本師劃分為三個團戰鬥群，一個砲兵團和其他特業營。這將近六萬名部隊，將擔負起大多數的戰鬥。隨後還有來自其他國家的部隊、一個陸戰隊旅，以及其他的美國陸軍師加入。特戰部隊將會朝伊拉克西部與北部進行長距離滲透。

由於地面部隊接到的是模擬兩可的指示，造成我必須在不知道最根本問題的情況下進行計畫。例如我們要長驅直入抵達巴格達嗎？還是只要深入到足以迫使海珊讓聯合國武檢人員重返伊拉克即可？這些問題和其他不了解的部分，要求我們大抵上必須獨自計畫，而不清楚最終的政治意圖。

本師將會向前推進，以支援扮演聯軍主攻角色的第三步兵師。該師是由布佛．布勞恩特少將（Buford Blount）所指揮。外號「巴甫」（Buff）的布勞恩特個子高，是個強悍戰士，說話時帶著溫暖的南方腔，我們在見面後一拍即合。由於高層下達的目標僅限於伊拉克南部，明顯是不完整的計畫。布佛和我因此都同意，要規畫到持續推進至巴格達為止，縱使我們並未接獲如此的命令。既然雙方會並肩作戰，我們互派了兩名聯絡官，他們都是聰明的少校，不僅派駐到對方的總部，更清楚彼此的作戰計畫，而且還獲得可以直接聯絡我們兩人的權限。這樣的合作方式很好，讓我能隨時掌握布佛最新的計畫與企圖。

布佛的第三步兵師在我的左翼，羅賓·布瑞姆將軍（Robin Brim）的英國第一裝甲師在我的右邊，他也是位名聲顯赫的將領。我們三人對彼此的鬥志都深具信心。

我不在乎你在作戰方面有多麼天縱英明，如果不能達成和諧——那種在戰場上，能對不同軍種、盟邦友軍甚至外交人脈建立互信的那種不完美和諧——那你就該告老還鄉，因為你的領導方式已經過時了。

我再一次強調根本基調。在與部下的會議當中，我訂立了「作戰三規定」（Flat-Ass Rules，簡稱FAR）：一、要有守護天使，安排隱藏衛哨，以便伏擊敵人；二、掌握火力幾何學，以降低射擊時友軍被誤傷的機會；三，統一的指揮，任何團隊一定要有人負責發號施令。這些規定都是為了強調在任何關鍵的作戰原則裡，必須以毫不鬆懈地全神貫注作為代價。這種集中精神的態度，必須充斥在我所帶的每個單位裡。

我清楚自己需要一項組織原則，因此對每一位指揮官，我都會使他們理解任務的成功取決於速度。作戰的速度與部隊的移動，有賴於迅速的資訊傳遞與決策。只要掌握這項目標，我軍就能在對方採取反應前，持續地突穿其防線。此外，我們都認為伊拉克人會使用毒氣，一個持續移動中的目標就會比較難被命中。

隨著攻擊發起日逼近，我雖然對本師的戰鬥意志與訓練充滿信心，但也得避免自滿大意。我仍無法確信所有的指揮官以及各重要的後勤單位人員，都能體認到這個計畫的複雜程度，以及哪些可能導致延宕的環節。當我在和參謀長討論這項問題時，我的二十五歲助理，華倫·庫克中尉突然提出方法，他建議所有戰鬥單位的主官，都穿上五顏六色的球衣，背後則標上部隊番號，然後讓他們依照我們的行動計畫實際走一遍，而其他成員則列席旁觀。我採納了他的意見，參謀長讓這項「沙盤之母」的行動付諸實現。

在當地的沙丘當中，我們找到一座比足球場還大、天然形成的環型劇場。士官們利用石頭、膠帶與噴漆，畫出了伊拉克地圖，並將敵軍單位標示出來。接著我們要求所有支援與鄰近的單位指揮官，以及他們的重要幕僚——其中包括陸軍、空軍、陸戰隊、海軍航空隊、中情局、陸戰隊後勤、海蜂、英軍甚至其他的盟國來觀看。當我的指揮官們從科威特發起，依照著單位的行動計畫前進，一路到深入伊拉克時，大家都在注視著，幸好之前我們曾用樂高積木模擬，並在莫哈維沙漠演練過，各單位不僅都清楚攻擊的序列，也知道誰有優先權。在正式的沙盤推演後，飛行員和地面指揮官之間進行了廣泛的討論。從簡報中得到充分資訊的飛行員了解我們的行動計畫後，不僅在空中就能全盤掌握地觀察，而且還能猛烈地支援後續與欺敵的計畫。後勤官們藉此可以發現我們何時將會消耗掉很多彈藥，或在什麼地點會需要油料，這讓他們預期到該如何補給以維持部隊前進。據我所知，在我三十年的兵棋推演經驗當中，年輕的華倫．庫克有始以來提出了最聰明的建議。

當本師在D日（二〇〇三年三月二十日）發起攻擊時，每個單位的指揮官不僅了解自己的角色，更能在腦海中具體投射出全師將如何依照我的意圖去推進。在無可避免地遭遇上戰鬥之際，那些洞悉我意圖的年輕指揮官將能迅速做出反應。我之所以將決定權下放到基層，是清楚了解年輕的軍官已經做好邁向成功的準備。無論是利用樂高積木還是彩色球衣，這樣的演訓讓所有人都能「預視」會發生什麼狀況。提醒那些超過三十歲的總裁們，永遠要去接近那些比你聰明的年輕人。

戰爭其實就是「抵達」目標和任務「節奏」。後勤很輕易成為我最大的障礙，補給並不單純是後勤人員的問題，也是指揮官的問題。只有指揮官才有權限減低對後勤系統額外的要求。在一八六三年朝維克斯堡（Vicksburg）進軍時，格蘭特將軍特別指出：「每個連允許有一頂帳篷用來保護軍糧避免雨淋，而每一個團部、每一個旅部和每一個師部，可使用一頂屋式帳篷。」（註二）我欽佩格蘭特的簡約，他體認到此舉能替自己的軍隊帶來行動上的自由，而速度才能獲致戰果。

在我計算過燃料的需求後，最大的問題是砲彈的數量與重量。為了減輕重量，並減少一旦我們深入伊拉克之後，彈藥的補給頻率，我減少了砲兵火力的預備射擊。在從阿富汗返國的長途飛行中，我了解到空投炸彈的準確性所帶來的革命性衝擊。在一九九一年，我們還要計算飛機得出擊多少架次才能摧毀一個目標。而到了阿富汗，我們卻在計算一架飛機能摧毀多少個目標。深入伊拉克將不斷延長我方補給線，空中支援使我們能夠節約砲彈，讓砲兵在進入敵境後有充足的彈藥。我們要盡可能依賴陸戰隊的空中武力提供主要的火力支援。

借重格蘭特的經驗，我告訴負責突擊作戰的官兵，要捨棄所有非必要的舒適安排——我們只攜帶幾張床專門給生病或受傷的人員使用。其他人無分階級都席地而臥。我在每輛車上安裝了掛架，以攜帶額外的油料。我們還帶了油料測試設備，好利用擄獲的敵軍油庫庫存。

每一位陸戰隊員——從將軍到二等兵，都靠背包來攜帶生活必需品，沒人有額外的享受，全員都如同最低階的步兵，過著相同的不適生活。我們每天吃兩餐而非三餐，不過在每一輛車上，都存放著一箱人道主義用口糧要發給伊拉克民眾。我們要展現美軍解放民眾的傳統，而不是來支配他們。

後勤部隊必須沿途對抗敵軍的殘存兵力，才能讓我們繼續推進。我不打算任由惡劣的補給紀律，使得後勤部隊或整體任務承受風險。因此我告訴所屬：「假使你的支票在基地的PX跳票了，是你的士官長負責修理你。但如果你是在非必要的情況下浪費油料，或是把大半包的MRE丟掉，將會是我將你判軍法。」

敵軍的決策循環

就在我們從科威特發起攻擊的位置以北，伊拉克派出了一個師來防守魯麥拉油田（Rumaila）與巴斯拉（Basra）。另外還有四個師是沿著底格里斯河北岸與東岸駐防，面對伊朗以往入侵巴格達的歷史路線。奪取了南部油田之後，我們的計畫是朝北推進，保持在幼發拉底與底格里斯河之間，如此便能將那四個伊拉克師孤立起來，使其無用武之地。

但要略過這些伊拉克部隊，我必須通過肥沃月彎（Fertile Crescent）——多達數百萬畝的茂密農地，當中交錯著數以千計的灌溉用渠道。顯然我們必須在略過多數的敵軍部隊之際，在這種不利的地形上交戰。

某個晚上，在科威特作戰科的帳篷內，正處理著將全師集中於單一通道的問題時，我注意到一個移動目標此時出現在一條沒有標示在我們地圖上、未完成的道路上。於是我詢問負責監看螢幕的陸軍二等兵：「那傢伙的速度有多快？」

「時速六十五公里，長官。」他這樣回答我。

感覺到這是個機會，帳篷裡所有的人都抬頭注視著我。我立即下決定，轉身告訴圖蘭上校：「讓第五和第七團戰鬥群改走這條路線。」這不僅成為我們攻擊的主要軸線，還可以沿著兩條路線前進。指揮官根據被分配到的前進路線，無論地形是有多困難，他都該勇猛向前。但假使限制在另一個友軍單位的後方，沒有選擇餘地的他，只好依照領頭單位的步伐前進。此舉不僅打壓了臨戰部隊應有的主動性，更會使其無用武之地。但如今，如果我軍臨時在一條路上被堵住了，那還有另一條路仍可繼續前進，並轉向敵軍的側翼去。

我的任務是要守護布佛．布勞恩特的右翼。有了兩條推進路線之後，即使其中一條僅有兩線道，而另一條更是尚未完工的道路，但我確信能跟上他的腳步。再加上還有英軍從我的右翼向伊拉克人施壓，對方將會面臨多個兩難的困境，不知道該將部隊集中在何處。

這場會戰的成功，繫於不讓敵軍有時間反應，也就是要打亂對方的「ＯＯＤＡ」循環。這個詞是由空軍傳奇英雄約翰．博伊德上校（John Boyd）所發明。為了贏得空中纏鬥，博伊德寫道，你必須「觀察」（observe）狀況為何，「掌握」（orient）自己的方向，「決心」（decide）如何反應，然後在你的敵人能完成他的思考程序前「行動」（act），一再地比你的對手更快完成這個循環。據博伊德說，戰機駕駛並不是反應更快而獲勝，而是他的腦袋比對方思考更為迅速才獲勝。戰爭中的成功需要把握並維持主動權，陸戰隊員在面臨機動戰時，沿襲了博伊德「ＯＯＤＡ」循環的思考架構。藉由分散式的決策，加速了我們的「ＯＯＤＡ」循環，進而導致敵人面臨一連串的災難。

我將我的意圖對各團團長和營長發布如下。

指揮官企圖：我們將會快速佔領關鍵的油井，使對方沒有機會將其破壞，進而粉碎幼發拉底以南、巴斯拉以西與那西利亞（An Nasiriya）以東的敵軍。在打通主要補給路線的同時，佔領河域以北的陣地，並按照局勢變化，沿著第一、第七或第六號公路，遂行在庫特（Kut）一帶的作戰。為了達成戰術上的出其不意，我們會先瓦解對方的偵察能力，然後朝邊界靠近。我們將會準備好接收那些不抵抗的敵軍。但如果他們選擇交戰，我們將摧毀第五十一機械化師，以及它周圍的鄰近與支援單位。盡最大的可能，我們將會限制敵軍與友軍對產油設施的破壞。

我們必須藉由影響、準備與反砲擊等方式摧毀敵軍砲兵。我期待盡最大限度運用空中攻擊；若友軍之間能快速會師，再輔以突擊支援。速度就是我們的計畫：將速度搭配上資訊的調和流動、迅速的決策、命令的傳遞、反砲擊、對環境改變作出反應、重新補給、傷患後送、多條路徑的辨認、減少障礙、機動、後續待命兵力以及戰俘的移交。我們將盡量避免友軍單位彼此交錯甚至混合，並盡一切可能創造導致敵軍混亂的條件。猛烈的節奏與主動性至關重要，在我們佔領節點之後，快速將該區與戰俘移交給英軍第一師，並轉移位置到賈里巴（Jalibah）以北。渡過幼發拉底河朝庫特進軍時，第一陸戰師將會支援第三步兵師沿著我們西側的攻勢，不讓敵人有機會集中兵力來對抗聯軍地面部隊指揮部（Coalition Forces Land Component Command, CFLCC）的主要攻勢。

所望戰果，產油設施應該安全地在英軍第一師控制之下。敵軍第五十一機械化師和相關單位，將不再對聯軍行動構成威脅。至於本師則會以庫特為目標，若敵軍選擇抵抗，其麾下所有單位將會面臨絕對的毀滅。

「沒有更好的盟友，沒有更危險的敵人。」

針對計畫的監督工作每天只會花掉我一至兩個小時。剩下來的時間，都用來指導戰士們——不分軍官或是士官兵。我對著成群的官兵講話，少至十三人的一個班，多則達到八百人的一個營。除了提及整體的戰略，也談到他們單位的行動計畫。我的目標在於讓弟兄們看到任務的主事者，回答每一個問題，並建立他們的信心。我遵循著英軍史林姆元帥的忠告，公平地對待我的官兵。他們不僅得知道自己的目標為何，也該了解我對他們有怎麼樣的期待。此外，我必須親眼看著這些年輕人，了解他們信心的充足與否，並讓所有人直接感受到我對那些將要面臨強敵的官兵們的敬意。史林姆清楚說過，任何將領如果不能從心靈上和他的部隊在一起，就不算是一位戰鬥領袖。

為了消除我與年輕陸戰隊員間的隔閡，我研究了其他人是怎麼做的。一九四二年，領導陸戰隊先鋒營（Marine Raiders）在瓜達康納爾登陸前，艾凡斯・卡爾森上校（Evans Carlson）告訴他的手下，任務目標是「消滅所有敵軍人員，並盡可能地摧毀軍事設施。」（註三）而在一九四四年的夏天，艾森豪將軍敦促他的每一位士兵要「朝指定的目標前進，並懷抱著敵軍唯有投降了才能免於一死的決心。」（註四）

現在到了我該寫一封信給手下官兵的時候。這封信裡必須傳達他們任務的本質與目的。我希望每位陸戰隊員了解我的兩個核心原則：

「首先，不要停下來」，也別慢下來，不要造成行進的停滯。試探敵軍、佯動、打擊對方，然後前進、前進、前進。

「第二，維護你的榮譽」。數以千計的住宅、商店、路邊攤以及用泥磚、水泥建造的房子，就排列在道路兩旁，受到驚嚇的民眾將會闖入火線。我清楚表明本師一定要盡到遠超過歷史上任何軍隊的努力，避免殃及平民。

雖然我的指揮官們了解我的作戰規劃，我仍然想跟每一個「藍鑽石」的官兵有所連結。但我限制自己這封信不得超過一頁長，以便讓他們隨身攜帶著。這項訊息除了包涵對敵人的強悍，也表達了對那些在戰場上無害者的持續關懷。以下是我寫的那封信。

在攻擊前一天，這一封信發給了全體士官兵。這些年來，很多人都從皮夾裡拿出這封信，然後秀給我看。在這個太常將犬儒主義視為批判性思考的年代，那些願意從軍並為理想而戰的年輕男女是值得我們永誌不忘的。

我和官兵之間碰頭並非總是如此莊嚴高雅。他們很喜歡戳我，而我也喜歡立刻還以顏色。九一一事件後，所有軍人都知道自己將會上戰場，而其中大多數人實際上還期待面對這種歷練。我盡全力讓這些年輕人維持在最佳狀態並保持信心。有一次，一個上等兵指著一幅一戰的畫作，裡面是一些戴著防毒面具作戰的陸戰隊員。他說：「這看起來有點悍。」「媒體會把攝影機湊到你面前，」我說道，「如果你像個媽寶一樣吸吮著拇指，然後說害怕毒氣，就會助長敵人的士氣。如果你不夠強悍，需要找人心理諮商，那就閃一邊去，讓一位更強悍的陸戰隊員在媒體面前代表我們。」

那些士兵們聽後一陣爆笑，「吸拇指的媽寶」也成為玩笑話。

——

「伊拉克自由行動」（Operation Iraqi Freedom）預計在二〇〇三年三月二十一號，以大規模的空中與地面突擊開場。由於情報的延宕，本師直到三月二十日傍晚才受命越過發起線。不過本師的團戰鬥群順利因應了這項變化。在科威特邊界以北，伊拉克士兵在一處稱為沙夫萬山（Safwan Hill）的高聳位置建立了觀察哨。該處是伊拉克南部唯一的高地，俯瞰著科威特。

「當我們出發的時候，」我告訴幕僚，「要把那座山給轟矮一英尺。」中情局已將訊息傳送敵軍指揮官：「別抵抗，我們也不會因此取你性命。」藉由轟炸該處，我也將訊息送給所有能從遠處看到沙夫萬山的伊拉克士兵：「趁你還能走，回家去。」

到了三月二十一日下午，我們已經朝伊拉克前進了三十英里，超過我們在攻擊前的預期。如同過去的演練，部隊間彼此通訊、依序調整，然後持續開車前進，並將那些不堪一擊

2003 年 3 月

第一陸戰師（加強）
師長致全體官兵

數十年來，海珊凌虐、監禁、強姦並謀殺伊拉克人民。在未受任何挑釁的情況下，以大規模毀滅性武器威脅全世界。如今到了終結他恐怖統治的時刻了。全人類的希望將由年輕的你一肩擔起。

當我下達命令時，我們將會一起越過發起線，逼近那些選擇反抗的敵軍，然後摧毀他們。但我們不會和伊拉克百姓，或是那些選擇投降的伊拉克軍人交戰。雖然我們迅速行動，並猛烈對付那些膽敢抵抗者，但對於其他人應採取合理的對待，對那些畢生受到海珊壓迫的人，展現出騎士精神與軍人的悲憫之心。

我們預料對方將會以化武發動攻擊、使詐，甚至利用無辜百姓作為人肉盾牌等其他不道德的戰術。從容應對：成為獵人，而非獵物，不要讓你的官兵放下戒心。善用你的判斷力，並依照我國的最大利益採取行動。

你身為全球最被人所畏懼與信賴的部隊一員，使用武器前一定要先深思。當我們進入發起線以北的未知領域後，要以你的勇氣鼓舞其他人。對你身旁的弟兄，以及陸戰隊航空聯隊保持信心，以愉快的心情與堅強的精神展開戰鬥。

為了這次的任務、我們的國家，還有以本師為名，參與過往戰爭的前人——「他們為了生存而戰，而且從不膽怯，因此你該完成自己的任務，並維持自己的榮譽」。向全世界展現，既沒有比一個陸戰隊員「更好的盟友，更危險的敵人」。（註五）

J. N. 馬提斯
美軍陸戰隊少將
師長

March 2003

1st Marine Division (REIN)

Commanding General's Message to All Hands

For decades, Saddam Hussein has tortured, imprisoned, raped and murdered the Iraqi people; invaded neighboring countries without provocation; and threatened the world with weapons of mass destruction. The time has come to end his reign of terror. On your young shoulders rest the hopes of mankind.

When I give you the word, together we will cross the Line of Departure, close with those forces that choose to fight, and destroy them. Our fight is not with the Iraqi people, nor is it with members of the Iraqi army who choose to surrender. While we will move swiftly and aggressively against those who resist, we will treat all others with decency, demonstrating chivalry and soldierly compassion for people who have endured a lifetime under Saddam's oppression.

Chemical attack, treachery, and use of the innocent as human shields can be expected, as can other unethical tactics. Take it all in stride. Be the hunter, not the hunted: never allow your unit to be caught with its guard down. Use good judgement and act in best interests of our Nation.

You are part of the world's most feared and trusted force. Engage your brain before you engage your weapon. Share your courage with each other as we enter the uncertain terrain north of the Line of Departure. Keep faith in your comrades on your left and right and Marine Air overhead. Fight with a happy heart and strong spirit.

For the mission's sake, our country's sake, and the sake of the men who carried the Division's colors in past battles-*who fought for life and never lost their nerve*-carry out your mission and *keep your honor clean*. Demonstrate to the world there is "No Better Friend, No Worse Enemy" than a U.S. Marine.

J.N. Mattis
Major General, U.S. Marines
Commanding

的反抗掃到一旁。編入我軍的英軍在右翼，順暢地搭配著兩軍的聯合行動。身為指揮官，我不需要催促任何單位，或調整任何行動，顯然「主動精神」與「決策權下放」展現了成果。讓我來說明清楚。

當時一項關鍵的任務目標是不讓海珊點燃南部的油田。十多年前，他在科威特的所作所為造成了一場環境災難。一個關鍵的目標，便是稱為祖拜爾（Zubayr）的幫浦站，該處每天控制了高達兩百萬桶原油的輸送。若那裡遭到破壞，所有濃稠的黑色原油便會外洩。在將該地變為一處廣大的油膩沼澤後，還會蔓延至波斯灣。在我們的計畫裡，將這個重要目標稱為「王冠上的珠寶」。

趕抵該站並預防災難的工作，交給了第七陸戰團第一營，代號「自殺查理」（Suicide Charley）的C連來執行。由於在「沙漠風暴行動」時領導過該營，我留意著這個老單位的行動。當他們的連長湯姆·拉克洛斯上尉（Tom Lacroix）抵達幫浦站外牆時，他停下部隊，開始檢查自己那份「可行、不可行」（go/no-go）清單。幾個月前還在加州時，拉克洛斯手下的尉官與士官就曾經造訪過艾克森公司（Exxon）的煉油廠。工程師帶著他們通過如迷宮般的高壓管線與控制閥門，並強調絕對不能朝哪些地方開火，點燃的火花將引發巨大爆炸。在拉克洛斯的清單上，列出了一些代表該地不安全、部隊應該避免進入的指標。其中一項重要的提示，就是要看看垂直管線的頂端，是否有向上噴出如金字塔般的無害火焰。若管線頂端沒有火焰，就代表天然氣的壓力正在累積。拉克洛斯不僅沒有看到火焰，也沒發現站內有任何工人的動靜。

難道他現在正面對著一枚炸彈，等著上百名陸戰隊員進入之後引爆嗎？他本能地下令，所有駕駛將車輛引擎熄火，然後大夥再細細聆聽。除了隨機的幾聲喊叫，以及幾把ＡＫ步槍漫不經心的射擊聲以外，沒有別的動靜。就是因為沒有噪音，才讓拉克洛斯起了疑竇：那座廠房依賴三座巨大的一千五百馬力引擎，來抽送數以百萬桶計的原油。顯然，它們應該發出轟隆巨響才對，但現場卻反而有些安靜。這讓拉克洛斯認定，幫浦站已經關閉，任何累積的天然氣也已經消散。他下令陸戰隊員破牆、佔領該處。

那可說是在指揮體系的末端、一次正確的現場決策。

這起小事件說明了一個大原則，拉克洛斯並沒有向上尋求任何人的意見。當一個關鍵徵兆傳達出危險的訊息後，他並沒有撤退、要求總部的指示，這就是一種分散式的執行。基於他對指揮官企圖的了解，拉克洛斯決定了自己的行動方針。「王冠上的珠寶」確實落在了我們手裡。

那萬一天然氣的壓力已經累積，並導致一場嚴重的爆炸呢？即使這樣的悲劇真的發生，我還是會完全支持拉克洛斯上尉。為什麼？因為他已經明智地審視過情勢，並將他當下所知與風險因素做了權衡——然後依照我的意圖果斷行動。如果要期望每次都能成功，顯然是過於樂觀的想法。但在預設上，我們應該支持那些對敵人大膽採取行動的幹部。當然這次的勝利，必須歸功於拉克洛斯和他的手下。但如果出了狀況，領袖必須要力挺那些在極度壓力與不完整的資訊下做決定的部屬。無論最後成功與否，其主動與大膽的態度都必須獲得支持。

三月二十一日下午，當我們仍在與敵軍接戰的同時，英軍師順利接替了我們，並轉向東北方，朝著巴斯拉市。如果從書面計畫上來看，在敵火下換防看起來是輕而易舉，但只有未曾實際經歷過的人才會這樣想。這支受到良好指揮的英軍部隊，讓第七陸戰團得以轉向西面重新加入本師主力、保護第三步兵師的右翼。目前為止一切都還算順利。

戰場對於犯錯是毫不存有憐憫之心。到了攻擊的第三天，第一團戰鬥群要直接轉往北方，從那西利亞市（Nasiriyah）渡過幼發拉底河。至於第五和第七團戰鬥群則會朝西略過該市，再轉向北。陸戰隊第一遠征軍從第二陸戰師抽調一個旅，命名為塔拉瓦戰鬥群（Task

Force Tarawa）後，要求其率先推進，確保那西利亞的兩座橋梁暢通。第一團戰鬥群在繼續朝北推進前，必須先通過塔拉瓦戰鬥群的防線，並跨過兩座橋梁。這也就意味著，將會有分別屬於兩個指揮體系——塔拉瓦戰鬥群和第一陸戰師的數千輛軍車，集中在這個敵軍決定誓死保護的要衝上。

我過去就很清楚，要在接敵之際讓一個部隊穿過友軍防線是件極為困難的工作。事實上這是一項應該盡量避免採用的戰術，尤其是在擁擠的市區街道，或是必須通過橋梁這類行動受到限制的地形上。屆時兩方將會混在一起，而敵軍通常會把握這個時機，進而導致我軍付出慘痛代價。

三月二十三日清晨時分，一隊陸軍後勤車隊迷路開進了那西利亞，遭到當地的伊拉克部隊痛擊。為了推進提供支援，塔拉瓦戰鬥群的陸戰隊員短暫奪下了兩座橋梁。在後續的戰鬥當中，一架被錯誤引導的A－10攻擊機意外擊毀了友軍車輛，造成陸戰隊員傷亡。在短兵相戰的混亂當中，塔拉瓦戰鬥群被迫後撤，這也連帶導致數千輛屬於第一團戰鬥群的軍車必須停下，進而在塔拉瓦的防線後方形成一條蔓延達兩英里的車陣。

當第五和第七團戰鬥群由另一條路線開往那條尚未鋪設完畢的公路時，我派出了自己的副手，出身波士頓愛爾蘭裔的約翰．凱利准將（John Kelly）去催促第一團戰鬥群指揮官，要他穿過塔拉瓦戰鬥群繼續前進。我們不能讓敵人有建立工事並提高信心的機會，更何況我的右翼正逐漸暴露出來。約翰在夜間經過那些仍在冒煙的陸軍卡車抵達那西利亞。

由於塔拉瓦戰鬥群仍然在和敵軍接戰，讓第一團戰鬥群指揮官猶豫著是否要進入他們的作戰區。估計我方約有十到十八位弟兄陣亡後，凱利不再猶豫。

「向前推進，」他告訴該團戰鬥群指揮官：「我會盡可能幫你。但這是你的團，你必須完成突破。」（註六）

接下來幾個小時，約翰以逐漸強烈的用詞重申我的命令，但該團依然延誤了許久。在停留達十六個小時之後，第一團戰鬥群終於穿越了那西利亞，且期間僅有一人受傷。一方面來說，我能體諒那位團長。要部隊在敵火之下，沿著一條不是很寬敞的通道穿過另一個單位，確實是項艱鉅的挑戰。此外，由於塔拉瓦戰鬥群在比較後期才抵達戰區，因此必須要在不熟悉的情況下佔領這條通道。高階將領未能預見交錯混雜的部隊無法在城鎮環境遂行任務的挑戰。

但從另一方面來看，我卻因為第一團戰鬥群沒有迅速通過而感到困擾。我下達的指揮官企圖，便是以速度驅策全師為最重點。就像隆美爾寫過：「指揮官必須以讓他的幕僚習慣於快速節奏作為開頭，並持續要求他們如此。」就在第一團戰鬥群滯留的時候，布佛和本師都收到了一路攻擊至巴格達的命令。英軍對巴斯拉的攻擊和陸戰隊的第三航空聯隊，正迫使那四個被繞過的伊拉克師動彈不得。但第一團戰鬥群也必須持續前進，才能在那些敵軍打算妨礙我們直攻巴格達時，掩護我們的右翼。

到三月二十五日，第一團戰鬥群終於提高了推進的速度，全軍也得以疾驅向前。但隨後一場巨大的沙塵暴來襲，在雷霆與閃電過後，伴隨著時速高達七十英里的強風，不僅將沙塵揚起，更使它混合著雨水和冰雹，影響了我方侵略部隊的能見度。眼前的世界變成一種古怪的橙橘色，在這潮濕又骯髒的環境下，本師仍繼續前進著。

我們現在已經深入伊拉克超過一百三十英里，敵軍的抵抗也開始變得猛烈起來。一個領頭的輕裝甲偵察營一度和對方陷入激戰，我則為他們投入所有的空中支援，然後繼續前進。

每一個陸戰隊員都跟在他所屬的小隊和其他人一起生活與戰鬥。這幾個月來，淋浴已經成為遙遠的回憶。從將軍到二等兵，每個人都沒有所謂的隱私，只能交換著彼此喜歡的MRE口糧，並睡在車旁的散兵坑裡。是責任，而非階級決定了每位陸戰隊員在這個大家庭的位置。這令我想起了史林姆元帥在二戰時寫下的簡短感言。

「身為軍官，」他如此寫道：「在你的部下已經用餐、喝水、睡覺、抽菸甚至坐下之前，你是不會去做這些事的。假使你為他們做到這種程度，他們將會追隨你直到世界末日（註七）。如果你沒做到，我將會為此弄垮你。」

我所在的那支二十四人小隊，也總是在前進著。我的通訊士，雷恩・伍沃特中士（Ryan Woolwort）會確保所有人都能找得到我。以本師分散的範圍來看，這可不是件小事，至於那位精於閱讀地圖的駕駛，亞尼夫・紐曼下士（Yaniv Newman），則與總部時常保持聯繫，以便我能掌握每個團戰鬥群與敵軍的即時位置。我從阿富汗至今的助理，庫克中尉非常了解我，能在我忙於確認其他部隊的狀況時，明確傳達我的意圖。基於沙漠風暴行動時的教訓，我的過度疲勞導致我的營官兵在開闊的沙漠中遭到敵軍伏擊，因此我不允許任何部隊的值星官，在他的指揮官小休時將其喚醒。

由於躺臥在沙塵中，甚至呼吸著它，讓每位陸戰隊員養成了時常清潔武器與無線電的第二本能。部分弟兄還深受「渣滓」所苦，由於沙塵在肺部的薄膜上結塊，導致他們咳嗽並吐出黃色的痰。即使許多陸戰隊員以頭巾包覆面部，也沒有多大的效果。由於鬍渣會使防毒面具無法氣密，加上我們認為伊拉克人擁有化學武器，因此全體每天都要刮鬍子。當你看到弟兄們雖把臉上的鬍子刮乾淨，眼睛周圍卻有塵土的結塊時，總是讓人覺得很奇怪。

在每天的攻擊行動中，那些動作迅速的幕僚，會將我從前鋒部隊得知的最新狀況，轉化為簡潔的任務命令，傳達給各個突擊單位的指揮官。在趕往巴格達的路上，我開始看到命令中出現「正值第五團戰鬥群交火……」這類字眼，當我詢問「正值（whilst）這個詞是誰寫的？」時候，克拉克．萊辛告訴我，由於派駐在我們作戰中心的英軍聯絡官最善於撰寫命令，他正是這個用詞的始作俑者。

這件事可說是衍生自我將友軍聯絡官編入幕僚的政策，我並不想他只會把聽到的訊息回報給單位，而希望藉由將其編入幕僚以及我們的程序當中，使他更清楚我們的意圖與節奏，進而能妥善知會其原單位。而不是個局外人般坐在簡報室後頭，被排除在我們評估狀況與採取反應的過程之外。

我知道當友軍有機會派聯絡官時，總會挑選最優秀的人員，只要善於運用其能力，將使我們的戰鬥更具力量。因此「正值」我持續將時間花在前線，以掌握整個行動走向的時候，我那群多國籍的作戰幕僚則以更明確的方式，將我的意圖傳達給數萬名陸戰隊員。

三月二十七日，作為欺敵計畫的一部分，我們展開了一場大規模的佯動作戰。鄧福德上校（Joe Dunford）的第五團戰鬥群向前推進，佔領了漢圖斯機場（Hantush），它是一號公路上鋪設良好，相當平坦的跑道。從該處，高速公路直接通往市區，所以有重兵把守。從地圖乍看之下，會使伊拉克指揮高層相信，本師想與布佛的部隊會師。此舉在軍事上是合情合理，聯手之後的戰力，將會如一支大鐵鎚般，從南方重擊巴格達。

事實上，我們的意圖是完全相反。我的情報官發現敵軍砲兵火力網上的漏洞，因此第五團戰鬥群只會前進幾十英里。當伊拉克軍隊想要阻截我們的時候，第五團戰鬥群將會轉回東北方，從伊拉克砲兵火力射程外渡過底格里斯河。然後本師也會隨之轉向，趁布佛的第三步兵師從南方攻擊巴格達時，改由西面進擊。而這樣的運動，有賴我的三支團戰鬥群能同時發起攻擊。

完全出乎意料之外，我竟然在途中接到要全師暫停的命令。我非常震驚，我們這一萬五千人直接處在化武攻擊的下風處，中央司令部司令法蘭克斯將軍後來寫出當時作戰長曾向他回報，陸戰隊在第一與第七號公路上，遭遇到無數的復興黨分子，導致後勤隊伍跟不上前方作戰的部隊（註八）。

這完全不是事實，而且我也知道自己的直屬上司康威將軍，並沒有這樣的顧慮。從那西利亞開始，那些支持海珊、稱為復興黨的狂熱民眾就已經投入戰鬥，但他們的戰果微乎其微。我們最大的挑戰在於避免民眾的傷亡，因為復興黨是躲在民眾當中，朝我們射擊。不過我們只將這些人視為干擾——就像是射擊打靶練習。當一名敵軍戰士出現朝我們濫射時，車輛砲塔上的陸戰隊射手就會把他消滅，車隊其他人繼續前進。由於本師奉行著「每位陸戰隊員都是步兵」的原則，因此即使是後勤車隊也能跟上隊伍。

一名記者詢問我關於復興黨的威脅，我直接了當回答對方。

「他們缺乏男子氣概，」我這樣說：「只敢躲在婦女和兒童當中跟我們交戰，根本是我們交戰過的對手當中，最沒有價值的那種。」

倫斯斐國防部長後來寫道：「指揮陸戰隊第一遠征軍的詹姆斯・康威將軍，以及指揮陸軍第五軍的威廉・華勒斯將軍（William Wallace），都下令暫停進軍七十二小時，以補給各

個單位。基於後勤上的挑戰，我了解這次暫停的原因。」（註九）

部長接收到的是錯誤的訊息。我的直屬上司康威將軍在接獲暫停命令時，起先是困惑，後來轉為震怒。無論是康威將軍或我，壓根沒有擔心補給用盡的問題。他甚至向高層堅持：「陸戰隊已經準備好直驅巴格達。」（註十）當下根本沒有理由要求全線暫停。雖然在交戰之前不可能完全了解敵人，但目前我們已經清楚所面對的敵軍並無法遂行像樣的防禦。這正是我們利用其弱點、繼續推進的機會，並藉此提高敵軍身心的壓力。我們應該加快腳步，對敵人造成一連串超乎預期的災難，進而完全粉碎其協調性。

康威的爭辯無效，基於某些理由，高層已經將復興黨視為作戰威脅。直到現在，我都不清楚為什麼能以這種誇張的觀點要求我們暫停。

假使無法保持冷靜，不確定性就會對你造成混亂。從我的聯絡官，以及布佛和我之間的對話，我知道第三步兵師正在我側翼迅速行動。我看過這類狀況，也就是前線人員的想法和高層幕僚在遠端的評估並不一致。我總能發現最先的回報當中，有一半是錯的，而另一半則是不正確的。當然這樣說是有些誇張，但數位科技會錯誤助長在後方的幕僚，讓他們誤以為自己擁有戰場中的上帝視角。數位科技並不會散播混亂，但當錯誤的資訊被即時擴大之後，戰爭之霧也會隨之惡化。

要求整個地面攻勢暫停的命令，真是選了一個最糟的時刻下達，本師有三分之二的兵力正在路上排成車陣，無法朝濕地的任何方向分散開來。

我也無法讓第五團戰鬥群推進到漢圖斯。伊拉克人知道我們已經佔領了跑道。就算簡單一看，也會發現他們後面朝向東北方的道路，是可以跨越底格里斯河。隨之而來的風險是，伊拉克人可能會識破我軍的欺敵作戰，並發現他們砲兵火網上的漏洞。我只好打電話給鄧福德。

「喬，我們接獲暫停的命令，」我告訴他：「如果你的部隊繼續在前方推進，伊拉克人會識破我們的計畫。我必須要你後退。」

喬和我一樣看到了這點，那是因為他具有綜觀局勢的天賦，能冷靜評估更宏觀的層面。這不禁讓我想起了查士丁尼大帝（Justinian），不僅能一再地做出合理的結論，而且還能將複雜的情勢，簡單扼要地用幾句話表達出來。

「是的，長官，」他回答我：「我會要手下們掉頭。」

互信維繫著我們之間的關係，我知道康威將軍已經盡力和上級爭論，反對將我們的攻勢暫停。而喬也清楚我在決定他必須後撤之前，已經考慮過每一種可能性。同樣，喬手下的營長們也知道他的能耐，無論後撤的原因為何，從上到下的陸戰隊員都清楚，那不是他們直屬長官的錯誤。一個單位內的互信程度越高，就越能在無需一大堆討論的情況下承受更多的壓力。

為了擺脫敵軍，喬故意利用未加密的無線電下達了一些看似緊張的命令，顯示其單位受到敵軍大規模反擊。我們希望敵軍在接收到之後會被誤導。然後第五團戰鬥群就後撤。

這是我在朝巴格達推進的途中最困難的決定：你將手下的陸戰隊員訓練成精銳，你送他們上戰場，哪怕明知他們當中有些人會陣亡。明明敵人就攔不住我們，我卻要部隊後撤。這讓我想起在韓戰時，本師曾被六倍數量的敵軍包圍，卻能在嚴寒的山區裡奮戰突破。因此我告訴自己，「這件事沒有多難。如果前人都可以通過考驗，那我也能想辦法解決這個狀況」。我下定決心，絕不讓這個指揮上的錯誤，導致手下付出生命作為代價。絕對不要認為自己是無助的，要明智地選擇你該如何回應。

第七章　本師處在巔峰狀態

我們在第一天發生於巴斯拉外圍的戰鬥中，已經俘虜了幾個伊拉克將軍。他們都提出警告，當我們逼近底格里斯河時，海珊將會以化學武器攻擊。海珊曾揚言，伊拉克軍膽敢反抗的話，他也會如此對付他們。本師在這個令人擔憂的脆弱位置上動彈不得，我想指派第五團戰鬥群作為本師的「偵察團」，讓鄧福德上校的陸戰隊員以「偵察」的名義，趁敵軍下手破壞之前，奪佔那些跨越海珊運河和底格里斯河的重要橋梁。我的直屬長官，康威將軍在想到中央司令部將接受我動用全師兵力的三分之一去進行這次的「偵察」之後，則是竊笑著看我將如何去過度地「延伸」這項來自上級的許可。

與其生悶氣，康威告訴我們要「主動出擊」，好繼續讓敵軍措手不及。我們沿著本師長達四十五英里正面，進行了數次的試探性攻擊。當我正在巡視第一團戰鬥群的防區時，遇到了一名其他同排弟兄在努力構工時，自己卻在讀書的工兵。秉持著「揚善於公堂，歸過於私堂」的原則，我把這傢伙帶到一旁，然後才開始修理他。我告訴他應該起身去完成自己的工作。我一再重複強調速度——無論是資訊的傳遞、對命令的反應，乃至部隊的移動甚至補給。但指揮不能依賴電子郵件，或是書面的字句。指揮官本身更不該像盆栽一樣發呆，而是要不分高低，前往那些關鍵的位置，盡可能完成任何必要的事，以期讓部隊保持動力，尤其是在大家都疲憊不堪之際。

作戰的節奏其實是一種心理狀態，我總試圖對事不對人。但從指揮官到最年輕的海軍或陸戰隊員，我需要他們的同心協力。一旦越過底格里斯河後，本師將分散開來，可能會面對兩個共和衛隊師。因此我需要全師官兵維持在相同的節奏，我們必須無時無刻全力以赴。

——

停滯的時候，我曾和某個班的官兵坐在一起。不難理解，大家都因為停留在一處過久而有些緊張。一個士兵問道，萬一遭到化武攻擊，我們該如何因應？對這些負責攻擊的部隊來說，要在散佈了毒氣的戰場上與對方交火，可說是格外險惡。

「就如同我們原先訓練的那樣，」我回答他，「穿著防護服，在污染的環境下奮戰二十四小時，然後我們會替你除汙，給你發新的裝備，接著你再回去繼續戰鬥。」我想讓他們知道，無論有無化武攻擊，他們都有再次奮戰的機會，而且應該持續下去。他們也理解了我的意思，當我們準備越過底格里斯河時，士官兵們小心穿好防護服。他們每一個人所展現出來的平靜決心，我將永遠記在心裡。

到了第三天，強迫我們暫停的命令終於被取消，官兵們莫不急著重回攻勢。當他們經過我身邊時，每個人都笑著豎起大拇指。我也終於因為本師能繼續前進，而鬆了一口氣。第五團戰鬥群很快地、再度奪取了漢圖斯公路跑道。我們的航空聯隊聯隊長，吉姆・阿莫斯將軍（Jim Amos）直接飛抵現場，排除了那些要耗費時間的手續，直接確認跑道可以投入作業。不到幾個小時，KC－130加油機開始降落，卸下填滿八萬八千加侖燃料的油囊（註一）。接著水和彈藥也空運到現場，我們則將傷患後送出去。

解除管制之後，第五團戰鬥群襲擊了海珊運河，陸戰隊擊潰了那些被倉促派往前線、進入工事的伊拉克部隊。由於我們先前的佯動作戰，伊拉克將領要過了很久才發現那個被我方情報官察覺，他們砲兵火力涵蓋不到的漏洞。在完整佔領底格里斯橋後，鄧福德將他的團戰鬥群轉向西，並以巴格達為目標。敵人到這時才看出我們的攻擊軸線。

隔天，我急著趕上鄧福德的部隊。紐曼下士匆忙將我的座車停在團部旁的排水渠裡，我立刻下車。伊拉克軍的多輛卡車，正沿著道路燃燒，穿上防護服滿頭大汗的陸戰隊員，朝著敵軍前進。前方，迫擊砲彈正不斷落在一棟紅磚建築的周圍，敵軍部隊的後衛正在該處奮戰，希望能遏制我們的攻勢。

前鋒營營長山姆．蒙迪中校（Sam Mundy）前來陪同鄧福德和我。看著悍馬車旁搭起的一塊地圖板，我打開了一瓶可樂，心裡盤算著自己的三支團戰鬥群之間的距離。子彈從頭頂飛過，機槍怒吼地射擊，前方還有砲彈不斷爆炸，幾棟建築已經隨之起火，火勢猛烈。

這時有一個班的陸戰隊員，半走半跑經過我們。對年輕的士官兵而言，這不過又是尋常的一天。班長停下腳步觀察周圍狀況，我從悍馬車掛架上的水桶，倒了些水給他。他一連灌下了幾口水，但目光始終注視著前方的敵軍陣地。接著他擦了擦嘴，然後拍拍我的肩膀，就繼續前進。他將注意力集中在戰鬥上，完全沒有注意到師長就在那裡。又或許他注意到了，卻完全沒有印象，畢竟他有任務要完成。

我們有前進的動能，現在就該連續推進四十五英里，直攻巴格達。但山姆．蒙迪的營需要稍作休息，一次步兵攻擊就像一場馬拉松。陸戰隊員可以逼迫自己在敵火之下，一連八到十個小時都不休息。但隨後心理與生理上的疲勞因素將會造成衝擊，即便是體能最好的官兵甚或單位，也終究會開始瓦解。而那時就是最糟糕的戰術甚至道德誤差會發生的時刻。

為了進一步利用我們發現的缺口，我必須調來增援部隊。隨著巴格達已經進入攻擊範圍，我需要將全員投入這場混戰。我聯繫了人在師部的凱利，要他將第一和第七團戰鬥群往前調到前線來。我知道要花上整整一天這些團戰鬥群才能脫離接戰趕過來，但在我們的前方，是一個戰力完好無損的共和衛隊裝甲師。我想要在他們掌握如何防衛我們如今已明朗的推進方向之前，繼續當前的攻勢。

「我會連夜調來我的戰車營，好讓他們打前鋒，」鄧福德告訴我：「接著我軍會在黎明恢復攻勢。」

這就是典型的鄧福德，他在評估優缺點後，做出結論，接著用兩個簡短的句子說明他的計畫。

我也有困難的決擇。副手約翰・凱利，在我下午回到師部時正等著我：第七團戰鬥群已經依照我的指示，迅速向前推進。但他隨後又說明，第一團戰鬥群再次熄了火，沒有猛力推進。歷經那西利亞的延誤之後，我已經開始擔憂了。現在這種過度謹慎的步調，仍在持續著。當戰局日益艱難時，師裡卻有三分之一的兵力落在後頭。隨著第三步兵師逼近巴格達，我負責支援他們的任務卻瀕臨失敗。

由於這類事情很難啟齒，因此解除指揮權的事情很少會被提及。你清楚知道那些軍官是如何致力於工作，而且也清楚解除指揮權，對這些人、他們的家庭甚至部屬產生什麼樣的影響。通常這些人也是你的朋友，但假使我不以解除某人指揮權的方式來展現某些事情的必要性，那怠忽職守的人就是我本人了。其實這就是領導的本質，只有在狀況發生時，人們才會真正地了解自己。

當第五團戰鬥群在渡過底格里斯河時，第一團戰鬥群則在更東邊的位置，向防守庫特市的共和衛隊師發起佯攻。只要對方按兵不動，我們就會略過它。凱利發現，部分的伊拉克火砲已經被棄置，士兵們甚至脫下軍服，成群穿著便衣的無武裝男性，正在魚貫離開城市。敵軍顯然已經土崩瓦解。然而，第一團戰鬥群仍沒有發動幾次加速對方潰敗的短促猛攻，然後再迅速轉向來參與我軍的主攻。我明白在戰鬥中，任何一個指揮官的疲乏程度，都遠非筆墨所能形容。那樣的疲乏，遠超過我在任何其他職務上所曾經歷的。但這令我開始擔心，第一團戰鬥群的指揮官，是否已疲憊到超乎自身所能承受的地步？

我派出一架直升機，幾個小時後，第一團戰鬥群指揮官踏入我的帳篷。他看來既疲憊又苦惱。

「怎麼一回事？」我直接問他：「先前在那西利亞，然後是庫特，為什麼你不能壓得更緊？什麼事讓你遲疑了？」

我預期見到的是旺盛的鬥志，以及堅定的語氣。我希望他會說一些像「部隊正在重整當中，只要再一天，我們將會抵達該處」這類的話。

相反，他表示，發自內心不願意因看似魯莽的快速推進而失去任何官兵。

我為他的回答感到非常難過。我希望軍官能跟部屬培養深厚的情感，就像我那樣。以我的觀點，那是建立互信與凝聚官兵的基礎，你的部屬必須先相信你關懷他們，然後才會完全投入一場可能會讓他們送命的任務。我也知道，要下令讓你關愛的弟兄去投入一場導致某些人無法生還的戰鬥是有多麼困難。但必須任務優先。一旦你已經投入作戰，任何遲疑都將會導致其他部隊的挫敗。我需要將所有的兵力投入戰鬥，平均分擔起這些重責大任。

即使他是一位高風亮節又有能力的軍官，而且在以往的職位上也有傑出的表現，我當場解除了這位團戰鬥群指揮官的職務。當一名指揮官的熱忱出現問題，你就必須做出改變。有時候你會下令他們去躺躺小睇一下，睡眠確實會讓他們復元。但現在這個狀況，我認為已經不是休息能解決的問題。憑良心說，他並不情願依照我的意圖領軍——將速度視為首要條件。你也不能憑一句話，就讓他將困擾的精神負擔說丟掉就丟掉。就因為擔心手下的陸戰隊員折損，再加上極度疲乏，本師折損了一位令我至今仍然欽佩的軍官。

這是在這場戰爭中，首次有團級指揮官被解職，因此它成了媒體隔天的頭條新聞。如果你是那位上校、他的家人或是其追隨者，想像一下那會是什麼感覺。即使遭受一些我敬重的人士批評、對我作法表示不認同，我也沒有質疑這個決定。

為了派人接掌第一團戰鬥群，我只好釋出自己的作戰官約翰・圖蘭上校。他通過高超的指揮能力，很快贏得五千名原本不認識他的士官兵們的敬重，並讓他們的實力在作戰中完全發揮出來。克拉克．萊辛中校升任作戰官，師部幕僚群沒有受到任何影響。

——

四月四日，第五團戰鬥群朝巴格達攻擊。某伊拉克師的部分單位，在一條狹窄道路的兩側建立了陣地，以反裝甲飛彈、RPG火箭彈、PKM機槍和AK步槍不斷射擊。藏身在涵洞中的伊拉克部隊，恰好在鄧福德上校經過時癱瘓了一輛戰車。為了支援友軍，鄧福德與部下停車，跟伊拉克部隊展開了激烈的交火。一輛趕來的救護車駕駛，因此手掌中彈。直到敵軍潰敗之後，鄧福德又繼續朝巴格達前進，他的駕駛因為擋風玻璃被子彈擊中，必須要把頭探出車外才能看清前方。通過無線電，鄧福德聽到了高中學弟布萊恩．麥克菲利普中尉（Brian McPhillips）的噩耗，他剛才在距離鄧福德前方幾百碼的位置陣亡。

幾個小時之後，活力充沛的愛德華．史密斯（Edward Smith）二等士官長陣亡。兩天前，當我和鄧福德說話時，他就站在不過幾英尺外，一面對著我們笑，一面點起一根雪茄。我還開過玩笑說，愛德華已經申辦退休，而且即將到安那翰警隊（Anaheim）服務，展開新職涯的他，不應該和我們一起到海外部署。他知道自己的經驗是我們所需要的，所以延後了退休時間，並和帶領的步兵連待在一起。這些人都是從軍期間待在我身邊的好漢。

我們和巴格達之間的最後障礙，僅剩下有著陡峭河岸的迪亞拉河（Diyala River）。我派出第五團戰鬥群向北，尋找一個可以涉水的渡河點。推進向前的是史提夫．漢默上校（Steve Hummer）率領的第七團戰鬥群，我們曾在八〇年代共事過，清楚他不僅是一位縝密的計畫者，還是一位勇猛的戰場指揮官，頗受部屬尊重。為了進入巴格達，他的部隊必須通過部分已遭爆破的迪亞拉大橋才能進入市區。當我在四月六日的早上，驅車趕往前線時，沿路是一整排的M1艾布蘭戰車，以及蹲在一旁的數百名陸戰隊、工兵與步兵，他們都準備好直驅巴格達。通往橋梁的道路是異常地安靜，從砲口到所有人的目光，都集中到對岸遠處那裡的公寓大廈，以及一小叢棕櫚樹上。

一陣強風與爆炸，將戰火中的殘骸四處飄散——其中有破損的遮陽棚、廢棄的車輛、死掉的野貓、翻倒的家具、逃竄的野狗、僵硬的屍體、叮咚作響的金屬罐、隨風飛舞的破布和紙片，以及泥濘骯髒的泥土。史提夫窩在橋梁邊緣、一棟已經損毀的獨棟磚房旁下陷的沙包當中。

橋中央有一個大破洞。再一次，我看見了陸戰隊的精神——「應變」、「適應」與「克服」，他們正拖著木材前去。我們以一路縱隊越過木板的方式，將陸戰隊派去攻入這座七百萬人口的大城。

砲兵被召來朝對岸射出短暫的彈幕。同一時間，有情報警告，一名伊拉克將領也在呼叫他的砲兵攻擊我們。幾秒之後，地表輕微震動，隨後一枚重型砲彈在附近爆炸，出現如雷鳴般的巨響。在我們後方幾碼，吉瑟斯・馬丁・安東尼歐・梅德林下士（Jesus Martin Antonio Medelin）和安德魯・艾弗雷斯上等兵（Andrew Aviles）失去了生命。十八歲的艾弗雷斯不僅是陸戰隊入侵伊拉克行動中，最年輕的陣亡人員，也是一位放棄了獎學金，選擇投身軍旅的愛國者（註二）。我那些十多歲的官兵，遠比我遇過某些年紀大他們一倍的傢伙更像是真正的漢子。

當我驅車離去時，陸戰隊正以一路縱隊，跑過那堆木板攻入巴格達市。遠處的下游，鄧福德指揮的第五團戰鬥群正沿著迪亞拉河，尋找另一個渡河點，以便我們能在北邊截斷巴格達，並與第三步兵師會合。約翰・圖蘭上校帶領著重振的第一團戰鬥群投入戰鬥，不做停留，他們搭乘著被操得很兇的兩棲突襲車，快速越過了迪亞拉河。在這個距最近的海水也有幾百英甲遠的地點，這樣的場景有夠違和。

不到五個小時，已經有分屬兩個陸戰團的數個營兵力進入巴格達。在靠近他的那一側，布佛．布勞恩特指揮的裝甲車隊展開的「雷霆掃蕩」，已經對伊拉克守軍造成了嚴重的打擊。令人忍不住大笑的是，伊拉克指揮官們慌張的提出警告，說「美軍戰車正在游過河」。

來到市區，我碰到約翰．圖蘭指揮的營，並親眼看到一個班朝敵軍發起攻擊。那位班長對他的部下高喊：「不要朝右邊那棟兩層樓的公寓開火，那個渾蛋手上有婦女和兒童，先繼續前進。稍後我們回頭再宰了他。」

我掉頭離開，我清楚自己建立的那套原則「沒有比我們更好的盟友，也沒有比我們更危險的敵人」已經被落實。這讓我打心眼裡感謝蘇拉將軍（Lucius Cornelius Sulla）。這位兩千年前的羅馬戰士，曾將這些話當作自己的墓誌銘，才讓我得以傳承下去。

海珊手下那些特戰共和衛隊（Special Republican Guard）的餘黨，混在逃離城市的難民之中，其中不少還穿著便服。我軍的飛機並沒有攻擊這些軍民混雜的難民隊伍。除了對抗來自幾個據點的輕微反擊外，各團很快越過了巴格達的東部。吉姆．阿莫斯將軍在聽到我軍缺乏糧食後，將他指揮的航空聯隊的 MRE 即食餐收集起來送上直升機，然後趁低空飛越市區內的陸戰隊頭上時，將一箱箱的食物踹下來。步兵知道伊拉克陸軍已經放棄抵抗，因此向前猛衝。在佛多斯廣場（Firdos Square），為響應歡欣的伊拉克民眾要求，我的陸戰隊員弄倒了海珊的巨型雕像。

麥克菲利普斯中尉、史密斯二等士官長、梅德林下士和艾弗雷斯上等兵的犧牲，證明了死亡才不會在意你的年齡或階級。只要身在前線，肩並著肩的我們就是一體，我們彼此點頭或微笑著。身為指揮的將領，你集中心力想要超敵勝敵，但事實上你卻不可能贏過機運。無論你多勤學、善於規劃或進攻，你手下還是會有年輕的勇士戰死，即使你竭盡全力想降低傷亡人數，卻永遠不可能將其維持在零。

奧理略曾說過：「年輕的逝者並不會懷念未竟的人生，只有活下來的人，才會承受回憶那些日子時的痛楚。」

當然很少人能像奧理略般地堅忍不拔。我們為這些人的犧牲尋找理由，並在背負著痛苦活下去的同時，了解他們並不是平白無故死去。官兵清楚我相信他們，而且無論在倫理或效率上，都沒有放棄執行自己的任務。只要有這些人相伴，再赴湯蹈火我都樂意。

等到我們在巴格達設立指揮部的時候，鄧福德部隊已經包圍了市區的北面，並和布勞恩特的第三步兵師會合。

艱苦的戰鬥仍在進行著，在市中心的一座清真寺內，有個營光一晚就有八十一人傷亡。我開車到現場時，陸戰隊員還在交戰，我看到有隨軍記者正在為接受醫護兵治療的傷兵們，高舉著輸液用的血漿袋。但我們終於推翻了海珊政權。巴格達是上級授命第三步兵師與第一陸戰師的唯一目標，我們原本可以更快速攻抵這裡，但實在無法避免那次不幸的暫停。從部隊的行動和越過的地形來看，「藍鑽石」已經在十七天內推進超過四百英里，而這次任務還尚未結束。

——

從一開始，伊拉克軍就好比一棵高聳的朽木。從外觀看來，它粗壯的樹幹似乎很強韌。但在雙方交鋒之後，很明顯由於缺乏士氣、領導和自信等因素，已經變成一棵空心的朽木。

海珊已經逃出了巴格達，華府與中央司令部很想對他的故鄉提克里特（Tikrit）迅速展開搜索。當上級問我，要多少時間才能派出部隊趕往超過一百英里外的該市，並將其佔領時，我果斷給了他們「明天」這個答案。不到一天時間，約翰・凱利率領由三千五百人組成的特遣隊出發了。

趕往提克里特途中，一名當地警察通知排長內森・伯斯中尉（Nathan Boaz），說有些美軍戰俘正被囚禁在附近的房子裡。於是伯斯將GPS接收器交給對方，並告訴他在經過那棟房子時按下按鈕。半小時後，警察把接收器送回來，目標地點已被標示。隨後伯斯帶領陸戰隊員直接攻進房子，救出七名在那西利亞就被囚禁的美軍戰俘。這件事完全凸顯了——正如我所預料的——陸戰隊的小部隊領導所能發揮的主動性。

由凱利率領趕往提克里特的特遣隊，一路上到超過目標市區之後，都沒有發現海珊的蹤影。約翰佔領該市後，我搭機前去看他，兩人還在底格里斯河混濁的水游泳。在一連趕路數個星期都無法淋浴之後，我們兩人都以為，河水會因為從我們身上刷掉一層層的汙垢後而變得更髒。

這次推進已經結束，如今本師打散在大半個巴格達市區當中，前鋒部隊單位則在更北方的一百五十英里處，比起波斯灣——當初發起攻擊處——距離地中海更近的位置。

巴格達市內，人們湧上街頭。非暴力的混亂擾亂了整個局面，政府建築被洗劫一空，任何有些許價值的東西都被拿走，最後只剩下銅線。在這個有超過七百萬人口的廣大都會裡，如今既沒有警力、公共服務，當地政府也不存在。除了部分政府建築外，我們手上並沒有足夠的兵力能防止四處發生的掠奪事件，即使是那些後來被美軍佔領的建築，大多也在我們抵達之前就被民眾闖入，並將其中洗劫一空。

獲得增援之後，第三步兵師如今負責鎮守巴格達的西半部，「藍鑽石師」則管理東半部。我們並沒有接到明確的命令，但所幸有哈吉將軍的戰後計畫。我那些加派了後備陸戰隊員的砲兵部隊已經準備介入，並很快提供或修復市內的基礎設施。

到了六月，「藍鑽石師」奉命開入由什葉派人口為主的伊拉克南部，我將戰車與砲兵等單位，以及四個團部都歸建，把組織扁平化，十個營直接聽命於師部。不到一個月，我的營長們都成了名義上的代理市長。他們與當地官員合作，恢復了水電的供應，重新開放學校、招募警察，進而支付當地政府的薪水，平息各項爭端。

在聖城納傑夫（Najaf），克里斯・康林中校（Chris Conlin）藉由恢復電力與趕走盜用工程費用的市長，與當地的什葉派的穆拉[1]建立了合作關係。但反美的宗教領袖薩德爾（Moqtada al-Sadr）則與其他什葉派組織密謀，建立自己在當地的影響力，每個星期五他都會用巴士從巴格達載上千名的民兵前來聆聽他言詞激烈的講道，慫恿這些人走上街頭，抗議美軍的到來。在氣溫將近攝氏四十六度的某一天，上了刺刀的陸戰隊正在維持現場秩序，康林正耐心聽著憤怒民眾出口的惡言。在如此高溫下，本師軍牧比爾・迪凡神父（Bill Devine）集合了一批水兵和陸戰隊，進入抗議的群眾當中發送冰冷的瓶裝水。在這樣炎熱的天氣攻擊送水給你的人顯然有點下不了手，因此在表達完不滿之後，現場群眾就散去了。我們是經由如此的努力，來維持區域內不穩定的和平。

由於接獲了沙德週五打算在納傑夫發起大型抗議的線報，我要後勤官們去巴格達，跟所有能找到的運輸公司簽約，讓他們的巴士都離開當地幾天。結果沙德的講道現場，只有很少的巴格達民眾參加。這一次我們連刺刀都沒有用上就再度維持了和平。康林的人氣大幅提

1 編註：mullah，宗教導師。

升，當他要離開時，為了表達謝意，當地為首的穆拉還邀請他去一所著名的清真寺共享下午茶。在北方五十英里外的卡巴拉市（Karbala），市議會想要安排麥特・羅培茲中校（Matt Lopez）出任市長，好讓他和他的陸戰隊員、承包商與資金不會離開當地。我看著官兵們逐漸適應這裡。我的目的是要找出雙方的共同點，努力維持和平，避免敵對再多發生一個月、一個星期，甚至是多一天。不能讓事態走偏。

這次行動，我從英國軍官那裡學到了很多。我採用了他們不張揚必勝信念的作法——我們是來這裡解放民眾，不是宰割他們，因此不該仗勢欺人。

我相信自己責任區內的環境，已經能夠提供當地建立良好治理結構的基礎，只是我們依舊沒從高層收到任何有用的指示。小布希總統已經指派了前大使保羅・布雷默（Paul Brenner），擔任他的個人代表以及聯盟駐伊拉克臨時管理當局（Coalition Provisional Authority, CPA）首長，此舉讓他成為伊拉克境內最有權力的美國人。布雷默與手下的大批幕僚，以及陸軍中將瑞卡多・桑切斯（Ricardo Sanchez）帶領的參謀一起在海珊的一座宮殿裡共事。桑切斯當時指揮的多國聯合第七特遣部隊（Joint Task Force 7），所及包括伊拉克境內所有的聯軍，負責安全相關事宜。聯盟臨時管理當局具有建立並組織新民主政體所需的權力和資金，在一個如此複雜的管理環境中，布雷默和他的手下在各方面都扮演了關鍵角色。

同時，陸戰隊和那些僅存的伊拉克陸軍——當然不包括那些與我們公然敵對或是殺害無辜百姓者——展開合作。我邀請前伊拉克將領來喝咖啡，並了解他們對於和美軍一起重建陸軍的看法。

在某個炎熱的下午，我臨時去造訪派特．馬雷中校（Pat Malay），他是我派駐在迪溫尼亞市（Diwaniyah）的營長。他徵收了當地一座足球場，搭建起一整排的木製亭子，裡面是計算著一綑綑鈔票的伊拉克女性員工。外頭有數千名被解散的伊拉克軍人在排隊，等著領完薪水後，再回到他們的營區。這種支薪方式是由我的陸軍民事軍官設想，我是同意的。這些人目前既沒有錢也沒有工作，而我絕對不想讓他們再拿起武器反抗我們。派特隨著我視察動線。

「隨你挑，長官。」派特告訴我，「憲兵、工兵、步兵，甚至是一個特種部隊連——只要你講得出來，我就可以在三天內讓它完成部署準備。這裡的每一位士兵都想要重返崗位。」

但最後事與願違，布雷默在沒有和我們這些野戰部隊指揮官商量之前，解散了伊拉克陸軍，並禁止大多數復興黨黨員擔任公職。當初在海珊治下，技術官僚必須藉由入黨來保住自己的飯碗，我們當時是可以排除掉那些魚肉百姓或死忠派的復興黨分子，而不至於破壞管理體制、公共服務與安全。將伊拉克陸軍解編而非去政治化，導致境內最有能力的一群人，最終和我們陷入敵對的局面。

舉一個當時混亂的例子，我們原本在逐步建立區域性選舉的程序。但臨時政府卻反對我們的建議，要我盡力促成立刻選舉。放下我們的擔憂，公開與部族和當地領袖會面，敦促他們盡快辦理選舉。然後臨時政府又突然轉向，讓我們只好提頭到處去解釋，為什麼如今又要延後辦理原先我們高度推崇的選舉。

依照中央司令部的計畫，陸軍要留在伊拉克，海軍陸戰隊則該離開。因此我們的陣地，後來都移交給波蘭、西班牙與烏克蘭的部隊。

在那個漫長且炎熱的夏季末，我率領全師返國。我們趕走了海珊，並爭取時間讓新的體制得以成形。英國戰略學家李德哈特（B. H. Liddell Hart）曾經寫過，「戰爭的目標在於營造更好的和平狀態」（註三），但我離開伊拉克時，並沒有自信我們已經做到了這點。

第八章　舉棋不定

二〇〇三年秋天，第一陸戰師回到了潘道頓營。船艦經由海運將我們的裝備運回加州的港口。我當時以為伊拉克戰事已經結束，陸戰隊應該回歸傳統的角色——一支完成戰備的海上武力。我將注意力放在更新那些被操得很兇的裝備上，並讓訓練的時程變得更為緊湊。我的目標想定是北韓，我總是選擇最難啃的威脅來做訓練官兵。

當時的伊拉克，群眾抗議事件開始爆發。起先是在遜尼派掌控的區域，對方以打帶跑戰術對抗聯軍。從巴格達到巴斯拉，暴力事件也開始在什葉派控制的區域萌發。

兩個月之後的十一月，我當時正在著裝，準備參加陸戰隊隊慶宴會。國防部卻在電視記者會上宣布，要派陸戰隊重返伊拉克。沒有多久，我們收到了正式的備戰命令：準備接替駐守安巴省（Anbar Province）的陸軍八十二空降師，那裡是被我們稱為「遜尼派三角」（Sunni Triangle）的關鍵地帶。

我立刻給約翰・凱利打了通電話，說：「到那裡去，然後弄清楚我們即將面對的是什麼狀況。」

我是看了報紙才了解小布希總統所期望的最終成果，被稱為「自由議程」（Freedom Agenda）。

「美國將會站在那些倡議普世價值的勇敢男女的身邊，」總統當時這樣說：「這其中也包括了伊斯蘭世界。那是由於我們有一個比消除威脅和限制仇恨更遠大的目標。在反恐戰爭之外，我們尋求一個正義與和平的世界。」（註一）

現在要回到伊拉克，我再度沒有接獲任何特定的政策性指導。我知道我們必須為群眾提供安全的環境，像這類「發生在人民之間的戰爭」，我們獲勝的目標在於伊拉克百姓，而不

是該國首都。這代表我們必須訓練伊拉克部隊來接手安全事務。

我很確定另一件事。在我們接管的幾天之內，那些宗教領袖、長老以及各類地方人士，都會希望我的陸戰隊員處理民生事務。因此我想要了解，聯盟臨時管理當局是否有一個協助復原的經濟計畫。我們是該重新啟動國營企業，還是要從自由經濟開始？我們應該集中在大規模的計畫上，還是提供微型貸款？選舉將會很快展開，還是我們應該支持傳統的部族領袖？

美軍忠於文人政府，就好比我出身的西部，牛仔是忠於牧場主人一樣。如果一位民選領袖要我去對付偷牛賊，我就會那樣做。假使他叫我把野馬圍起來，我也會照辦。就算萬一他告訴我，我的工作是要協助一位新移民把他的玉米田犁好，那我就會跳下馬背，把槍套掛在馬鞍邊，然後開始操作耕耘機。但一如以往，上級的指引並沒有馬上到來，我沿著指揮體系要求明確的命令，大抵上都沒有得到什麼回應。

這時約翰·凱利也從安巴省完成視察回來。該地有超過一百萬遜尼教派信眾居住（註二），劃分為十多個主要與更多個分支聚落。多數人都居住在連綿的市區與農業社區當中，從巴格達沿著幼發拉底河，一直朝西北延伸達兩百英里，直到敘利亞邊界為止。約翰告訴我，關於安巴省的狀況，其實有不同的意見。

「在巴格達的軍部認為，」凱利說：「我們在對付的是強盜，以及一些心懷不滿的前伊拉克軍人，但八十二空降師告訴我，那些其實是經過協調的攻擊，尤其在法魯加（Fallujah）。」

這令我覺得事有蹊蹺，依照我們新任的中央司令部司令約翰．阿比薩德將軍（John Abizaid）幾個月前的說法，認為我們是遇上了一場「典型的游擊作戰」（註三）。很顯然復興黨已經不像過去一年僅能造成些微的影響，在實力上有所增長了。

「我已經和所有的情報來源確認過，」如今升任本師參謀長的鄧福德也做了補充，「遜尼派原本是掌權者，但我們讓人數較多的什葉派主導。因此遜尼派的撒拉菲主義者，開始在全省宣揚聖戰，每個月還有一百五十名恐怖分子會從敘利亞越界進來。」

「因此你們兩人認為，」我詢問他們，「我們面臨的是一場因宗教而惡化的叛亂行動，其幕後還受到那些因為美軍入侵而失勢的遜尼派支持？」

「局面已經是如此，」凱利回答道：「八十二空降師都知道他們正面臨一場游擊戰。但在巴格達的某些人依舊拒絕承認。」

凱利也找出扭轉局面的關鍵，我們必須說服遜尼各部族該接受新的現實，團結成另一股勢力，以期能在政治上和佔多數的什葉派競爭。因宗派糾紛而四分五裂的中東地區，我們的情報官兵都明確指出，擺平宿怨是當務之急。然而，約翰認為，可以將遜尼派拉到我們這一邊。於是我們展開工作，想辦法達成這項目標。

核心的問題在於，如何獵殺或追捕那些激進分子，並說服群眾起身對抗那些叛亂的群體。如果我們需要「新的想法」來幫助我們擬訂計畫，早期的經典裡就充滿了答案。我提醒部屬，亞歷山大可不會因我們當前面對的敵人而感到困惑。早在西元前三百三十年，他先是征服了這個國家，並在制定公平的法律之後依序施行（註四），顯然這是個值得考慮的良好典範。

凱利將視察結果轉換成計畫，說服各部族提供人力並交由陸戰隊來訓練。然後雙方一同執行巡邏，進而將保護自己與對抗共同敵人的責任與能力，逐漸交還給當地民眾。

我的目的，在於減少遜尼派極端分子得到支援的同時，建立起足以取代我們的地方武力。我們將堅定不移地堅持下去，並比敵人製造的混亂還要更長久的時間。

我獨自一人坐在潘道頓營的辦公室裡，沉思著過去二十多年來，在這些沒有民主傳統價值地區的部署任務。我清楚在轉型為什葉派主導的「民主」過程中，將不會是平和的。我必須讓陸戰隊官兵了解所面對的兩難：我們既需要減少整體暴力事件的循環，又必須在遭遇敵人時主導整個局勢。我們一定要兼具「克制」和「致命」兩項特質。

——

在朝巴格達進軍時，我再三強調的是「速度」與「騎士精神」。現在我必須說服同一批陸戰隊員要將步調放緩，和當地人合作，以及多費思量。在你動食指扣扳機之前先經過大腦。如同以往，我寫了封一頁長的信，將我的意圖向官兵們說明。

任何組織當中的首長，必須能夠察覺環境的改變，因此我相對地改變了自己的原則。在我的信中，我強調這場戰爭將會很漫長，所以我們不能因為時間漫長就開始懈怠。我借鏡過去，傳達我的重點。西元前三百年，醫學之父希波克拉底（Hippocrates），寫下了給所有醫師的誓詞（註五）：「第一，別造成傷害」（First, do no harm）這句話符合我們的作法。我們可以紀律、嚴格和關懷的態度來發揮自身的專業。最後，我強調我們的傳統：「陸戰隊不會失敗。」

我去視察所屬的每一個營時，都會一再強調同樣的原則。「舉止要像你在國內一樣有禮貌。講話時脫下太陽眼鏡。進入屋內前先徵求許可。不要把門踹倒。如果有人在擁擠的街上朝你開槍，不要還擊，日後再去追捕消滅他。」

利用潘道頓營附近一座廢棄的空軍基地，我很快建立了「部署前訓練」課程，其中包括基礎的阿拉伯語課程、關於綏靖作戰的更新版閱讀清單、來自越戰時聯合行動排（Combined Action Platoon）退役陸戰隊員運用的手法，以及由洛杉磯警方分享，關於在社區甚至貧民窟採用的執法技巧。

由於了解到這將會是一場苦戰，我也寫了一封信給官兵眷屬（參見附錄D），向他們保證，只要團結一心，我們就能克服任何挑戰，並將勇氣與決心分享給彼此。接著我就開始準備並發布我的指揮官企圖，如下。

指揮官企圖：我的目標在於和伊拉克人尋求共同理念，並在伊拉克軍方能夠補足兵員、取得裝備並完成訓練前維持安全，以便於讓民治政府能夠復職。

第一陸戰師（加強）艦隊陸戰隊

師長

潘道頓營，加利福尼亞 92055-5380

二〇〇四年二月

致全師官兵：

我們將要重返惡戰當中，並接替八十二空降師那些優秀的士官兵。他們在遜尼派三角得來不易的勝利，給我們帶來了進一步發揮的機會。從去年開始，八十二空降師已經深入敵軍反抗運動的核心，因此由我們來接替他們是正確的。在有困難的事要完成時，陸戰隊員不會去選擇輕鬆的事做，而是去做困難的事。因此在這場戰爭當中，這是適合陸戰隊的位置，它讓我們得以像「挺胸王」．普勒（Chesty Puller）早年就已熟悉、同樣複雜的環境中，延續他在香蕉戰爭（Banana Wars）裡的光榮傳統。和陸軍的同袍、聯軍甚至茁壯中的伊拉克安全部隊合作，我們將以精準火力摧毀敵人，並減少導致我們和伊拉克人民形成敵對關係的元素。

這次的任務將會是艱鉅且危險，這需要我們的耐心與持續存在。藉由我們每個人的主動性、勇氣、倫理判斷與戰技，將能把八十二空降師的勝利發揚光大。在國家仰賴著我們的同時，敵人也正在觀察並算計著，希望美國沒有能夠忍受不適甚至危險的強悍戰士。你們，我所指揮最精銳的子弟兵，不僅將會證明敵人是大錯特錯，更會展現如以往般不屈的精神，讓敵人始終畏懼美國的海軍陸戰隊。

敵人將會試著操弄你們去憎恨所有的伊拉克人，絕不能讓對方得逞。我們將會以強韌的紀律、堅定的信念、持續的警覺和永續的騎士精神，對待良民並完成任務。記住，在我們的共識「沒有更好的盟友，沒有更危險的敵人」之前，我已經補上了「第一，別造成傷害」。當我們要從伊拉克百姓那裡得到敵人的情報時，要無愧於你的榮譽。利用那些情報，並和剛成立不久的伊拉克安全部隊攜手合作。我們將能夠以精確的行動對抗敵人，並在不傷及無辜的情況下將其擊潰。

這是我們的試煉——就如同瓜達康納爾、長津湖和順化，抱著愉快的心情去戰鬥，並對同袍和部隊保持信心。我們必須認清敵人的本質以及面臨的危險。保持警覺、從容應對、保持堅強，並將你的勇氣分享給其他人甚至全世界。我帶領的年輕水兵與陸戰隊員，你們正在寫下歷史，因此要把它寫好。

永遠忠誠，

J．N．馬提斯

美國海軍陸戰隊少將

COMMANDING GENERAL
1ST MARINE DIVISION (REIN), FMF
CAMP PENDLETON, CALIFORNIA 92055-5380

February 2004

Letter to All Hands,

We are going back in to the brawl. We will be relieving the magnificent soldiers fighting under the 82nd Airborne Division, whose hard won successes in the Sunni Triangle have opened opportunities for us to exploit. For the last year, the 82nd Airborne has been operating against the heart of the enemy's resistance. It's appropriate that we relieve them: When it's time to move a piano, Marines don't pick up the piano bench - we move the piano. So this is the right place for Marines in this fight, where we can carry on the legacy of Chesty Puller in the Banana Wars in the same sort of complex environment that he knew in his early years. Shoulder to shoulder with our comrades in the Army, Coalition Forces and maturing Iraqi Security Forces, we are going to destroy the enemy with precise firepower while diminishing the conditions that create adversarial relationships between us and the Iraqi people.

This is going to be hard, dangerous work. It is going to require patient, persistent presence. Using our individual initiative, courage, moral judgment and battle skills, we will build on the 82nd Airborne's victories. Our country is counting on us even as our enemies watch and calculate, hoping that America does not have warriors strong enough to withstand discomfort and danger. You, my fine young men, are going to prove the enemy wrong - dead wrong. You will demonstrate the same uncompromising spirit that has always caused the enemy to fear America's Marines.

The enemy will try to manipulate you into hating all Iraqis. Do not allow the enemy that victory. With strong discipline, solid faith, unwavering alertness, and undiminished chivalry to the innocent, we will carry out this mission. Remember, I have added, "First, do no harm" to our passwords of "No Better Friend, No Worse Enemy." Keep your honor clean as we gain information about the enemy from the Iraqi people. Then, armed with that information and working in conjunction with fledgling Iraqi Security Forces, we will move precisely against the enemy elements and crush them without harming the innocent.

This is our test - our Guadalcanal, our Chosin Reservoir, our Hue City. Fight with a happy heart and keep faith in your comrades and your unit. We must be under no illusions about the nature of the enemy and the dangers that lie ahead. Stay alert, take it all in stride, remain sturdy, and share your courage with each other and the world. You are going to write history, my fine young sailors and Marines, so write it well.

Semper Fidelis,

J.N. MATTIS
Major General, U. S. Marines

為了進一步擴展八十二空降師在該省的勝利，並在我們的責任區內，向伊拉克全境豎立起穩定態勢的典範，我們將會快速採取行動，降低民心喪志，減少那些導致其支持反聯軍勢力的條件。為鼓舞那些反對前政權勢力的伊拉克地方，我們以其為榜樣，引導民眾反對敵人。同時我們將會以阻絕、剷除其藏身處，以及和伊拉克民眾建立互信，取得足以行動的情報的方式，擊潰反對勢力。這兩條作戰路線——減少反聯軍勢力的起因，以及摧毀反對武力，將會在我們的責任區內，有助於促成那些轉型為自由伊拉克的政治、行政與社會條件。藉由全面的情報取得來支援行動，我們將不會傷害無辜的伊拉克百姓，仰賴那些不為敵人行動所影響的陸戰隊員，來發揮集中且具有針對性的武力。

藉助我們的存在、繼續努力並保持耐心，我們將能夠達成讓伊拉克民治政府恢復功能，並以該國安全部隊取代陸戰隊安全單位的最終目標。

安巴省

我從英軍在馬來西亞，以及我軍在越南的經驗裡得知，要在綏靖作戰中成功，約需要達當地總人口數百分之五的兵力。但在安巴省，我們的比例大概接近百分之二點五。

如同中情局與軍事情報官向我做的簡報，顯然法魯加與拉馬迪（Ramadi）這兩座人口稠密，彼此距離達三十英里的城市，是伊拉克境內最為動亂的地區。因此我將師部設置在該省首府——拉馬迪的外圍。陸戰隊遠征軍總部接近法魯加，是境內敵意最為高漲的城市。

當阿比薩德將軍抵達要和教長談話時，叛亂分子們攻擊了會場，試圖殺死司令。

在法魯加，我們和八十二師交接前一個月，伊拉克蓋達組織（Al Qaeda in Iraq，ＡＱＩ）襲擊了該城監獄，殺害了二十三名員警。由於這起謀殺事件尚未解決，導致教長的權力逐漸流失。ＡＱＩ最惡名昭彰的頭目札卡維（Abu Musab al-Zarqawi）——是個酷愛殺戮的狡猾惡棍——就藏匿在城裡。札卡維派出自殺炸彈客，襲擊西方人、什葉派，甚至還有那些被他認為背棄教義的遜尼派人士。連藏匿在巴基斯坦的蓋達組織領袖，都曾要求他限制肆意殺戮的行為。

阿布杜拉・艾・加納比（Abdullah al-Janabi）不僅是法魯加最高階的教長，還是個狡詐且情緒化的狂熱分子，在背後支持札卡維。跟隨加納比的腳步，數百名教長開始以日漸惡毒的話語，傳播反美情緒。這些教長與城市的長老當中，你很難分辨誰是為了保命而閉口不言，誰又是真正的狂熱分子。

當我和小型的幹部團隊於二〇〇四年一月下旬抵達，並準備為下個月陸續前來的部隊展開協調時，法魯加市內的攻擊事件變得越來越頻繁。一名在現場的美國陸軍營長，布萊恩・德林威尼中校（Brian Drinkwine），以自己在該處半年的經驗提出警告，說我的陸戰隊員將會血濺五步（註六）。我能感覺到，避免全面開戰的機會正在迅速消失，通往敘利亞的公路和走私路線，對外籍戰士全面開放著，再加上當地幾乎沒有可靠的伊拉克部隊，我們仍在拓展線民的情報網，因此恐怖分子可以在集結攻擊之後，再退回分散在市內的安全屋。很少民眾膽敢提供情報，即使他們想這麼做，也無法分辨哪個伊拉克官員可以信任、不會出賣他們。而美國人當時也尚未表明將會持續駐守當地。

二〇〇四年三月底，八十二空降師的一個營，正式將美軍的管轄權移交給我的一個陸戰營。在市政府舉行的低調典禮上，多名叛亂分子伺機逼近，並以大量的 RPG 火箭彈與迫砲攻擊，試圖殺死他們自己的市議員。

本師接管安巴省還不到一星期，我在進入沙克拉維亞（Saqlawiyah）——法魯加附近的小村莊時，當地教長勉強接受我們提議，只要驅逐一群叛亂分子，就可以換取電力的條件。若雙方達成協議，我會把發電機提供給他們。我在無線電上聽到，凱利和他的小組才在幾英里外和敵軍交戰，目前正載著傷者返回基地。作戰中心同時也報告，在西北方兩百英里外、敘利亞的邊界上，一個陸戰連正與敵方激戰。另外，在拉馬迪指揮著陸軍陸戰隊混編旅的巴克．康諾上校（Buck Connor），也透過無線電要求我經過時，去和他談談眼前正在發生的一場大戰。這些都只是在這個廣達五萬平方英里戰區內的「例行性」報告而已。

還有另一件向我報告的事情，就是有四名軍事承包商員工[1]，在沒有和陸戰隊聯繫的情況下開車進入法魯加。我時常因這類事件感到沮喪，這些人並不明白此舉的危險性。這時鄧福德聯繫上我。

「CNN正在報導，那些承包商員工的焦屍被掛在橋梁上，」他說：「全世界都看到

1 編註：他們都是受雇於黑水安全顧問公司（Blackwater Security Consulting）的員工。

了這一幕。」

當我在一個小時後走進作戰中心時，看到了一群愉悅的暴民，聚集在懸掛橋上的焦屍下方跳舞的畫面。我對敵人很了解，看到這種野蠻行徑並不感到意外。我當下即在思考，要如何將這些遺體帶回來，並宰掉那些該為此負責的人。在法魯加當地彼此間競爭的部族當中，可能有可以幫得上忙的人士。

凱利、鄧福德和我在辦公室裡評估著狀況。這起私刑已經在伊拉克全境的電視上播放，如果我們全軍衝入，許多無辜者將會死亡，並讓整個法魯加團結起來支持兇手。

「我們對法魯加最好的期望，」喬說：「就是不再失去民心。不要讓我們的作為，引發情緒性的聖戰暴動，或是讓法魯加淪為叛亂者滋生的基地。」

我不想進一步挑釁一群已經被鼓動的民眾，如果我們開著戰車直入市區，激動的青少年將會投擲石塊以及汽油彈。如果再有一發戰車砲誤擊，將會引發慘重的後果。我們三人花不到十五分鐘，就決定要採取一個低調、分為三步驟進行的行動。

首先，我們要避免引起進一步的騷動。經由與特定教長的合作，在群眾散去之後，圖蘭會安排將遺骸領回。第二步，我們必須維持穩定的作為。在全安巴省，我們的各級指揮官仍會持續進行安全巡邏。最後，我們將以針對性武力來伸張正義。我們將會利用那些謀殺者與屍體的合影，以及空中偵察的照片，找出主使者的身分和定位。隨後依照我們選擇的時刻，發起相應的突擊行動。我的作法，依照拿破崙的描述，是「一隻戴著天鵝絨手套的鐵拳」。

對死者遺體的褻瀆，冒犯了人們的尊嚴。荷馬描寫特洛伊之戰時，提到阿基里斯將赫克特的遺體拖行在馬車後方的作為，就是無視於其戰士的盛名而加以譴責。荷馬教導了我們，只有當強大的國家與軍隊能顧及最弱者的尊嚴時，文明才算是真正的進步。在法魯加，如同從喬治·華盛頓初次指揮大陸軍（Continental Army）的時刻開始，我們的軍事力量將會依據道德力量的引導展開。只有在根據我們的道德判斷，獵殺那些維背了人性的對手時，才能讓我展現出「沒有更好的盟友，沒有更危險的敵人。」

身為現場地面部隊指揮官，我清楚應該做什麼，以及如何去完成它。而指揮我的那些將領們，也同意我的計畫。

但我們卻都被上級駁回了。我當時不知道，布雷默大使在與白宮的視訊會議中，力陳必須採取強烈的軍事行動（註七）。同時與會的桑切斯將軍，描述小布希總統當時憤怒地說了像「我們必須比強悍更強悍」（註八）這類的話。事後國防部長倫斯斐解釋，他當時認為美國必

須要「傳遞一項訊息，任何人參與恐怖活動，都將會面對美國的軍事力量。」（註九）

在城市內交戰，將會對非戰鬥人員造成可怕的傷害。我研究過一九六八年陸戰隊在越南順化的戰役，不想走上這條老路。此外，全力進攻會讓民眾團結起來對抗我們。二戰時，德國的城市蒙受了重大的傷亡，我們轟炸得越頻繁，德國人就變得更團結。這一點也是我和其他上級長官提出的主要反對原因，但此舉並沒有效果。媒體大幅刊載暴民在懸吊著的遺體前跳舞、令人髮指的照片，我們的視野就在交錯的激烈情緒當中被蓋過去了。

康威將軍意興闌珊地交代我必須以全力攻擊。我將要攻入一座十二平方英里，有數百座水泥民房的城市。其中除了三十萬對我們日漸不滿的居民以外（註十），還有一批分散其間的武裝敵人。

大國不能動怒，只有為了達成特定戰略效果時才會採取軍事行動。這次事件，我們都深陷於極其劇烈的政治動員之中，卻試圖將法魯加的問題當成傳統作戰來解決。我認為還有更有效且可行的作法。

但我接獲的命令卻是：「攻擊」。

我明確提出反對意見。雖然有些人可能會認為，一位高階軍官在這樣的情況下，應辭去職務。但問題在於，我的部屬可沒有辦法辭職然後回家。無論你在不在他們身旁，這些人都將會執行那項指定的命令。

除了忠於你的部屬、你的上級以外，最重要的是忠於你「服從文人政府命令」的誓言。即使你有一百個理由無法同意他們的看法。

「好吧，就這樣吧，」我對手下那些指揮官們說。

通常指揮官會收到一份詳細的命令。但這一次，攻擊的命令卻是以口頭下達。我們必須攻擊，將恐怖分子趕出去，然後控制法魯加。我們以引導數十萬名不情願合作的民眾脫離危險為開頭，重複廣播警告，要求所有民眾離開市區。就在高達二十五萬名百姓離開之際，那些能自由行動的叛亂分子卻選擇進入法魯加。

我向上級提出了一項強烈的聲明：「一旦我們開始攻擊後，不要阻攔我們」。在市區內，我們將會投入一場全面的惡戰。當戰鬥結束後，法魯加和周圍主要的高速公路都將開放，恐怖分子則會被消滅殆盡。

再一次，我必須重新指引麾下即將攻入的陸戰隊員。我將以往「捕獲或獵殺」的要求，改為「獵殺或捕獲」那些抵抗你的人，我刻意將「獵殺」一詞放在「捕獲」之前，是為了讓官兵都清楚，這是一場將會面對具有主場優勢敵軍的限制空間作戰（close-quarters combat，CQB）。

手上的情報極其有限，我們估計敵軍的數量約為六百至兩千名立場堅定的戰鬥人員，並有一千名不滿的當地民眾增援，另外還有大約二十名重要的領袖級人物。

我沒有預備隊，只能從其他城市甚至邊界哨所抽調兵力，僅留下小規模的分隊。馬丁・鄧普西少將（Marty Dempsey）原本要輪調回德國的第一裝甲師在半途喊卡，他的單位回到伊拉克之後，將能減輕我在南部地區的壓力。很幸運，我能將攻擊的指揮權交給約翰・圖蘭上校負責。他是可以在最壞情況下依舊保持冷靜，並以俏皮的反諷回應逆境的那種人。

「你開頭時僅會以兩個營的兵力發起突擊，」我說。

這意味著他只能以兩千人開戰，並要在不知道敵方藏身處的情況下，從數萬棟水泥建築當中剷除恐怖分子。

「反正我們也不想做得太過頭，長官。」他這樣回答我。

奪取法魯加是約翰的戰場，我要將精神集中協調一萬四千名陸軍與陸戰隊的行動，同時還要和數十位部落長老會面，執行聯盟臨時管理當局的政治與發展計畫。至於我對法魯加戰役的責任，就是密切注意任務行動，但不要干預約翰的作戰。

——

約翰在四月四日發起攻擊，從北邊與南邊各派出一個營，目的是要讓叛亂分子應對失據並感到困惑。此外，從不同的方向攻擊，也可以評估對手的戰術，然後再採取快速行動，全面壓制對方。在第一次的刺探作戰之後，我希望能讓敵軍相信，他們再也不應該在近戰環境下跟美軍陸戰隊交手。

當天早上，葛瑞格．歐森中校（Greg Olson）率領著他的營從北部進入法魯加外圍。他驚訝看到有十多名男性，其中多數沒有武裝，正推著一輛曳引車跨越大馬路，企圖阻止陸戰隊的推進，還有其他叛亂分子從側翼開火。對歐森而言，這樣的作為毫無意義，陸戰隊很快就可以解決掉那些敵人。

法魯加戰役儼然開啟。

整天下來，戰鬥不斷在街頭拉鋸著。相隔每幾小時，就會有一整群約五到十人的年輕叛亂分子向前跑來，急於逼近陸戰隊員，最後卻悉數慘死。到了日落時分，野狗開始在夜間嚎叫，成群的叛亂分子又開始化整為零前進，刺探著陸戰隊的防線。那些原本在清真寺召集信徒祈禱的宣禮師，開始號召剩餘的民眾上街，支援那些「勇敢的烈士」。

與此同時，吉勒斯・凱瑟中校（Giles Kyser）指揮的第二個營從南方進攻。每個班按部就班向前推進，從建築物樓頂，連長確保手下各排甚至各班都能齊頭並進，且相互支援。陸戰隊官兵在成排破舊的修理店、成堆的廢棄管線與廢車之間選擇推進的路線。親自去視察這些官兵時，我的雙腳總是踩在玻璃藥瓶的碎片上。

攻擊行動第四天，我有多一個營的兵力可以交給約翰。他和我一起到其中一個距離前線僅有一個街口的營作戰中心，感受到部隊高昂的戰鬥意志。奪取了屋頂後，我方佔據了制高點。接著陸戰隊狙擊手，跟那些聞風而至的每一個海豹部隊狙擊手協同之下，把街頭變成了超過七百碼的殺戮戰場。敵軍被我們往後趕，從一個街口退到另一個街口，一條街道退到另一條街道。

——

法魯加很快成了火藥桶裡的一顆火花，它讓伊拉克全境都爆發了更激烈的戰鬥。師部附近的拉馬迪也爆發了戰鬥。

某一次在拉馬迪，我從一個正與街尾叛亂分子爆發激戰的班後方趕去。笨笨的我問說：「嗨，弟兄們，狀況如何？」，班長放下了步槍，然後笑著回答。

「我們正在讓那些基本教義派日子難過啊，長官。」

我聽了大笑，當你手下的每個班都有很強的向心力與火力優勢，且官兵還能保有幽默感時，你就知道這場戰鬥是穩妥的。

每一天，我在拉馬迪與法魯加之間驅車往返，還經常搭直升機在我負責指揮的廣大區域內飛行數百英里。法魯加的戰鬥趨於白熱化，市內的太平間已經沒有空位，叛亂分子的遺體成堆倒在街口。圖蘭和我很清楚這些人的作風，他們並沒有正式的、有階級性的軍事架構，也缺乏指揮官和副指揮官。比較像是在清真寺、鄰里周遭和當地頭目組織起來的幫派。不過，他們對大街小巷瞭若指掌，因此能施展打帶跑作戰，但算不上是互相支援甚至協調的作戰。他們可以傷害我們，但無法抵擋陸戰隊的進攻。

開戰後的第二個星期，我調來了第四個營增援圖蘭在南方的攻勢。雖然有官兵陣亡，但約翰已經包夾了叛亂分子，節節壓迫對方。情報單位已經發現了那些陷入絕境的叛亂分子領袖，他們正坐困愁城，對彈藥補給的需求也越來越強烈。

我當時有相當的信心，認為戰鬥會在幾天內結束。之前在托拉波拉追擊賓拉登的教訓，讓我學到必要時可以頻繁回報，協助上頭長官們掌握狀況。我的目標是讓當地迅速恢復平靜，清理瓦礫、重新建立廢水處理、增加供電，並盡快讓民眾回復到日常的感覺，甚至還從巴格達雇來垃圾車與推土機。

那些被分配到每一個排的記者，能自由報導他們的見聞，而且報導都正確無誤。然而，在敵方戰線內，有來自半島電視台（Al Jazeera）的記者，以及那些同情恐怖分子的國際媒體在當地聘請的特約記者。這些「特約記者」會離開戰區，開車四十英里前往巴格達，然後在那裡把所謂的「法魯加新聞」，以及相關的影像和照片，發送給全球的新聞媒體。由於大多數的新聞媒體都沒有記者派駐至戰區，因此敵人的宣傳主導了整個輿論方向。

聯軍對這類宣傳並無有效的回應。那些令人痛心的死亡嬰孩照片，以及認定民間損失慘重的武斷假設，甚至導致我們的盟友都發出了強烈的譴責。

藉由一再地重複，讓那些錯誤的指控看來像是真的。雖然攻擊確實對法魯加造成了損害，並引發了民眾的傷亡。但決策者在下令我們進攻的同時，就該預料到會有這樣的後果。即使大多數的非戰鬥人員都已逃離該區，但畢竟不是全部。就算我不斷回報相關進展，但事實卻為敵方的宣傳所蒙蔽。在巴格達、倫敦與華府，這場戰鬥看似引發了無盡的毀滅。連我在現場的上等兵，都比美國政府在華府的發言人更能清楚說明我們避免傷及無辜的戰法。

聯合國駐巴格達代表感到震驚。「你們已經在電視上看到，」他告訴英國倫敦《衛報》的記者，「又一座清真寺被直接命中的畫面。今天的報告顯示，清真寺竟然成為攻擊的發起點與目標，讓我們非常驚訝。」（註十一）我事後才知道，他當時威脅如果我們繼續攻下去，就要讓聯合國人員離開伊拉克。伊拉克臨時管理委員會（Iraqi Governing Council），其中包括了遜尼派與什葉派的政治人物，也堅持要布雷默大使停止軍事行動，否則他們將會請辭（註十二）。「繼續在法魯加的軍事行動，」布雷默在他的回憶錄裡寫道：「將會導致整個政治進程的崩解。」大使請阿比薩德與桑切斯將軍到他的辦公室（註十三），他已經決定要停止攻擊。一陣激烈的討論後，桑切斯將軍聯絡了康威將軍，告訴他在四月九日的中午停止攻擊。布雷默打算在星期五清真寺的儀式結束之前（註十四），在伊拉克的廣播與電視上宣布他的決定。我們在資訊戰方面已經失敗了（註十五）。

一開始，是代表總統的布雷默堅持發起我個人認為是草率無謀的進攻，結果當我的手下正在逐屋戰鬥，且接近勝利之際，他又出面要停止攻擊。我是沒想到會接到暫停的命令。負責決策的高層，曾做過鬆散且與事實不一的評估，認為這一仗可能要打上好幾個星期。我的判斷認為，即將摧毀混亂敵軍的看法，卻沒有被人採納。

阿比薩德將軍親自飛往陸戰隊遠征軍位在法魯加外圍的指揮部來傳達這項命令，我立刻趕往會議現場，想搞清楚這些人為何會做出這項決定。途中，我們遇上了一支陸戰隊巡邏隊正遭到敵軍攻擊，靠著攻擊直升機與地面部隊聯手才摧毀對方。我也因此延誤了時間，不僅很晚才抵達會場，而且在經過走道上那批記者身邊時，更顯得渾身是汗且儀容不整。阿比薩德將軍暫停會議，有禮貌地要求我以師長身分表達意見。

「起初我們奉命攻擊，如今又命令要我們停下，」我說：「如果你打算佔領維也納，那就他媽的佔領維也納。」

我是引述拿破崙對他那位猶豫不決，遲疑著是否該佔領維也納的元帥表達強烈不滿時的話。我期望那些在前線的指揮官能和我坦白以對，我也這樣對待自己的長官。

會場隨即陷入一片寂靜，房間裡的幾十位軍官與士官，不是低頭盯著地面，就是空洞地凝視前方。大家很清楚，現場無論階級高低，沒有人能改變這個政治性的決策，因此也沒有什麼話好說的。我們已經快要取得戰術性的勝利，如今卻在途中被硬生生喊停。

發起攻擊時，我僅強調過一點，就是別要求我停下。你不能要求手下冒著死亡的危險開始攻擊，然後自己舉棋不定、停止攻勢，甚至令敵人有機會再度補給，且重振戰鬥意志。如果雙方再度交戰，敵人將會變得更為強悍，你的部下也會對你的領導失去信心。

——

到四月十日，伊拉克的政客們從巴格達開車前往法魯加，要和叛亂分子談判。結果對方掌摑了一名代表，拉扯了另一名代表的領帶，還毆打了第三人。這些官方代表匆忙趕回首都之後，我希望那個愚蠢的主意能就此打住。我們只同意停火二十四小時。在這個期限即將過去之際，我們並沒有取得任何進展。

我試著思考如何說服決策者接受我「必須採取行動」的觀點。我的政府聯絡官是史都華．瓊斯（Stuart E. "Stu" Jones），是直接受命於布雷默大使。他不僅是位具有敏銳判斷力的外交官，而且在發生狀況時還能像個陸戰隊般冷靜。他也知道叛亂分子是為了爭取時間在耍手段。在二十四小時期限過去後，布雷默竟然還延長它。我知道決策者背後的動機並非惡意，他們甚至想做得更好，但這些人不僅不曉得把握戰術上的機會，也不清楚自己當初下令進攻法魯加在此時所造成的風險。如今他們只能在原地打轉，缺乏指引其維持戰略一致性的方向。

第二天是復活節，我獲准增強我的防線。各營的行動導致了叛亂分子的瓦解。我們的情報人員接收到對方慌亂的通訊，空中偵照也顯示卡車與計程車四處亂竄，卻沒有人統籌防禦的跡象。營長萊恩．麥考伊（Bryan McCoy）立刻掌握到我們有機可趁，便聯繫了作戰中心。「我們正準備繼續進攻，」他說：「我在一個小時內就能拿下海卓（Hidra）清真寺。」

（註十六）

藉由線民和其他情報管道，我們已經確認這座位於市中心的清真寺，就是敵軍的指揮中心。他們正在該處試圖組織起有效的防禦。只要我軍佔領了海卓，有組織的抵抗便會瓦解，恐怖分子如果不想在此送命，就得想辦法脫離被包圍的城市。再一次，上級下達了「不許前進」的命令。

接下來幾週，雙方沿著固定的戰線互相射擊。叛亂分子在確定陸戰隊不會進攻之後，便從鄰近的水泥房內朝他們射擊，導致雙方人馬白天都不敢在開闊地移動。

札卡維一面在指揮手下的恐怖分子，一面製作宣傳影片給半島電視台。我們的情報認為他位在海卓清真寺西邊的卓蘭市集（Jolan Market）。那座清真寺是由加納比教長所控制，至於伊拉克臨時管理委員會因為擔心民意反撲，試圖藉由聯盟臨時管理當局向我們施壓，以免加納比被捕甚至被殺。他的態度等於為其他幾十名教長的命運定調。我們暫停得越久，就越會讓「抵抗美軍」演變成是民眾的義務。

每一天，圖蘭和我都會分別去巡視，看看每一個排的情況。到了四月中，每當一位下士、上尉甚至上校問我：「我們何時要攻擊？」我只能回答：「守住戰線，我們的時機將會到來。」我知道這種停留在原地的政策並非戰略性的，當前的狀況不會一直持續下去。由於相信攻擊行動終究會再啟，因此我們暗地裡強化了鐵絲網工事與土牆，完全截斷了法魯加通往外界的道路。我下定決心不給恐怖分子留退路，法魯加將會是他們的葬身之地。

資深士官的堅毅精神，以及資淺軍官和士官的充沛活力，讓整個隊伍團結在一起，把精神都集中在任務上。

自從復活節奉命暫停後，上級指示我去法魯加東邊約半英里外的中立地點進行談判，並保證給予對方安全保證。在那裡，我見到的是一批變化無常的貨色——來自巴格達的狡猾伊拉克政客、困惑的法魯加官員、自視甚高的伊瑪目以及害怕的教長，但真正的恐怖分子頭目卻從來沒有現身。我從拉馬迪搭乘輕型裝甲車不斷來回。途中，我的衛兵跟其他人一樣遭到了簡易爆炸裝置（ＩＥＤ）與輕兵器的攻擊。有報告說，加納比試圖行刺我，他有這種意圖我並不怪他，因為我也試著要解決掉他。

關於談判，上級沒有下達任何書面參考。到了晚上，我跟上司康威將軍討論隔天我將會提出的各種建議。我們堅持一項原則，陸戰隊必須能自由進出市區。至於民事的部分，臨危不亂的外交官瓊斯給了我很多好建議，但他本人沒有「提案談判內容」的職權。

結果證明談判是無效的。那些代表到來之後，只會交出一些生鏽的無用武器，好像這樣就能證明他們的誠意。接著這些人開始喝茶，侃侃而談幾個小時，宣稱會收繳更多的武器，承諾我們可以進城，接著離去。我們根本被耍了，每天晚上，我都會看一遍越來越長的傷亡名單。圖蘭很想發下豪語說：「到此為止，明天我們就會來收拾你們。」

在其中一次更具爭議的討論中，有位教長竟然想知道我們什麼時候會撤退。

「我沒有這樣的打算，」我說：「我在幼發拉底河附近買了一小塊地，會和你們其中一位的女兒結婚，然後在這裡退休。」

記者會從巴格達過來，因此有時候我說的話會登上新聞。語言其實就是一種武器，在正式場合，我會深思熟慮，但說的話會是直接了當。在重要的事情上說些模擬兩可的話，不會有什麼好處。在美國西部長大的我，不會以委婉的用詞作為掩飾。當談判變得像冗長的日本歌舞伎表演時，我警告了那些對手。

「我懷抱著和平而來，所以沒有帶上火砲。但我由衷懇求，如果你們要我，我會把你們全都宰了。」

那些教長並沒有因為我的警告而採取相應的行動。他們一面和我對話，一面允許自己的子弟被叛亂分子延攬，此舉很不智地毀壞了自己的威信。

每一天，我們的陣地都變得越來越難防守。省首府拉馬迪，開始出現頻繁的交戰，我們必須保護那位被圍在自己辦公室內的省長。那些從科威特出發經過我戰區南端的車隊，更時常遭到伏擊，導致巴格達市區內的補給開始出現短缺。我聽到有人討論打算準備要從被稱為「綠區」（Green Zone）的外交區撤離。

每一晚我與康威的對話都壓抑著內心的沮喪，把專注力放在因應當前的情況。我們的選擇不多，我必須調動那些甚少與敵軍交戰的部隊，重新部署到最危險的區域。不得不承認，那些因為部隊離開而不再受到保護的伊拉克民眾，他們面對的危險卻日益增加。每當有美國國會議員、華府官員，或是其他來自美國和巴格達的參訪人員，禮貌性拜會或要求做簡報時，我都提出相同觀點：「我既不能單靠『防衛』獲勝，也無法在原地停留而展現實力。因此，放手讓我的陸戰隊官兵去快速解決法魯加，然後我才能將這些人重新分派至整個戰區。」

在巴格達和我一樣感到沮喪的軍事幕僚，面對毫無進展的談判，認為很快將會允許我們繼續進攻。高司參謀私下要我做好準備，說限制很快會解除。四月二十三日，我再次告知圖蘭要準備好再次攻擊。隔天，他召集負責進攻的各營營長前往距離法魯加城外一英里的作戰中心簡報室。他的突擊計畫直接了當，各營將分別從北、南、東方向進攻，把敵軍趕往幼發拉底河。那裡將有一個陸軍營等著敵人。利用典型的鐵砧戰術，粉碎伊斯蘭武力。除了在實體上消滅他們，也要摧毀其在心理上的影響力，別無他法了。

但後來政策再度出現混亂，我必須要在簡報之中把約翰叫出來，並告訴他這個壞消息。桑切斯將軍沒多久前也聯繫上康威，告訴他我們將不會恢復攻勢。

「命令已經改變，」（註十七）康威後來對媒體這樣解釋。

「你說命令來自高層，是華府嗎？」《紐約時報》的記者問道。

「我倒不會管這些，」康威說：「部隊差不多就要上車了，但命令就是變了，這樣的狀況並不少見。」

沒有什麼事會比這種在戰區甚至在國家指揮層級的舉棋不定，造成更嚴重的衝擊。我想「頭暈目眩」是恰如其分的形容詞。本師接收到的命令是「不要做哪些事」——不要發起攻擊——但沒有人告訴我們「要做哪些事」。

糟糕的事沒完沒了。接下來幾天，本師有十八名弟兄在持續的城鎮戰中傷亡。康威將軍受夠了，通過中情局，遠征軍跟幾名前伊拉克將領取得聯繫，他們想要陸戰隊撤出，好在市內成立一支伊拉克的「本土衛隊」，稱法魯加旅。在十八天毫無進展的談判之後，康威將軍同意撤出陸戰隊，改由這些前伊拉克將領試著趕走恐怖分子。我認為這是一個不可能達成的期望，我們沒辦法查核那些加入法魯加旅成員的身分。在札卡維與加納比控制當地的情況下，這些加入的人反而可能成為我們的敵人。一旦獲得武器，他們就會在札卡維的控制之下，我唯一能將這些人汰除的方式，就是宰掉他們。

打從一開始，這項別有所圖的安排就很難有好收場。幾天之後，我驅車前往談判現場，圖蘭也在那裡，他正在和蘇萊曼中校（Suleiman）——和我們合作的伊拉克國民兵指揮官說話。出身法魯加，蘇萊曼是一位強悍且公道的人。在他眼中，加納比和伊斯蘭民兵才是真正的威脅。我抵達後不久，一位名叫沙萊（Saleh）的伊拉克「准將」穿著一身做工最好的海珊時代綠色制服突然現身，並此舉完全出乎我意料之外。

蘇萊曼看到沙萊時，他先是緊咬著牙關，隨後更因氣憤而脹紅了臉。約翰急忙帶他進入另一個房間，隨後蘇萊曼激烈抗議，認為自己原本是和我們合作，但如今所謂的法魯加旅，卻會被恐怖分子與沙萊這類海珊時期的將領所控制。「你們被騙了，」他直接告訴約翰。

沙萊要離開時，《洛杉磯時報》的湯尼．裴瑞（Tony Perry）上前問他，是否要接手指揮這個新單位。面帶微笑的沙萊，以破英文回答，自己確實要接掌法魯加旅。湯尼取得了獨家新聞，為了將即將刊出的報導的衝擊壓得最低，我便插嘴說：「我們會敦促法魯加旅的成立」。

接下來的七十二小時，對敵軍日漸大膽的攻擊做出回應，我們對市內多個目標發起了三十餘次打擊。在巴格達，那些原本不同意對法魯加採取軍事行動的伊拉克政客，如今又轉換了立場。聯盟臨時管理當局警告且反對「滿足恐怖分子的要求」，什葉派指控建立所謂的「遜尼派旅」是種背叛。針對這項移交，布雷默強烈反對白宮的主張（註十八）。

偏偏在這個處境艱難的時刻，哥倫比亞廣播公司（CBS）的「六十分鐘」節目，披露了在法魯加東邊二十英里處，阿布賈里布監獄（Abu Ghraib）的虐囚事件。在美籍守衛拍攝的照片中，伊拉克人赤身露體躺在一堆，另一些則是被蒙住雙眼站在圓凳上，電線還連接在他們的手臂上。這類照片不僅讓我們所有人感到反感，更引起了全球性的政治風暴和輿論譴責。再加上無法繼續對法魯加進攻，這起事件對整體聯軍作戰造成了嚴重的傷害。在戰術上強迫我們停止對法魯加的攻勢，加上阿布賈里布監獄惡劣守衛的髮指行為，讓我們失去了道德的制高點。

——

圖蘭遞交了一份直白的備忘錄給我，聲稱法魯加旅根本只是恐怖分子的掩護。「這件事，」他寫道：「根本是在和魔鬼做交易。」我完全同意他的觀點，但為了在政治局勢中表現善意，五月初我要去和那些伊拉克將領會面，並將法魯加的控制權移交給對方。參與談判的人員堅持，只能有少數的陸戰隊隨行。由於懷疑可能會有埋伏，圖蘭派出了一個營的兵力搭乘裝甲車輛在城外待命。

「記住，布萊恩，」我告訴營長：「如果戰鬥開始，你的任務是貫穿敵軍防線將我們撤出來，不是直驅幼發拉底河。我們稍後會回頭完成那項任務。」

雙方會面的那天早上，一名勇敢的中情局人員和兩個伊拉克人——三個人都留著鬍子，且打扮成叛亂分子的模樣——開著一輛不顯眼的車子，沿著我即將經過的路線開進市區，當他們看到幾個人正在放置一枚大炸彈時，便記下了GPS座標。在行駛到幾個街口之外，這些人才以行動電話傳送資料。這一次，我們從遠端引爆了炸彈，並殺死了那些正在安置它的人。

一個小時後，和我隨行的陸戰隊小隊開車到了市中心，並和蘇萊曼緊張的手下在會議地點會合。一位眼鏡蛇攻擊直升機的駕駛，聽到無線電上傳來叛亂分子的目擊報告，說對方藏匿在我行經路線旁的街角。我們正朝伏擊點前進嗎？當然我們沒辦法知道，但至少做足了準備，在必要時可以殺出一條血路。

二十多位伊瑪目和教長聚集在市政廳裡，當中包括了加納比，都僵硬地沿著牆邊坐下。我對著一個日本電視台記者講了一些話（我不知道他們是怎樣來到的），並預祝那名新任命的旅長好運。這位身穿西服的伊拉克將領，雖然身材矮小，但躊躇不已。就在這樣的緊張氛圍下，我在加納比的旁邊坐下。

為取得停火，我指出所有重型武器都要在收繳之後移交給我方，伊拉克政府與聯軍部隊，必須有不受限制、進出該城的權力。法魯加旅負起街道巡邏的責任，公共服務要恢復正常。

已然清楚我方攻勢被強加在我軍身上的政治限制所延誤，神情極為滿意的加納比同意了上述條件。我是帶著「對方根本無意履行任何承諾」的懷疑，離開了現場。

那些知道自己已經在政治上獲得勝利的叛亂分子，並沒有在我們驅車離開的當下發動攻擊。途中我們經過了數十名神情嚴肅，雙手抱胸的男性。有些人高舉手指，做出代表勝利的V字手勢。其他人背對著我們，做出在排便的姿勢。

部隊撤出了深入法魯加、原先靠著弟兄們的犧牲才佔領的陣地。一名滿臉雀斑、滿身邋遢，機槍扛在肩上的陸戰隊官兵，面對記者提問：「在失去弟兄之後，又被下令撤出時，你有什麼感覺？」他面朝攝影機，然後以緩慢的南方腔回答：「沒關係，我們會到別處獵殺這些人，然後宰了他們。」

回憶起那段歷經數週的殘酷城鎮戰，我想起了吉卜林（Rudyard Kipling）[2]的名言：「狼群之力源自孤狼，而孤狼之力來自狼群。」這次進退失據的作戰，我對那些明明有充分理由可以放棄，卻始終保持忠誠的陸戰隊官兵有滿腹難以言喻的驕傲。

撤出法魯加隔天，蓋達組織在網路上釋出了將二十六歲美國人，尼可拉斯·伯格（Nicholas Berg）斬首的殘忍影片。那名身穿黑衣、手持利劍的劊子手，就是戴著頭套的札卡維[註十九]。影片拍攝的地點，正是在卓蘭市集的某處。

無論從歷史或當下情勢而言，我們的攻擊行動儼然在中東製造了區域性的衝擊，札卡維不僅站出來撕裂了伊拉克，更將其變成伊斯蘭恐怖分子的理想國。我們卻掉進漫無政策方向，且違反戰略邏輯的模糊地帶。札卡維和他的恐怖分子不僅殺害了數千人，而且企圖表露無遺。他其中一位副手，據報是早在二〇〇四年二月就已經在法魯加現身的巴格達迪（Abu Bakr al-Baghdadi）[註二十]。十年之後，他一躍而成為伊斯蘭國（ＩＳＩＳ）的領袖。

法魯加旅為高司主管看似無法解決的情況，提供了一條政治性的下台階。但在執行上，無論就政治或軍事而言，都不是一個解決之道，卻反而傳達了一個失敗的信號。法魯加旅這

2 編註：經典小說《叢林奇談》（*The Jungle Book*）的作者。

塊遮羞布，無法掩蓋我們被阻絕的事實，而且其後果將會禍害多年。

我認為，自己讓弟兄們失望了。我既無法預防攻擊於事前，也沒有在已經深入法魯加後，阻止停戰命令的下達。那段時間對我而言是煎熬的。高層的決定，導致弟兄犧牲了性命。只不過現在並非槍口對內的時候。為了那些還跟隨著你的弟兄，必須戰鬥下去。

第九章　作繭自縛

由於巴格達的中央政府，將安巴省的遜尼派視為境內最不合作的對象，因此將該省指定為綏靖作戰裡第二優先的目標。在該區將所有戰鬥力量以最有效的方式投入，也就是軍事術語中所謂的「節約兵力」。當時是二〇〇四年，叛亂活動正逐漸轉變成內戰，這都是因為我們在處理法魯加時犯了錯。

在直升機漫長的夜航中，我看到十多個市鎮不斷有一道道綠色與紅色曳光彈的弧線，以及爆炸所引發的耀眼閃光。那些部族的領袖，無論他們原先是否喜歡陸戰隊，都開始向我抱怨，說年輕人都加入了札卡維的恐怖團體。我直白告訴他們，必須挺身阻止自己所招來的毀滅與破壞。

如今從這些部族領袖的觀點看來，我們是靠不住的。法魯加的戰鬥讓美軍看起來卻步。我們勢必要做長期的努力，才能找到值得信賴的當地夥伴。

五月的最後一個星期，小布希總統在陸軍戰爭學院（Army War College）的演說中，聲稱政策將會改變。從今以後，「法魯加（的安全事務）將會是共同承擔的責任……聯軍指揮官和當地領袖合作，建立一支全伊拉克人的安全部隊。我派美軍去伊拉克，是要解放當地民眾，不是要他們成為美國人。伊拉克人將會寫下自己的歷史，並找出他們的道路。」（註一）

那些基於誤導所做出的評估，似乎不因為我所提出的報告而改變。總統的目標是很理想，卻不合時宜。綜觀伊拉克全境，法魯加絕對是總統最不該引述的錯誤案例。我不知道是誰告訴他當地的安全責任是「共同承擔」的，眼前當地連一個美軍都沒有留下。

札卡維安全待在法魯加這個庇護所裡，擬定了可行的行動計畫。通過鎖定什葉派為目標，他激起了什葉派民兵對遜尼派發起無差別報復。總統設想讓伊拉克人「找出自己的道路」後將能合作共存。現實上，不幸的是，他們必須在一場快速變化的內戰當中，被迫選擇其中一方。

華府急於將政治權力，由布雷默大使轉交給那些既沒有權力共享理念，更沒有民主概念的伊拉克領袖。鄧福德、凱利以及我本人，將我們毫不掩飾的評估傳達給那些來自華府的訪客。但我們深陷在安巴省，距離那些發生在華府或巴格達的政治對話而言，實在過於遙遠。

到六月底，布雷默移交控制權給伊拉克官員之後離開了。他寫了一封信給小布希總統，認為「在總統的勇氣與聯軍的努力之下，伊拉克已經面對一條通往更好未來的坦途。」（註二）但事實上，新產生的伊拉克領導階層，為了競逐權力而處於不斷變換陣營，加上什葉派系間為鞏固權力的運作，某些人甚至尋求伊朗方面的財政與武器援助。安巴省無法從什葉派控制的巴格達政府得到任何援助，這個省偏遠動盪又貧窮，所有問題正處於爆發邊緣。

蓋達組織鎖定多數來自社會底層的失業年輕人。然後利用威脅恐嚇，佔領小鎮與農田。這一點都不奇怪，就像好萊塢西部片，兇悍傢伙帶著槍前來，鎮民不但不反抗，反而很順從。願意獨自對抗持槍惡霸的人，一百人裡大概找不到一個，殺手只要越喪心病狂，民眾越會對威脅逆來順受。

在這裡可沒有堅決的警長，部族之下的叛亂團體欣欣向榮，那些被剝奪了權利、滿腔熱血但又苦悶、無業的年輕人掌管了這些團體。多數人是抱著讓遜尼派恢復主導權的渺茫期待而戰，或是追求朝美軍開槍的刺激，並希望能活著吹噓此事。陸戰隊打死這些人以後，他們的朋友會更為怨恨，一旦形成仇恨，暴力的循環也隨之加速。

研究過英國人在一戰過後佔領伊拉克的歷史，我認為當時發生在我們身上的狀況，大多數都是可以預視的。我還研究了一九五六到一九五七年，法國人在阿爾及爾（Algiers）的戰鬥。法軍僅對特定目標採取行動，在與阿拉伯人維持較好關係的地區，所獲得的成效高於那些他們採取鐵腕政策的地區。因此我恢復了先前的指令，「首先，不要造成傷害」，進而重新制定嚴格的規範。我們這種不請自來的客人必須尋求友誼，而不應招來怨恨。

英軍將領魯伯特．史密斯（Rupert Smith）結束了九〇年代於巴爾幹半島的指揮職務之後，曾寫下他觀察到的現象，「發生在民眾當中的戰爭，最好是以情報戰與資訊戰的方式來進行，而不該採行工業化戰爭當中的運動與消耗手段。」（註三）其實這也是英軍處理北愛爾蘭問題的方式。在那場戰爭當中，敵方其實和他們具有幾乎相同的文化，但我們美軍卻是來自一個多數信仰基督教的國家，如今又置身於伊斯蘭中東國家境內。為了克服文化障礙，雙方必須攜手合作，直到創造出共同的目標為止。我清楚要經過許多年的耐心以及持續進駐，我們才能建立起有效的線民與通譯網路，並讓部族領袖們了解，自身的利益是和我們一致的。

很少源自海珊時期的官員還留在安巴省，拉馬迪省省長之所以能存活到現在，是我們派在身邊的一名全天候貼身隨扈的功勞，甚至在他官邸前院草地上，還部署了一輛戰車。但在蓋達組織綁架他的兒子之後，省長選擇在媒體面前為自己支持聯軍公開道歉。隨後他流著眼淚擁抱獲釋的兒子，收拾好家當，和美軍營長握手道別後，就前往約旦了。

如同三〇年代早期的芝加哥，當地的長老可以很快分辨出誰是當地的幫派與恐怖分子，但他們不會把這類情報跟我的營長們分享。在多次激烈的對話中，我告訴這些長老他們選錯了邊，那些基本教義派最終會殺了他們，並取而代之領導他的部族，甚至把他們的年輕人當成砲灰。由於看到我們從法魯加撤軍，這些擔驚受怕的長老們不敢對我們有所期望，只能極力避免與札卡維手下的恐怖分子為敵。

在二〇〇四年炎熱的夏天，綠扁帽少校亞當·薩奇（Adam Such）與人口不到兩萬、貧困的阿布尼姆族（Albu Nimr）合作，首度展現了各部族決定挺身對抗蓋達組織的希望。亞當不僅培養雙邊關係，還強化了部族領袖的立場，隨後暴力事件開始在這些位於幼發拉底河西岸的村落消聲匿跡。

當時那個小部族的合作確實是個特例，但我，還有圖蘭、鄧福德、凱利、瓊斯以及我的幕僚們，包括中情局人員一起思索這個問題。我們都同意贏得部族的支持，依舊是安巴省綏靖作戰能否成功的關鍵。但我們也看得出來，這會是一條相當漫長的道路。

——

五月下旬的某個午夜，一位作戰中心的軍官把我叫醒，回報一支我們追蹤了數個星期的蓋達小組，已經從敘利亞越界進入伊拉克。我立刻下達攻擊命令，沒多久，F－18戰鬥機和眼鏡蛇攻擊直升機就攻擊了目標，陸戰隊偵搜小隊則截斷了對方的退路。最後一支陸軍綠扁帽部隊以機降方式突擊那個已經被摧毀的營地，搜查文件、護照與電腦。該隊回報敵方有二十六人死亡，並回收了武器與衛星電話。

然而，一家英國報紙卻刊登了一篇極為不同的敘述：「美軍士兵開始一個接著一個射擊我們……，將領們拒絕為這場生還者口中的婚禮大屠殺卻道歉。」（註四）這篇報導意指被殺的都是婦女和小孩，那些人是因為婚宴才會聚在一起。

當記者要我回應時，我說：「自這些人越過敘利亞邊界起，我們就展開了追蹤，他們在一個離最近的城鎮都遠達六十五英里的位置，而且這二十多名役齡男性，他們會剛好去選擇一個沒有女性的營地聚在一起？這最好是婚宴。別這麼天真好嗎？」（註五）

在這件事情上，新聞媒體扮演的是稱職的魔鬼代言人，過程中他們的敘述既不需要正確的報導或精細的寫作。但無論你是將軍或總裁，也不管結果是成是敗，你都必須糾正錯誤的陳述，否則它將會當成事實被接受。在資訊時代，你不能躲在辦公室，然後叫新聞官去面對難題。

我下達的指令是讓記者去他們想去的地方。指派一名士官隨行，是為了避免他們發生諸如走入直升機螺旋槳危險區的意外，但過程要讓他們目睹事實。我不想重蹈六〇年代「五點鐘笨蛋新聞」（five o"clock follies）的覆轍，當時高階軍人總會將在越南的那些過度正面或錯誤描述的資訊，灌輸給日漸懷疑甚至轉而嘲諷的媒體。如果有些事你不願意被人們發現，那你應該重新考慮自己的作為。我們最能影響民眾的報導，應該是源自我們毫不掩飾的實際行動。

「我想寫基層官兵的報導，」《洛杉磯時報》記者湯尼．裴瑞這樣寫道：「我獲准進入馬提斯將軍的作戰中心，為了讓這位陸戰隊將領允許我接觸任何基層人員，保守一些秘密只

能算是微不足道的代價。」（註六）

任憑記者自由接觸部隊的前提在於，指揮官的企圖不僅為基層所奉行，而且也如實地反映在為記者所目睹的任務當中，否則任何言行不一的事情反而會被報導出來。但我很少為此失望過。

那個「婚宴」報導的結果，導致美國軍方的一個調查小組從巴格達趕來我的戰區，確認我或其他人是否要因謀殺罪名被起訴。一名軍方代表律師問了我一長串的問題，其中一項掀起了波瀾。

「將軍，在授權攻擊之前，你花了多長的時間考慮？」

其實這位軍方代表律師從記錄上就知道，從我被叫醒到授權攻擊，只花了不到三十秒。

「大約三十年，」我這樣回答他。

或許我的答案聽起來像是漠不關心甚至輕蔑，但我的重點在於，那項花了三十秒的決策其實是基於三十年的經驗與研究。舉例來說，中途島海戰時史普魯恩斯將軍（Raymond Spruance）考慮了兩分鐘後，就決定派出艦載機去打擊航程極限邊緣的日本艦隊，這兩分鐘時間扭轉了太平洋戰爭的局勢。戰爭的成敗也就是這樣被決定的。

那份調查報告在幾週後公布，調查小組沒有證據可以證明我們攻擊的目標，不是一座為敵人所佔領的沙漠營地，但那個時候已經太遲。起初的錯誤報導已經被認為是事實，而更正這項錯誤並不會被媒體認為具有新聞價值。只能說我們在敘述事實的戰鬥中又輸了一次。就像邱吉爾所說：「在事實準備好公開之前，謊言已經繞了地球大半圈。」在我們這個年代，在事實準備好公開之前，謊言可能已經傳遍全球了。

———

我們撤出法魯加之後，當地成為綁架、炸彈攻擊，甚至斬首事件的發源地。加納比搖身一變，成為了「溫和派」聖戰委員會（Mujahideen Council）的首腦。

當六月我們在法魯加郊區伏擊了一票恐怖分子之後，他出現在電視上，並為那些人的「壯烈犧牲」表達哀悼之意。

「這只會導致，」他宣稱：「我們與敵人更加對立。」（註七）

假使他視我為敵人的話，那就到了我們進入他的巢穴和他對陣的時候。在上次的會議中，他答應如果我們撤出市區，法魯加旅將會沒收所有重型武器，而陸戰隊則可以進入該市。由於他什麼承諾都沒兌現，到了六月份，我便有充分的理由和他對峙。

我打算要他和札卡維劃清界線。如果他不兌現承諾，不可避免地，陸戰隊只好再度攻擊，而恐怖分子將會失敗。加納比和他的家人也會失去一切。我將會告訴他，「立即和我們達成協議」。假使此舉當下引發戰鬥，那就來吧，開打吧。

我答應過不會逮捕他，而他同意和我在叛亂分子控制的法魯加市內對話。圖蘭要求陸軍上士拉希德．卡瓦西米（Rashed Qawasimi）和他的線人確認。由於能說流利的阿拉伯語，「卡西」擔任圖蘭的口譯員和其他相關的工作。卡西聽到的消息令他極度不安，約翰因此確信，這次會議事實上只是為了殺我而設下的陷阱。

「要殺我們家將軍，」約翰開玩笑說：「將會讓恐怖分子獲勝，而這樣對我的軍事生涯是不利的。」

在幾名陸戰隊官兵和一些蘇萊曼指揮的伊拉克國民兵陪同下，我開車直達市政廳。約翰從直升機上觀察我們開會的地點，外加一個營的兵力在城鎮邊緣保持最高警戒。我們會面的地區，據研判也是札卡維所在的位置。我決定只有包括我在內的四個人走進會議室，其他人則依照戰術需要分散在外圍，防止敵方任何的突擊。隨後卡西、兩名陸戰隊員和我走了進去。

「假使雙方開打的話，」我告訴旁人：「我會幹掉加納比，你們持續射擊，掃光你的彈匣，直到援兵趕來為止。」

加納比坐在房間的另一頭，炫耀他在此的影響力，另外還有約四十多位長老沿著牆壁就座，許多人都帶著武器。當我坐在加納比的旁邊時，氣氛相當緊張，我的卡賓槍則自然地擱在腿上，槍口朝著加納比。

加納比和我之間的對話，隨著卡西居中翻譯，很快就變得刀光劍影，他賣力展現出決心，但只是為了在眾人面前裝腔作勢。

「這裡沒有外國人，」加納比扯謊道：「你們轟炸了無辜的民眾，我們只是想要保護自己的家，免得被你們摧毀而已。」

他甚至抗議，指控我的陸戰隊官兵才是給法魯加帶來麻煩的人。

加納比一度問我：「我看起來像恐怖分子嗎？」

我轉過頭，先是帶著微笑，然後仔細端詳他。「事實上你不僅看起來像個恐怖分子，」我說：「讀過你講道的談話，你聽起來也像個恐怖分子。」

接著我把手垂下，將卡賓槍的射擊選擇鈕調至全自動，加納比也聽到了調節選擇鈕的聲音，一旦發生狀況，我將會先宰了他。五月份的時候，加納比已經企圖用IED襲擊我。所以這次來赴會，他不可能沒有做出類似的盤算。

在那漫長的幾秒鐘，我們坐在那裡不發一語，彼此注視著對方。接著加納比擺脫了我的目光，看得出來他很不自在。當卡西轉移視線，警戒地掃視著屋內時，我們都可以聽到載著約翰的直升機，螺旋槳所發出的咈咈聲。無論加納比有什麼打算，他都沒有付諸實現的勇氣。

「無論如何，陸戰隊將會回來法魯加，」我在會議結束時說道。

離開時，我和幾位認識的長老點了點頭。十分鐘之後，我們返回陸戰隊防線內，約翰這才終於鬆了一口氣。

——

我們還不能把任何陸戰隊官兵派入法魯加。約翰經常與蘇萊曼中校會面，後者失望地眼看著激進的聖戰士越來越恣意妄為。相對而言，蘇萊曼除了位階不夠高，也不屬於伊拉克軍正式的指揮體系。但基於職責和個性，他仍在試圖保護自己的城市。他會私底下通知約翰，讓我們知道ＩＥＤ被埋在哪些地方，或是某個區域落入了恐怖分子的控制。他想採取行動，但人力太少，力量不足以改變局面。

然後在八月初乾熱的某一天，蘇萊曼聯絡約翰，說自己的副手被加納比綁架了。蘇萊曼說自己正要開車前往清真寺，好換取部下的釋放。約翰敦促他稍候，等我們接到許可後再和他一起過去，但蘇萊曼婉拒了，他認為必須立刻採取行動。

蘇萊曼到了清真寺之後，加納比派人把他抓住，然後拖進去寺內。當晚那些人毆打蘇萊曼，用燙水淋他，最後他「招認」自己背叛了伊斯蘭教。隨後蘇萊曼被斬首的遺體，竟丟在我們的防線外，他的「自白書」則在市集上散發。氣炸了的約翰想要派出戰車直驅清真寺，抓住加納比。但巴格達的命令，依舊非常堅定：「不。」

每一天，在安巴省的任何一處，陸戰隊的巡邏隊都會擊斃叛亂分子。但同樣，也會有一名陸軍的士兵、海軍的水兵，甚至陸戰隊員會因此斷肢甚至失去性命。這是一場消耗士氣的戰鬥，多數狀況下，我們反而要讓偽裝成民眾的敵人先開第一槍。我每天都會離開防線，每週都要開上數百英里車程去視察每一個班，拜會村落的長老，以及每一個連長。最讓我感到掛心的，是在指揮體系當中，某個幹部未能保持部屬的士氣，或與部屬每天得面對的現實脫節。對我而言，沒有什麼事情比維持部隊的戰鬥意志，以及在戰場上對指揮官抱持信心更為重要。

你騙不了阿兵哥的。我們的年輕人必須要堅定他們的意志，才能毫不生疏地殺敵的同時，避免殃及非戰鬥人員，進而造成心靈上的疙瘩。我需要了解他們心中天使與魔鬼的交戰，因為我們需要那種能做著冷酷且暴力的工作，但在過程中不致墮入邪惡的年輕人，那種能做著嚴酷的事情，卻不至於失去人性的年輕人。

通過訪視以及與基層面對面，我可以藉此察覺基層單位在想什麼，有什麼事會打擊他們的士氣。有什麼事情是我能在心理或實務面上做到，好幫助這些人？

我在職務上的挑戰，是必須將看似矛盾的訊息傳達給我的部下：「保持禮節，保持專業，但也要有計畫能殺掉每個你看見的人。」這些單位通常是由一名二十歲的下士，帶領著一群十九歲的士兵，而且他只能講幾句阿拉伯話。在這個看似原始的環境，他的班必須依照道德行事，而不能對害怕或無辜者施加暴力。

但當某人朝陸戰隊員開槍之後，他便會成為應受攻擊的合法目標，而我想要手下年輕人保持著攻勢心態。一旦遭到射擊之後，他們的任務就是追捕對方，然後把他幹掉。我不希望官兵陷入被動，或是讓先機落入敵手。

「這世上就是有些渾蛋，」我告訴他們：「他們活該被斃掉。有獵人也有所謂的獵物，所以你們別志得意滿，保持紀律，如此你便會成為獵人。我打從心裡為那些不能和你們這些優秀年輕人一起服役的狗娘養的感到惋惜。」

每天早上，我會在四點左右醒來，掃過一輪電子郵件，隨後前往作戰中心，然後穿上我的戰鬥裝備。到了七點，我已經準備好上路。總部外頭，我的通信兵、駕駛和助理已經準備好同行的五輛車。無論他們多疲憊，都已經為當天的任務做好準備。在我們行經大路或泥土小徑的十到十二個小時的車程中，會有人朝我們開槍，或是引爆ＩＥＤ，甚至遇到需要幫助的部隊。當這樣的狀況發生時，我們都會一起採取行動。在伊拉克境內，對於那些營級甚至團級指揮官而言，這是很常有的事。

一天結束下來，我都會告訴自己的小隊，自己學到了什麼，然後詢問他們，有沒有在那些我們探視的哨站得到什麼消息。他們通常都會回報一些我沒有聽到的訊息，我們確保彼此可以互通有無。

與基層保持密切接觸是要付出代價的。那些護衛我的二十九名水兵與陸戰隊員當中，五個月內有兩人陣亡，十五人受傷（某些還不只一次）。五月底，一枚IED奪去了當時三十七歲的哥西・摩利納上士（Jorge Molina）的性命。他為了紀念母親瑪莉亞・鮑提斯塔（Maria Bautista），而把自己的姓名改為摩利納・鮑提斯塔（Molina Bautista）。哥西出生在墨西哥的契瓦瓦（Chihuahua），身後留下他的妻子迪娜（Dina）和三個兒子。他的個性沉穩，偶爾會在我們巡邏後的簡報當中咧嘴大笑。六月，我們又失去了年僅二十一歲的上等兵傑瑞米・李・波曼（Jeremy Lee Bohlman）。每當我們上路時他總是保持警覺，在勤務之餘總是活力充沛，給團隊帶來了很多樂趣。到今天我依然忘記不了他們，想念著那些在漫長危險的征途當中，包括他們在內的許多陣亡官兵。

我每天探訪六個單位，同時評估他們的心理狀態。當我在場時，部隊敢暢所欲言嗎？他們會在聽到俏皮話或不當的發言時相互打鬧嗎？他們在直屬長官面前感到自在嗎？當你聽到一位三等士官長或年輕軍官，能以尋常又不失敬意的態度，和自己的手下鬥嘴，而且展現了彼此的同袍愛時，會令我感到精神為之一振。這樣的現象讓我知道，這些年輕人的心思依舊放在戰事上。

在單位內建立互信與情感，與讓自己受歡迎是兩回事，後者依靠的是搞差別待遇。但前者也不能取代「完成任務」這項最為優先的事項。基於這個理由，我總會嚴詞批評那些說：「長官，我的任務就是讓所有手下都能安全回家」的人，那雖然是一項值得讚許且必要的目標，即便我們已經竭盡所能，要讓年輕的男女官兵在戰場上存活，但主要任務應該是擊潰敵人才對。

夏季快結束時，我指揮第一陸戰師的兩年任期也接近尾聲，很快將會調任新職。我想要完成這場戰鬥，而且一再聲明，我們必須要清除敵軍在法魯加內的安全庇護所。我受夠了猶豫不決，很想派兵包圍卓蘭市集逐戶搜索，直到我們尋獲並獵殺札卡維、加納比，和其他那些在散播動亂的恐怖分子。

而我的上司則一再重申，我們不會派兵進入法魯加。我試圖影響美國決策的努力，終究沒有成功。

我以往從來沒有在離開時留下未完成的工作，但現在我卻要留給部屬去面對一個令人惱火的狀況：我們被動防守，而國內的決策者依舊在限制著必要的戰術行動。我是由越戰世代的陸戰隊官兵所養成，他們灌輸我，要確保讓那些對戰爭有責任的決策者了解戰爭本質的重要性。不要受限於採取那些半途而廢的措施，或是讓敵人有休生養息的機會。我相信自己已經說得夠明白了，但仍然沒有傳達到上級。

二〇〇四年八月底指揮權交接的時候，我必須思考該和官兵們說些什麼。我無法恭喜他們贏得了奮戰之後的勝利，他們的勝利被奪走了。他們真正擁有的是彼此，以及永續的責任感。

我記得那首由法國儲備軍官安德烈．曾赫爾德（André Zirnheld）在一九四二年所寫的詩。當時德軍元帥隆美爾正在橫掃北非，即使深知成功的機率渺茫，曾赫爾德依然自願空降到靠近英軍防守的多布魯克（Tobruk）港口附近、德軍防線後方的地方。雖然最後陣亡了，但曾赫爾德對自己的職責依然維持忠誠，他選擇成為一名戰士，惟此舉並無法改變多布魯克戰役的失敗。這首詩是在他的遺體回收時被發現的。今天，人們稱之為「傘兵的禱告」（The Paratrooper's Prayer）。

這場戰爭正逐漸延長，但不會改變我們軍人的身分，或削弱我們的戰鬥意志。陸戰隊的格言是「永遠忠誠」（Semper Fidelis）——並不是僅在事情如你意的時候才會如此。沒有人強迫我們來到戰場，我們全都是自願參戰的。多虧他們的意志與紀律，我的部屬都保持著信念。我以這首法軍的「傘兵的禱告」（註八），向我這群桀驁不馴，又無所畏懼的陸戰隊官兵道別。

我在祢面前禱告，上主，
只有祢能賜予，那些都是個人無法靠自己求得。
請賜給我，上主，那些祢還剩下的，
賜給我那些沒人曾和祢祈求的。

我不向祢祈求安詳或寧靜，
無論是心靈或身體；
我不向祢祈求財富，

也不祈求成功，甚或健康。

這些事已經有眾人向祢祈求，
祢已不可能還有任何的餘裕，

請賜給我，上主，那些祢還剩下的，
賜給我那些沒有人向祢祈求的事物。

我祈求不安全與紛爭，
而且我祈求祢將這些一次賜給我。

這樣我就可以確定永遠伴隨著它們，
因為我不會永遠有如此的勇氣，
向祢祈求它們。

第十章　為轉型奮戰

二〇〇四年秋季返國時，我第一優先的事務便是訪問陣亡官兵家屬「金星家庭」（Gold Star families）[1]。我知道對他們而言，沒有任何事情能夠緩解失去所愛的傷痛。我無法將勝利轉換為慰藉帶給遺族，但我能做的便是和他們分擔失落的感覺。坐在各個客廳之中，我懷疑除了我或遺族以外的人，能否體會到陣亡官兵的犧牲有多重大。我試著將袍澤之間彼此共享的愛傳遞給遺族。陣亡的弟兄都是自願參軍，他們受到國旗的感召，決定挺身捍衛我們所愛的國家，永不放棄他們的陣地。每一個世代的美國人都體認到，我們的國家永遠會需要如此堅定的守護者。

從阿富汗到伊拉克，我已經投入戰場三年，從來沒想過下一個職務會回在國內。陸戰隊司令麥可．哈吉指派我擔任他的三星中將副手，專門負責戰鬥發展（combat development）。位於維吉尼亞州的匡提柯（Quantico），陸戰隊的戰鬥發展指揮部（Marine Corps Combat

1　編註：指那些在戰爭中喪失親人的家庭。「金星」一詞在一戰期間開始使用，指蓋在美國軍人服役榮譽旗原本藍星上的金星。金星服役旗和金星徽章仍是為國捐軀軍人家屬的身份識別標誌。

Development Command, MCCDC）是專門負責教育、訓練、準則發展，以及建立裝備和武器系統的需求。由於近年來的經驗，哈吉將軍想以我的觀點去影響陸戰隊。從戰場歸來的我，下定決心要以自己所學，讓陸戰隊更為精銳。首先，我們必須要讓部隊在中東戰場中佔盡上風。同時間，我們其他的對手也不是在放長假，必須針對那些會在未來發生的戰爭做好準備。

哈吉將軍和我都同意，我的首要任務是讓部隊準備好應付那種發生在中東的戰鬥。重點要放在那些對戰略而言極其重要的基層領導者：如尉官、士官長或下士身上。我們必須要改變準則，強調小部隊指揮官負有贏得當地民眾信任與支持的關鍵責任，使得綏靖作戰能重新發揮效果。

任何研究過歷史的人都知道，敵人總是會針對你的弱點出手，而這次敵人選擇的是非正規作戰（irregular warfare）。如今我們必須適應得比他們更快，打入它們從決策到行動的OODA循環當中。親眼目睹過伊斯蘭恐怖主義的迅速傳播，我相信我們將會經歷長期的

戰鬥。相對的，雖然要將非正規作戰視為我們的核心能力，但陸戰隊不能隨之將視野窄化，而忽略掉其他類型的威脅。在使我們的作戰方式適應這個敵人的過程中，我的作法是堅持全面實施分權決策，這是源自我以往在戰爭中發展和磨練出來的想法中所汲取養分。

二戰期間擔任美國陸軍參謀長的馬歇爾將軍（George Marshall），他也曾面臨類似的挑戰。一戰期間，馬歇爾看過太多士兵由於缺乏基本戰術的訓練而死。因此當他在一九三〇年代到陸軍步兵學校服務時，建立起一項鐵則：在移動對抗敵軍之前，先建立火力支援。因此到了二戰時，「射擊與包抄」（Fire and Flank）已經成為數以千計的新手排長必須快速接受的訓練課目。

我重新強調基本戰術，想起以往的一句話：「將基礎打好」。當你看著籃球隊員正在交互傳球，其實每位球員已心知要讓誰出手投籃，這是因為他們將打法練習得如此頻繁，所以無須思考或等待指示。以此類推，每個班、排與連都需要有一整套的劇本，所有人都完全能

夠執行一系列經過紮實訓練的戰術，經過簡單指示就可以與敵人接戰。

限制空間作戰需要經過刻苦練習，但精進射擊與移動的技術，只算是第一步。同樣重要的是改進士官兵們的認知能力。例如來自愛荷華州德梅因市（Des Moines）的下士，可能會在一個全然陌生的國度巡邏，那他應該如何去察覺周圍的狀況？又例如在伊拉克，叛亂分子通常會躲藏在人群中，並率先朝我們開槍。隨著後續情況的發展，班長必須要能看得出相關的蛛絲馬跡，這樣才能化被動為主動，不給敵人可趁之機，更何況這件事還必須在不傷及無辜的情況下完成。

我以西洋棋大師參觀錦標賽為範例，這位高手在瞥了棋盤一眼之後，就能夠預測出勝方後續的三步棋。他是怎麼做到的？經濟學家司馬賀（Herbert Simon）解釋說：「（棋盤上）的狀況其實是一種暗示，而這個暗示讓西洋棋大師能夠存取記憶中的資訊，最後資訊提供給他答案。直覺就是你的認知。」（註一）

預測對手是極為重要的部分，我的目標是要訓練年輕的班長成為西洋棋大師般，不僅察覺到最細微的徵兆，還能理解其背後的意義。我尋找能夠幫助發展這項技能的工具，進而決定了兩套作法，利用戰術模擬訓練，以及讓小部隊幹部更為靈活的訓練計畫。

長期以來，電腦化的飛行模擬器對飛行員而言，是極具價值的認知訓練工具。操縱模擬器過程，新手飛行員可能在撞山或被敵軍飛彈擊中後「死亡」。但他之後可以「復活」，重新檢視自己的飛行技巧，然後再度升空，並避免撞山或碰到敵軍的飛彈。結果我們的飛行員不會在實際飛行過程，重複犯下原先那些出現在模擬器上的致命錯誤。模擬器訓練非常有價值，以至於我們都會在採購新型飛機之前，會先取得能模擬其飛行的模擬器。然而，即使我們國家在二戰後統計出傷亡總數的八成五都是源自於步兵，卻依舊沒有為這些作戰尖兵提供任何模擬器。

我知道如果我們能讓新兵經歷人生前三場交火後生還，那他後續的存活率就會隨之增加。我們需要通過模擬來訓練並強化認知技能，直到年輕幹部能夠快速評估狀況，且毫不遲疑地採取行動為止。為了能直覺掌握先機，他的認知能力必須要發展到像肌肉記憶一般。只有讓他在模擬伏擊戰中多「死」幾次，才能學會自己的錯誤將導致的後果。

對情境的認知並非為戰場所獨有。大學美式足球隊的四分衛經常會有發出錯誤信號，最後導致原先計畫無法順利執行的狀況。為了減少這些在心理上所造成的錯誤，前俄亥俄州立大學的校隊教練梅爾（Urban Meyer）熱衷於將球隊的會議時間，用在親身上場的模擬練習，他要求球員學習因應混亂的情境。他的目的是要大家共同吸收這些知識之後（註二），能在下一場比賽中應用，這樣大家便能在相同的情境發生時做出回應。

不分階級或職業，我相信所有的領導者在本質上就應該像個教練。對我而言，「球員－教練」正恰如其分地形容一個戰場指揮官，或是任何一個真正在領導的角色。

我採取了幾十種的方法，舉例來說，我想起在「沙漠風暴行動」期間，我手下的士官們是如何利用石塊投擲車輛，模擬爆裂物破片的襲擊。這不正是早期的模擬訓練嘛！我們打造了具有煙霧、震撼彈引爆、排水溝臭味的模擬系統，甚至請來有外籍背景的人士，扮演村民與叛亂分子，還準備了仿真的血液。任何的設定、情境或產物，都只是為了讓部隊盡可能接近實況，置身於他們可能會接觸到戰鬥混亂的情景。

在潘道頓營，我們將一座廢棄的番茄包裝廠改建成中東小鎮，打造屬於我們的模擬訓練場。我們安排了一個室內場景，能發出相應的噪音、氣味、溫度，甚至民眾的叫喊、爆裂物引爆和傷亡等情境，讓班長去面對戰術與倫理上的決擇，甚至讓他在搞砸後害死手下，或誤殺了無辜者。這樣可以設想各種戰鬥情境，在狀況發生前先預見這類景象，進而將即刻採取行動的演練，甚至深思熟慮後的決策，讓各班銘記在心。我們引爆減量的炸藥或震撼彈，用管子導入煙霧和腐敗的氣味，以及有嚴重傷勢甚至噴出假血的患者，甚至請來的阿拉伯裔美國人，用阿語來叫罵。我們引進且投入所有的一切——包括會忽隱忽現的敵軍全幅投影——好動搖甚至擾亂演訓的步兵班。在模擬場重複且密集的訓練，開始讓每一個班能更快速採取行動，因為技術的進步，信心也隨之提高。

無論資深士官或新兵，都很肯定自己花在模擬訓練的時間。此外它也成為我們——以班為單位對所有成員的相互理解——建立溝通的最佳管道。我們稱它「步兵情境式模擬訓練」（Infantry Immersion Simulator），所有人都一起被「丟」入戰鬥情境，還要沉浸在其中。在某些人「溺水」幾次之後，他便學會如何游泳了。

跟模擬訓練有關但有點不同的，是另一個要讓官兵提升戰術性靈活度的計畫，我們稱之為「戰鬥獵人」（Combat Hunter）。這是一個由多方努力的計畫，例如洛城警官負責解說在城鎮環境下反制ＩＥＤ與狙擊手的技能。在非洲專門獵殺大型動物的獵人，示範如何辨識伏擊點的蛛絲馬跡。美式足球教練強調如何建立戰術指南，只要尖兵一句話，全班便會抵達指定位置。來自羅德西亞的前賽勒斯偵搜隊（Rhodesian Selous Scouts）軍官，展示如何在開闊地上發現可能是敵方狙擊手留下最不易察覺的痕跡，以及如何追蹤敵人的路徑。陸戰隊狙擊手學校的教官，提出訓練記憶力的金氏遊戲（Keep-in-Mind Game, KIM），給每位官兵三十秒時間觀察農地或街道，接著要他們回過頭，描述所看到的景物，以及那些看來異常的事情。甚至還有學習如何利用一個小時監視市集，然後找出人群中的生面孔。

到二〇〇三年，美軍已然全面投入戰爭，軍眷們則陷入了面對重複輪調，擔心所愛的人一去不回的常態性憂慮當中。戰鬥的殘酷與慘烈，對於那些沒有親身經歷過的人而言，是無從理解的。其結果造成參與過戰鬥的百分之一，和其他九成九沒有相關經歷的人在認知上的日漸分歧。那些在國內跟隨著這類分歧生活的軍眷，還得掛念在地球另一端的至親。

有一次格外令我感受到這樣的分歧。我當時人在聖地牙哥的一場研討會演講，聽眾包括海軍和民間的安全合約雇員，以及數十位陸戰隊官兵。我知道這些人都經歷過激戰，而且很快又會被再度外派。聽眾有人提出有關跟敵人作戰的問題時，我直言不諱。

「你去了阿富汗，然後遇上那些僅因為婦女沒有戴上面紗，所以五年多來一直欺凌她們的傢伙，」我接著說：「你很清楚，那種咖根本沒有半點男子氣概，所以開槍打他們是剛好而已。事實上和他們交戰感覺相當不錯，你知道的。那簡直好玩得要命。開槍打那樣的人是有趣的，我很快就會到戰區和你們在一起。我愛打打鬧鬧的啊，各位。」（註三）

我在說這些話的時候，眼睛正注視著那些年輕的官兵。就如同著名的陸軍歷史學家，S·L·A·馬歇爾所寫的：「戰鬥中，人們通過口頭語言，而不是視覺或任何其他媒介，因知道來自他人的支持而獲得了勇氣……說話能驅使人們有合作的慾望。它是完成某些事情衝動的開始。」（註四）通過我說的話，我希望他們知道在精神上我與他們同在，並期望他們能表現得像個戰士。這些人有權知道我尊重並支持他們。

我的發言成為全國新聞，並且受到大肆抨擊。許多專家和部分國會議員，對於我明顯缺乏敏感性而大為光火。坦白說，我很意外，也覺得他們的評論非常奇特。我的長官哈吉將軍公開支持我，說：「馬提斯將軍向來說話很直率（註五）……即便我理解某些人可能對他所說的話有意見，但我也清楚他的本意是要反映出戰爭中不幸且殘酷的現實。」此外，我從未修改我的論調，或為此道歉。由於清楚敵人也會讀到我說的話，我就是要讓對方知道，美國軍人是不會因為對付那些以宗教之名進行謀殺，或忽視他人人權的傢伙而感到不安。這是一個人們必須對發言字斟句酌、擔心導致生涯為此結束的年代，但全陸戰隊卻成為我的靠山。

在我離開伊拉克三個月之後，陸戰隊和陸軍發動了第二次法魯加爭奪戰（註六）。由於之前的延誤，恐怖分子得以趁機囤儲彈藥，造成我們數百位弟兄傷亡，恐怖分子頭目還逃竄了。當叛離政府的武力使伊拉克更快速分裂的同時，美軍內部也浮現了爭議：我們是否該撤回到基地內，避免進一步激怒伊拉克民眾？抑或是我們該進一步努力，在人群之中執行巡邏？

我人在匡提科，接到陸軍中將裴卓斯（David Petraeus）的來電。當時他已經接掌了堪薩斯州李文沃斯堡的聯合兵種中心（Combine Arms Center, Fort Leavenworth）。我們在校官時期曾在國防部同時任職，以及曾在伊拉克指揮各自的師。基本上來說，我們是在不同軍種擔任同樣職務，而我們對戰爭的看法是一致的：我們不僅必須適應，而且還得快速適應。大衛提議，雙方聯合編訂陸軍／陸戰隊綏靖作戰（counterinsurgency, COIN）準則，必須讓兩個軍種採取一致的方式。假使這件事我們做對了，其他盟友也會隨之跟進。

「大衛，你和我可以完成這件事，」我說：「但就讓我們兩個指揮部知道就好，如果我們把案子上報到國防部就會永遠做不了。我們手腳要快。」

大衛已經有了想法。我們把工作分配開來，俐落地開始著手。

什麼叫做戰爭準則？基本上來說，它是一份白紙黑字的指南，基於過往歷史，作為指揮官與部隊依循的最佳作戰實踐準則（註七）。準則，就是那些根據實驗中所得的教訓，或付出代價的慘烈戰鬥中，證實能夠有效發揮的原則建立指引，說明有組織的部隊如何作戰的一本指南。不管有沒有書面資料，每間公司甚至政府單位都有準則。

我們召集了一群最頂級的作者，他們依照過往叛亂行動的教訓，以及我們現今在伊拉克與阿富汗學到的經驗，編纂出一份文件。我還到貝塞斯達海軍醫院（Bethesda Naval Hospital）探望受傷的陸戰隊官兵，詢問他們軍方還能在哪些方面做得更好，我據此進行了多方面的改變。我們並非與生俱來就該獲勝，而得腦筋動得比敵人還要快。

那份有八個章節的文件裡，有一章特別引起我的興趣，正是陸戰隊負責帶頭撰寫的部分。我再也不想去侵略一個國家、推倒其統治者的銅像，然後詢問上級「我現在要幹嘛？」─我們將那一章稱為「作戰設計」（Campaign Design）。也就是說，軍事問題必須要在政治環境下解決，這才能夠確保後續計畫進行的軍事計畫，將能夠符合政治的目的。

手冊中列舉了許多原則性範例，幫助年輕軍官掌握在民眾之間進行非正規作戰所不為外人知的本質：「永遠要試著和你訓練的當地部隊搭檔巡邏。執行人口普查並核發身分證。結識在你作戰區內的當地領袖、長老與教長。舉止要表現得像客人。在當代的叛亂戰爭中，『要地』不再是一座山頭或一條重要道路——而是民眾。」

我還發行了一本專供小部隊指揮官用的指南（註八），強調準則不是死的。「這世上沒有仙丹妙藥，」我這樣寫道：「也沒有科技上的發明能代替我們贏得這場戰爭……同理心似乎就跟突擊步槍一樣重要的武器。」這本指南裡的戰術是「提供做為參考的方法，而不是鐵則。這種戰爭不會依照「範本」，或是不知變通地依照某些方法進行。相反，它是對我們想像力與應變能力的考驗。」

為提供影響部隊的思維與訓練的基礎，我建立了「戰術性」文化學習中心，聘僱深知文化敏感度對於作戰需要的專家。該中心立竿見影的效果，陸戰隊各個學校與訓練中心的文化訓練全此有了一套制度。很高興卡西上士——我在法魯加與加納比會面時的翻譯官——成為中心師資的一員。以他的外國背景，擔任這個職務是適才適所。

與將當前在戰爭中學習到的教訓給制度化同等重要，我也必須要展望未來。這些對抗聖戰分子的戰爭終將結束，他們並非什麼關乎美國存亡的威脅。其他崛起中的國家，卻可能在短時間內形成這樣的威脅。未來將會發生另一場大型戰爭，就如同未來將會出現另一個大型颶風一樣，如果我們想要嚇阻它的發生，就只能依靠實力。

我必須捫心自問：陸戰隊是走在邁向打贏未來戰爭的正確道路上嗎？有必要進行一次全面的轉型嗎？陸戰隊的基本型態，是從海向陸投射武力。將水視為前進通道的我們，和那些將其視為障礙的軍種是截然不同的。

自從二戰結束後的每一個十年，都會出現一些批評，聲稱如今要從海洋進行登陸作戰已無可能。早在一九四九年，當時的國防部長強森（Louis Johnson）就說過：「由於我們再也不會進行任何兩棲作戰，這代表陸戰隊也該隨之結束。」（註九）結果這項「預言」在隔年就被證明是大錯特錯。當北韓陸軍入侵後，美軍部隊幾乎要從南韓被趕下海的那一刻，麥克阿瑟將軍下令在敵軍防線的大後方進行兩棲登陸，此舉幾乎在一夜之間扭轉了韓戰。此後這麼多年來，兩棲突擊不再可行的老調被一再地重複著。半個世紀之後，我帶領的陸戰隊官兵從位於北阿拉伯海的船艦上發起行動，飛越了巴基斯坦的崇山峻嶺，在內陸深處，距離海洋遠達四百英里的阿富汗，奪下了一個立足點。我們作為唯一一個有能力從海上強行攻入目標的國家，應該要思考的問題是：如今美國的存續，依然會需要這樣的能力嗎？

我個人總結的答案是肯定的。即使我們減少了海外兵力，但必須維持對盟友的保證，並在狀況發生時迅速馳援他們。我們也需要這樣的能力來反制敵軍的計畫。沒有可恃的軍事武力，我們的外交政策就會像一頭沒有爪牙的老虎。在我看來，即使新科技改變了戰爭的特性，讓陸戰隊改變作戰方式的同時，我們依舊不能放棄這項核心任務。這是屬於一個國家的能力，而且無法在一夜之間重新組建。海洋向來是個嚴酷的環境，半調子都會死於非命。

我同時了解，我們的致命傷是對至今不受干擾的通訊的過度自信。在未來的戰爭，通訊肯定會被截斷。因此，我們必須清楚，當（不是「萬一」）我們的網路失靈時，該如何繼續作戰。戰場上不管機會與慘劇都是稍縱即逝，唯有一個分散式的指揮系統，才能讓部隊發揮全部潛能。我們不能全然依賴在最需要時可能已不復存在的通訊網路。

就我看來，納爾遜海軍上將在一八〇五年特拉法加海戰（Battle of Trafalgar）前的指示，依舊是所有高階指揮官的指引。「萬一無法看見信號，且不能完全地解讀時，」他說：「如果艦長讓他的船與敵軍並行，總不至於犯下大錯。」（註十）在無以數計的講習與艦隊操演之間，納爾遜已經對他的船長們完成訓練。一旦開戰，他相信這些人都會勇猛地執行命令。未來的戰鬥，勝負的結果是取決於你麾下的部隊取得全然的獨立性。

作戰是以信任度產生速度。相較於納爾遜，指揮官如未能充分訓練部屬至相信他們會自發地作為的話，那麼在戰鬥開始之前，指揮官就已經失敗了。指揮官不應該躲在後頭指揮，以與你所相信的相同水準的承諾和能力來相信那些在你之下的部屬。清楚表達你的企圖，鼓勵你的部屬習慣於採取行動的態度。這將會形成更為迅速的決策過程，與更為一致的付出，進而釋放出來自於全軍的膽識，使我們能超敵勝敵。

一如以往，我不會仰賴指揮體系提醒我注意所有重要的事項。相反地，我會讓所有人都知道，每個禮拜五下午，我都會在軍官俱樂部享受「快樂時光」[2]。就像有人說的，為什麼伯恩斯（Robert Burns）會在酒吧裡寫詩。因為只有在那些地方，你才能聽到「毫不掩飾、最根本的熱情（註十一）、開放的內心與大膽的言詞。」

這兩年來，我參與了軍方巨變的過程。跟陸軍共同合作，修改了我們的準則以因應戰爭。我們加強了那些要與難以捉摸的敵人交戰的班長的關鍵角色。我的結論認為，陸戰隊放棄兩

---

2 譯註：指飲料特價的招待時段。

樓作戰的根本，或是從海上攻擊能力的轉型，將會是一項嚴重的錯誤。正為了免於建立更多的海外基地，美國需要海軍與陸戰隊遠征武力。我已經盡了全力鼓吹分散式的決策，並強調恢復所謂的「指揮與回饋」，而不是緊抱著「指揮與管制」，一路從高層管制到最基層的不切實際幻想。

三星中將的職務屈指可數，我當時已經預備好告老返鄉。但到了二〇〇六年春天，哈吉司令傳來了可以說是無與倫比的好消息，卻嚇了我一跳。

第十一章　守住這條線

「吉姆，」哈吉將軍說：「現在是你重返戰場的時候了。」

如同一四年邁的騎兵隊戰馬，在聽到《靴子與馬鞍》（Boots and Saddles）的軍號聲響起後，興奮地將耳朵豎起來，我那天也站得更挺拔了些。伊拉克的狀況看來很糟，國內民眾正逐漸失去信心。領導者的角色，就是為了解決問題。假使你不喜歡有問題出現，那就離指揮領導職責遠一點。平順的航海無法讓水手學到經驗，而中東的情況可說是一點也不平順。另外，我又可以到弟兄那裡去了。

二〇〇六年夏天，我接掌了位於西岸、編制多達四萬人的陸戰隊第一遠征軍，並負起部署在中東地區，多達兩萬五千名陸戰隊官兵的作戰指揮，其中包括了駐伊拉克的一萬三千人，以及在阿富汗的四千人。我當時確信這將會是軍旅生涯的最後職務，基於已經在該地區服役了如此長的時間，這可說是我準備得最充分的職務了。

身為第一遠征軍司令，也兼管中央司令部陸戰隊指揮部（Marine Corps Forces Central Command, MARCENT），這是中央司令部五個作戰指揮官（陸、海、空、陸戰隊與特戰部隊）中的其中一個，負責調派與支援戰區內的各個戰術單位。雖然母基地是在潘道頓營，但我將會有相當長時間要待在中東，以及位在佛羅里達州坦帕的作戰指揮部[1]。

我的上級長官，陸軍將領約翰・阿比薩德正是他領導中央司令部的第三年。他是個有智慧的導師，而我們之間常有共同的看法。阿比薩德對於歷史的熟稔程度，以及他洞察問題本質的能力，早已令我印象深刻。阿比薩德明智地認為，軍種的準則只不過是個開頭。就如同任何戰爭或複雜的情況，當下並沒有什麼慣用的方法能為我們在伊拉克贏得勝利。這個國家的狀況就如同萬花筒般令人眼花撩亂：只要一個因素有所變動，就會有一個與原先完全不同、出乎意料的圖案出現。包括什葉派、遜尼派、庫德族、伊朗人、敘利亞人、聯合國、歐洲以及美國的政局在內的各種因素混雜在一起，然後影響到整個中東，進而成為中央司令部的責任。有一次，來自巴格達政府的一項政治決策，便全然出乎我們意料之外。「我們已經老到不會感到訝異了，」阿比薩德說道：「調整過來。」

「調整」是絕對必要。二〇〇六年夏季與初秋，各界的情緒都很低落——無論是在媒體，華府的決策圈，甚至位於伊拉克的作戰指揮部皆然。某些媒體乃至國會人士，都聲稱戰爭已經輸了。身為作戰指揮體系裡最高階的陸戰隊官員，我強烈反對這樣的論調。態度必須源自身教，而非言教。一支戰鬥部隊的士氣，下至下士，上到上將，都必須是正面的。無論是伴隨媒體或個人參訪，我都會把握每次機會重申了我的界線。在「沒有比我們更好的盟友」方面，我們為安巴省多達一百萬人的遜尼派提供了善意與保護。而在「沒有比我們更危險的敵人」這部分，對那些恐怖分子，我們會送他們上西天。

只要當地民眾活在恐懼當中，並對窩藏在當中的叛亂分子默不作聲，這場仗就會永遠打下去。我們在安巴省經歷過同樣的狀況超過了三年，才使當地的遜尼部族與首都以什葉派為主的政府之間，呈現了一點點正面的聯繫。當我們仍舊在組建新伊拉克陸軍的同時，數以萬計被排除的復興黨員，依舊無法被接納及摒除在外。經歷無數次的會議、政策報告、計畫與

1 編註：陸戰隊第一遠征軍常駐基地位於加州潘道頓營，佛州的坦帕則是中央司令部的作戰指揮部。

論證之後，我仍然沒有找到能振興垂死的經濟，或改善生活水準的協調方案。到現在，伊拉克面臨的是一起叛亂與一場開始沒多久的內戰——基本上各方勢力都來參一腳，只是付出代價的是伊拉克民眾。

媒體報導說我們陷入膠著。從二〇〇三年與二〇〇四年我都在伊拉克，我的觀察是比較長期性的：當我二〇〇六年再度造訪時，便注意到那些兩年前還在怨恨我們的長老，如今都會湊上來，向我提出一長串冗長又劇烈的抱怨。我將這類討論視為進步的跡象，這些部族不再和我們保持距離，反而逐步靠近。

但這樣還不夠。遜尼派要為了自己的自由而戰，當時伊拉克蓋達組織是如此強大，安巴省的各部族必須要和美軍結盟才能夠推翻恐怖分子。他們賭定我們會留在當地——否則他們就完蛋了。

「堅持住，」我告訴官兵們，「這些部族有長達好幾個世紀的傳統。只要我們守住這條線，他們終將會為自己而戰，但這件事必須要我們在場才會實現。」

——

二〇〇六年一整個秋季下來，我不斷傳達出同樣的訊息：「繼續訓練並鼓勵當地部隊。保持專業性與禮節。每當你對民眾表達憤怒或鄙視時，叛亂分子就獲勝了。勝利可不是一個抽象的概念。我們將訓練伊拉克部隊，並持續上街直到最後的恐怖分子死光為止。」

在拉馬迪，陸軍旅長西恩・麥克法蘭上校（Sean MacFarland），和他那位精明的特戰部隊顧問，崔維斯・派崔昆上尉（Travis Patriquin），都對一位年輕的酋長阿布杜・沙塔（Abdul Sattar），別名阿布・瑞沙（Abu Risha）感到印象深刻。九月，西恩在一場伏擊中救出沙塔。幾個星期後，沙塔宣布「安巴爾覺醒」（Sahwa）的成立。酋長們不再漠視蓋達組織控制他們部族的事實。沙塔找上伊拉克媒體，宣稱在安巴省的三十一個部族裡有二十五個，約三萬名的部落民兵支持他的作法。作為登高一呼、振奮人心的領袖，沙塔傳達的是希望，而非現實。這個時候，可能僅有六個人數最少的部族是真正堅定支持他，其他都只是在觀望，靜待後續的發展。我跟麥克法蘭開會討論，他堅定的認為沙塔就是最合適的人選。情況出現了變化。我十一月在到處走動時，一再聽到人們以同樣的話，重覆說著一個個故事。

「我們應該幫助所有的部族，」我在伊拉克的每一場會議裡不斷地重複著：「並幹掉每一個伊拉克蓋達組織的渾蛋。這就像在搓雪球，先把雪壓緊，它就會變硬。但如果你繼續施壓，它就會裂開，然後碎掉。」

遜尼派各部族在窮盡了所有方法之後，得出一個結論——美軍是他們生存的最後、也是最好的希望。雙方不需任何正式的協議。為了展現出善意，當部分酋長加入這一邊來時，我們會將陸戰隊軍官穿禮物的佩劍，作為禮物餽贈給他們。

某天在荒野中的一條小路上，我的車輛爆胎了。部下在更換輪胎的時候，我晃進了一片田野，一名老農夫正在挖掘灌溉用水渠。我們坐了下來，以勉強溝通的英文談話。他是個遜尼派教徒，因為什葉派的劊子手小隊所迫，逃出了巴格達老家。在我們閒聊時，我給了他一包香菸。就在我要和他道別時，他攔住了我，並思索著該說些什麼。

指著自己的胸口，農夫說：「在這裡，我希望你們已經離開。」接著他指向自己的頭腦：「但在這裡，我清楚我們需要你們留下。」

之後沒多久，我在一場戶外舉行的大型酋長集會遇見了沙塔酋長。他的影響力遠勝以往，當他帶著我四處走動，把我介紹給其他酋長時，展現出了真心誠意的熱情與尊重。我在中東待得夠久，也損失過太多盟友，所以我警告他：「你一定要小心，對蓋達組織而言，你是一個比我還嚴重的威脅，他們會試圖殺掉你。」

他笑笑的示意，還點了頭。

當安巴省的覺醒運動在二〇〇六年下半年蓬勃發展的時候，真正的關鍵是當地領袖與美軍各營之間，那種由下而上建立的關係。一位酋長可以無需畏懼地和麥克法蘭上校爭論，不同意他的看法，甚至用拳頭敲打桌面。但如果他用這種方式對待以往的蓋達「夥伴」，那就會被對方開槍幹掉。事實上，我敢打賭，每一位排士官長、排長甚至連長，都曾在某些時刻被某位曾經因一些事情而火大的酋長給咒罵過。

通過美軍部隊的鼓舞，伊拉克政府軍跟酋長、武裝部族成員間，達成了令人滿意的權力分配。二〇〇四年初，約翰・凱利在對約翰・圖蘭、鄧福德和我的簡報，指出部族扮演的關鍵角色時，便認為這一點是解決當地問題的方法之一。當我發現各方人馬必須要經過數年的苦戰，才能得出這個唯一合理的結論時不禁覺得惱火。

到二〇〇六年底，我告訴媒體自己對於安巴省的評估。「當你看到暴力與犯罪活動的數字時，」我說：「很容易認為我們的作法無效，或充其量只是在走彎路，但事實上是已經有了很多的進展……我並不是要粉飾太平，但必須強烈提出這點，暴力與進步可以，也確實正在並存……我想這會花上五年的時間（註一）。期間我們將會看到美軍投入的兵力與傷亡逐步遞減，且敵軍的成效也會相對減少。」

當說出這些評論的時候，並不知道自己的看法與華府內部的悲觀態度，竟然是如此地不一致。會有這種脫節的原因，是在於伊拉克戰區內有兩個發展方向截然不同的戰場。安巴省在這個當兒有了進展，巴格達卻在失控邊緣。很自然的，焦點都集中在伊拉克首都。總統並未提及已經發生在安巴省的覺醒運動，甚至還可能對其一無所知。國內的層峰也仍未了解到，因遜尼派的持續變化而產生的複雜後果。但在安巴省，我們不僅改善了狀況，而且確實掌握住了進攻勢態。

二〇〇七年二月造訪拉馬迪時，我說：「安巴省的戰事正走向勝利。」不論我去到何處，都能感受到瀰漫著勝利的氣氛。走在拉馬迪的街頭上，我身上沒穿防彈背心，沒戴頭盔，還在法魯加市中心品嘗烤雞肉。當我們的官兵、伊拉克部隊、警察與部落民兵包圍著我，訴說著他們的戰爭故事時，即使其中包含了二〇〇四年底陸戰隊奪回法魯加的經過，我仍可以感受來自他們志同道合的情感。

我搭機飛往巴格達，裴卓斯將軍剛接管指揮權。我們倆都同意，為了鞏固安巴省的成果，只要再一個營的陸戰隊就夠了。大衛馬上抓緊機會，且將覺醒運動概念在全伊拉克境內推動。他提供遜尼派合理的薪資，在與美軍保持密切聯繫的前提下，擔任所在村落或城市周邊的國民衛隊。

我們終究還是付出了過高的代價。勇氣過人的沙塔酋長，以及他堅定的支持者，陸軍上尉崔維斯・派崔昆，都在重奪拉馬迪的戰事過程中犧牲了。但到了二〇〇七年秋天，勝利看起來是指日可待。我們的戰略，三年前由約翰・凱利首次提倡與部族合作——而非抗衡——終於取得成果。

從這裡我學到了什麼？我們必須面對發生在伊拉克的逆境。事情不會重來，我們得善用機會。無論對歷年來遭受暴力的無辜伊拉克人，以及我們損失慘重的官兵，都是極其高昂的代價。感到絕望是可以理解的。直視著這些失敗，讓我們守住這條線。通過我們堅持不懈的存在而站穩腳步，約翰・凱利初步評估中的內在力量——使部族背離蓋達組織——最後終於獲勝。

但是，此時美國國內的情緒，卻變得比以往更加負面。九月，雷恩・克勞可大使（Ryan Crocker）與裴卓斯將軍前往參議院作證時，一個反戰團體買下了《紐約時報》全版，刊出「將軍背叛了我們」的廣告。一位參議員更宣稱：「這場戰爭已經輸了。」（註二）參議院並未就

「陸軍與陸戰隊正在達成國家目標」形成共識，因此出現了一場針鋒相對的辯論會。失敗主義充斥滿堂：政策目標表達不清；搖擺不定、初始資源不足下開始的計畫，缺乏連貫的戰略手段；以及未能對進程有明確的界定，這都不是此刻來國會作證的時候。雖然情況是如此不利，但克勞可與裴卓斯還是展現了足夠的說服力，讓國會繼續支持我們推行的覺醒運動。

——

無論是作戰上的成功，抑或是戰略上的機遇，都必須付出代價。在接任中央司令部的陸戰隊司令之前，便發生了一起需要我投入關注的不幸事件。二〇〇五年十一月，一個分乘四輛悍馬車的陸戰隊班，行經拉馬迪西北方七十英里外動盪不安的哈迪沙鎮（Haditha）。其中一輛悍馬車突然被ＩＥＤ炸毀，除了當場導致一位廣受弟兄敬愛的米蓋爾．特拉薩斯上等兵（Miguel Terrazas）死亡以外，還有兩名官兵嚴重燒傷。在命令與叫喊聲中繼續任務的官兵，先是射擊了五名下車的男性，隨即又突擊了兩座疑似有敵人藏匿的房屋時，開槍並使用了手榴彈。結果不到一個小時，導致十四名伊拉克男性、四名女性和六名兒童死亡。

在最初的營部報告中，這起發生在哈迪沙的死亡事件，並沒有引起指揮層級應有的重視。事實上，原先的報告不正確，它意有所指地暗示傷亡者大多數都是叛亂分子，或是捲入火網的平民。

四個月之後，伊拉克官員把包括女性與兒童在內的亡者照片和姓名，提供給了《時代》雜誌。哈迪沙不僅立刻吸引了全球的目光，更成為一場失控的戰爭敗壞美國魂的象徵。《哈潑》雜誌（*Harper's*）發行人，約翰・麥克阿瑟（John MacArthur）的回應可以說代表了當時的氛圍。「陸戰隊，就事實上而言，」他寫道：「他們在基本訓練方面的狂熱，對平民來說比陸軍更危險。如今彷彿鬧出了陸戰隊版的美萊事件（註三）。我預料，美國對伊拉克進行的這場骯髒的戰爭中，發生在哈迪沙的謀殺事件絕不是個案。這是一場由那些可以被金錢收買的政客所發起的一場無法被合理化，也不可能打贏的戰爭。」還有一名著名的政治人物說，「那個陸戰隊班冷血地殺死了無辜民眾。事實上他們闖入屋內去殺害婦女和兒童。」

即使陸戰隊員被描繪成「狂熱」甚至「冷血殺手」，我每天還是會閱讀那些以被動式語態撰寫，如「多枚炸彈在一個市集裡引爆，」或者「研究顯示，二〇〇六年有多達兩萬七千名平民（註四），在那些被揭露的暴力事件中送命」的這類報導。

你注意到那些看似中立的用詞：「炸彈引爆」和「因暴力事件送命」，這看來好像是一場颶風或其他自然力量引起了那些「事件」。這篇沒有署名的報導，讓謀殺了數以百計婦孺的敵人，得以免受道德的批判。相反，我方部隊犯下的錯誤，不僅以主動式語態報導，還將它們以最糟糕的方式昭告天下，好像這類行徑是我們部隊習以為常的作為一般。

伊拉克蓋達組織的論述，是利用虛假的宗教外衣來掩飾他們的暴行。上述這類報導，恰好在無意間配合了那種謬論。但在美國國內，我們並沒有能與之抗衡的論述。當我仍在匡提科的時候，便曾在和記者對談時表達我的擔憂。

我說：「敵人已經決定，要以講故事的方式進行戰爭，要在媒體上進行戰爭。假使我們沒有像你這樣致力於報導事實，並試圖了解這場戰爭的複雜性，最後再以大眾能理解的方式來描述的記者（註五），那我們就會在全球觀眾面前，失去原本勝過敵軍的道德制高點。」

我並不是要求為我方的不道德行為開脫。相反，我是要與記者們爭辯，他們應該將要求美軍的人格標準，同樣加諸己身，以落實其專業。蓄意攻擊非戰鬥人員，也就是無辜的婦女和兒童，或是以處在無辜者當中開槍的方式來危害其安全，從來都不是美軍的風格；反而是我們敵人獨有的方式。就對倫理上的要求而言，聖戰恐怖分子與美軍之間，是完全不對等的。

那怕是道德淪喪的戰爭環境中，我們還是以最高標準來要求官兵。紀律就好比是我們的防護服，我甚至採取嚴厲到要結束其軍旅生涯的懲罰，對象還包括戰術單位層級以上的部分指揮官。我們必須維持美國在道德上的制高點。

這不是什麼新作法，也不是來自政治正確的產物。早在一八六三年，林肯總統就對所有聯邦士兵頒布了一項一般命令：「那些帶著武器，在公開戰爭中彼此對抗的人（註六），並不會因此脫離了倫理，或放棄對彼此與上帝的責任。」

從二〇〇三到二〇〇四年，共有多達三萬五千人，曾在我當時指揮的第一陸戰師裡輪調過。我曾經召開過二十三次的軍事法庭——相較於那些在最刻苦環境裡服役的陸戰隊員，比例不到千分之一。多數案件中起訴的罪名都是傷害凌虐，但不曾發生過謀殺戰俘。部分少數案件微不足道，例如在酷熱的大白天以遮蔽視線的麻布袋罩住犯人頭部。但我要聲明，不會容許任何這樣的行為。人在海軍擔任勤務，就必須對違紀負起責任。

身為指揮官，我必須決定是否要將那些在哈迪沙造成平民死亡的官兵送軍法。我收到了好幾箱關於這次事件的調查報告，夜復一夜獨自坐著，逐字讀完了超過九千頁的內容——那個份量約等於二十四本書。國會議員與媒體發行人論定陸戰隊官兵冷血殺害無辜民眾的看法，是正確的嗎？這不是個簡單的分析，從步兵眼中看到的世界和其他人本就不同，加上士兵在戰鬥中的行動方式，更非局外人能輕易下定論。然而，同理心絕不能蒙蔽了指揮官的判斷，或對做錯的事辯解。

我必須確定是什麼導致了平民的死亡。誰該當被判有罪？所謂的犯罪行為，應接受軍法審判嗎？在激烈的戰鬥過程，大兵必須立即做出多種困難的抉擇。他可能因打開了一扇門的游移不決，結果一週後就在遠達六千英里外的地點被埋葬。又，他打開了一扇門，感覺遭受到立即的威脅，於是開火，結果卻殺死了一名非戰鬥人員。

我檢視了許多的地圖與照片，讀過審訊報告與目擊者證詞。我將每一個官兵說出的話與作出的反應整理出筆記。我到哈迪沙，走訪在事件周圍一帶。利用一張示意圖，我跟隨著那個班在一人陣亡、兩人受傷後採取行動的腳步。判斷自己遭到來自高處的敵火射擊，他們因此突擊了一棟房子，然後接著下一棟，不斷地射擊並投擲手榴彈。

他們受過城鎮戰訓練，在那樣的環境下，必須立刻採取行動。當你遭受建築內的敵人射擊時，必須試圖逼近對方，不能繼續毫無掩飾地站在街道上。這就是我們訓練官兵們根據接戰規則所做的反應。雖然他手下有一些老兵，但領隊的中士在哈迪沙之前並沒有實戰經驗，這還是他的第一次派遣的戰鬥部署。混亂之間，他們產生了心理上的視覺窄化，導致某些人在交戰的混亂過程無法辨別真正的威脅。

在戰場上最重要的部位，正巧位於你的兩耳之間。我的結論認為，有好幾名官兵忘記這點，以至於在危急時刻犯下了嚴重的錯誤。在所有案例，年輕官兵都認為自己是在對造成弟兄傷亡的IED與後續攻擊採取行動，這樣的敵人向來是躲藏在人群之間。在他們必須反應的當下，有的官兵並未或無法分辨誰是威脅、誰是無害。我認為有些官兵犯下了嚴重的錯誤，另一些則忘掉了紀律。我僅建議對部分班兵送軍法，而非全員都如此。

犯錯與缺乏紀律之間是天差地別的。前者是你試著執行指揮官的企圖，卻因當下的壓力而搞砸。我自己就是一個被部隊給予犯錯者第二次機會的實例——我有過許多錯誤——但也了解到這些錯誤成為了學習如何把事情做對的連結。

海軍就像個校隊，缺乏紀律並不算錯事。在這裡，向來會將極大的權力授予指揮官，連帶給他相當的權限與尊重，以實施根據裁量後的工作。但如果一艘艦擱淺在淺灘上了，艦長便會被解除指揮權，即便他當時正在睡覺，而是由部下掌舵亦然。類似的情況，若一名上等兵沒有接受正確的訓練，那他的長官們一定要因缺乏領導能力與專業監督而負起責任。

當地的指揮官——在這裡，指的是那位在哈迪沙的營長——應該要在事發當天就掌握細節。結果這次殺死平民的事件，竟然是因為《時代》雜誌的一名記者努力發掘才得見天日。我解除了營長的指揮權。平民的死亡數字，再加上缺乏詳細的報告，即便是在交戰的混亂過程，他也該要察覺到有些異常的狀況發生了才是。但他忽略了依照其訓練、資歷和領導角色上應該要去注意到的事。

事情並未到此結束。缺乏紀律的現象其實蔓延到了更高層級，沒有注意或深入的追究如此異常的慘重事件是一項重大的過失，因此我建議對該師師長——一位兩星少將——以及兩名資深的上校發出懲戒信。「由於其作為或不作為，」我這樣寫道：「代表他們對部屬缺乏關注。」（註七）這些軍官被迫提早退休，倉促地結束了長達數十年的光榮服役紀錄。

至於軍事法庭對該班最低階的幾位資淺官兵不予以起訴方面（參見附錄E），我寫道：

所謂的戰鬥經驗，很難通過理智方面去理解，也很難通過情感去體會。國內最善於表達意見的最高法官，小奧立佛．溫德爾．荷姆斯（Oliver Wendell Holmes, Jr.），是一名南北戰爭期間的步兵，曾以「無法溝通的經驗」來描述戰爭。另外他也曾在別處說過，「面對高高舉起的刀，不能要求獨立的反思」。陸戰隊官兵向來以面對武力強大的敵人時，仍能保持冷靜著稱。像荷姆斯法官描述的殘酷現實，其實每一天都在伊拉克上演，而你們仍願冒極大的風險保護無辜的民眾。當那裡的敵人全然罔顧任何戰爭中的道德規範時，我們貫徹紀律與克制，保護戰場上的無害者。我們的作法是對的，但也是最難的。

你們在伊拉克以陸戰隊步兵的身分服役，我國正在當地對抗一群如鬼魅般的敵人。他們混在無害的民眾之間，也不遵守任何的戰爭規範，時常以民眾為目標，甚至故意吸引我們朝百姓攻擊。你們都很清楚這個戰鬥環境所帶來的挑戰，讓你和其他陸戰隊夥伴面臨了極大的壓力。作戰、倫理乃至於法律上的要求，使我們的官兵必須真誠地面對自己的規範，並在這個道德受到影響的環境中，持續地遵守戰爭法。隨著罪名不被起訴，你們可以正當地論定，自己已經盡了全力遵守規範。這些規範是被經歷過多次戰爭，和你們一樣必須在戰鬥的極短時間內，做出生死抉擇的美軍人員所遵守。如同你們向來被「無罪推定」的前提所保護，隨著這些罪名的不起訴，你們無論是在法律抑或是我的面前，都是清白的。

第十二章　絕對必要的北約

二〇〇七年春天，安巴省的戰事正逐漸趨緩之際，國防部長羅伯特·蓋茲（Robert Gates）將我召回五角大廈。幾個月前，他曾要我返回華府，為接任伊拉克境內軍事指揮部的最高職務面試。「我們已經決定指派大衛·裴卓斯，」蓋茲在我們見面時提到。我向他保證，大衛不僅和我熟識，也是該職務的最佳人選。討論完這兩場戰爭所帶來的挑戰之後，我飛回加州，並對此行的目的感到困惑。如今回想起來，國防部長可能是想對我先行評估，以防萬一某些職務出缺。

在這一次返回華府之前，我接到現任陸戰隊司令吉姆·康威，以及北約秘書長夏侯雅伯（Jaap de Hoop Scheffer）的來電。他們兩位都告訴我，國防部長蓋茲想推薦我升任四星上將。

屆時我將會指揮美國的聯合部隊司令部（Joint Forces Command, JFCOM），並同時兼任北約的轉型事務最高聯合指揮官（Supreme Allied Commander for Transformation, SACT），這兩個職務歷來都是由同一個人出任。當然，選上晉升四星上將是一項殊榮，但我現在的職務，卻是我想像中已經是最棒的中將職缺，我並沒有急著想要離開。不過，美國民眾已經為我支付了長達三十五年的學費，如果那是長官指派的職缺，我還是會欣然赴任（參閱附錄F）。

對於那些曾經因我廣為人知的言論而斷言，參議院永遠不會同意我再一次升遷的人士：我以往的言論並沒有被提及，我的任命是透過唱名投票無異議通過。

原先在陸戰隊戰鬥發展指揮部任職時，我已經歷過所謂的「轉型」任務，但在北約方面，卻沒有相關資歷。不過至少到現在為止，我已經在前線學習到盟友的價值，以及美國扮演的領袖角色。這份引領著我的使命感，甚至在我前往位在維吉尼亞州諾福克的總部履新之前就已成形。我的主要心力，將會投注在北約而非聯合部隊司令部。原因很簡單，歷史已經向我們證明，那些有盟友的國家才能蓬勃發展，反之則亡。

我評估了自己是否準備好接掌這個職務。我從來沒有在歐洲戰區服務的經驗，但在阿富汗戰爭，我對北約以及他們的部隊非常熟悉。在匡提科任事時，我已經學習到如何將陸戰隊轉型，但要說服二十六個主權國家的軍事轉型朝同個方向進行，是一項更為艱鉅的挑戰。

如同馬歇爾計畫、聯合國和布列登森林協定（Bretton Woods），北大西洋公約組織（North Atlantic Treaty Organization）是將北美與歐洲的安全結合在一起的黏著劑。依照過去「最偉大的世代」的遠見，為了預防如二十世紀前半兩度發生的大規模戰爭的慘劇，北約在二戰之後創立，目的是嚇阻蘇聯對西歐民主國家發起攻擊。各創始國誓言團結一致：對任一盟國的攻擊，將被視為對全體的攻擊。

蘇聯紅軍的威脅，隨著柏林圍牆的倒塌和蘇聯的解體而消退之後，西歐國家仍想維持以美國為核心的北約，並使既有的安全承諾得以延續。此外，那時一批東歐紛紛獨立的前蘇聯衛星國家，也很快提出加入北約的要求，並隨即被接受。到二〇〇七年，北約已經從原先的十二個創始國，增加到了二十六個會員國（註一）。

一次在華府舉行的午餐會，澳洲大使金・畢茲利（Kim Beazley）評論說，繼二戰之後，美國寧可讓一億美國人民死於熱核戰爭，也要保衛歐洲的作法，可說是人類歷史上唯一最願意犧牲自我的誓言。對我來說，那正正觸及了我在華府最常聽到關於北約的批評。無論我們是否欣然接受，美國就是世界的一部分。為了彼此的利益，我們需要盟友，因此我決定在接任新職後，讓這樣的同盟關係能更進一步提升。

我還要考慮如何準備這個需要新技巧上場的工作。有句話說，軍隊不會接受以「困難」作為任何事情失敗的藉口。我也還記得裴瑞和柯恩兩位部長，為了維持有效的同盟關係，是如何地努力。我已經來到以純軍事框架作為參考基準的分界線，我不再是個軍事事務的操作者，而是身處政策與軍事因素交互影響的位置。除了要了解政治，我還必須掌握各個會員國塑造其軍事力量的動機，清楚他們依此運作的不成文規範。這些規範不僅是軍事性的，也蘊含著文化性，都是源自於每一個國家的歷史。我必須界定未來威脅的型態，如此在危機發生時，我們才不至於悔不當初。轉型意味著每個會員國能夠一起調整其軍事力量，共同因應未來的威脅。

我向熟稔軍事轉型的一流專家討教，如柯林格雷教授、威廉森・莫瑞博士（Williamson Murray）、法蘭克・霍夫曼博士（Frank Hoffman），以及澳洲陸軍中校大衛・柯庫蘭（David

Kilcullen）。除了閱讀他們的著作以外，也徵詢他們的意見，最後決定以二十二本書作為指引。我還接觸那些實踐過戰略領導的人物，當中最重要的包括幾位將領，如鮑威爾（Colin Powell）、安東尼・辛尼、約翰・阿比薩德、蓋瑞・勒克（Gary Luck）和喬治・喬爾萬（George Joulwan）；其他還有如亨利・季辛吉、喬治・舒茲（George Shultz）、紐特・金瑞契（Newt Gingrich）等人，以及一些前任的國防部長。他們充分提供時間來幫忙。這三條努力路線使我能夠建立起一個架構，在未來幾年處理轉型問題時，我得以在這個架構內運行。

我曾經對一件事情感到奇怪，我集中心力研究的這些將領與政治家都已經退休了。在美國，除了幾所大學之外，都沒有軍事歷史的相關課程，以上的情況也就不足為奇了。這導致我當時必須克難地應付當今外交、軍事甚至政治圈中，缺乏戰略性思考的現象——這個領域實在需要來次「復興運動」。

———

轉型事務最高聯合指揮官位在諾福克的總部，是北約在美國的唯一一個指揮部。這裡，我從前司令手上承接了一批來自北約各國的優秀軍官，以及四十多個來自其他國家與北約有合作關係的代表。SACT的工作，是要促進各國軍隊的適應與整合——它們當中的每一個，都有獨特的軍事文化與準則。目標是讓彼此能在未來的戰鬥中合作無間。

在重新檢視我安排給自己的閱讀清單時，關於那些成功轉型，最後得以維持其優勢的軍隊，有一個事實不斷被點了出來。任何有待解決的特定問題，通常都會找到清楚確認和界定至完美等級的答案才肯收手。如果將那個要解決的軍事問題界定出來，將會佔用掉我相當多的心力。

歷史一再表明，戰爭不會等你準備好才發生。源自於我的養成教育，認為每一週的承平時期都是讓人準備投入戰爭的最後機會，因此那種要讓二十六個有主權的會員國家尋求一致性的必經過程，那種緩慢到使人感到挫折的決策循環，著實是令人對此感到不安的體驗。

任何軍事聯盟都有兩個方面：政治與軍事。就目的上達成政治協議，絕對是最優先的。信任讓聯軍得以協同運作。戰場上，戰力源自共同付出的努力，以及高度意願的合作。我常提醒手下的美籍軍官，即便他們身上具備因戰場指揮與卓越能力而得來不易的自豪感，但不是所有好的想法，都源自於那個擁有最多艘航空母艦的國家。此外，在包括我所在的各個北約總部當中，必須通過維持彼此尊重的氛圍來促成整體的戰備，這並非總是能達成的事。

在北約裡頭，當一名高階美國軍官表現不佳時，只消打幾通電話，以及私底下溝通，我就可以把他送回原軍種的某個工作崗位。但如果是外籍軍官，事情就會有些複雜：因為他們代表各自的國家，而你必須維繫這種在政治上的角色。我就遇見過一位來自歐洲某國的精明海軍上將，他不僅在外表與舉止上是位十足的領袖，而且總是明快、才識出眾且有說服力。只是他往往過度強勢，不僅會咆哮、在他人面前訓斥軍官，還公開嘲笑那些他認為膚淺的報告，卻不明說自己的要求。他對來自其他幾個國家的軍官，都表現得有些粗魯且不近人情。我的北約總士官長是捷克人，我的副手分別來自英國與義大利，我的幕僚群多數都是德國人。所有人都因他的作為而感到困擾，至於他的部屬則經常擔驚受怕。我只好請這位海軍上將前來，然後謹慎地向他解釋，為何我不贊同他的領導方式。

「你的幕僚對你憤恨難平，」我說：「你對他們提供的意見感到失望，這當然不是問題，但你的評論讓結果變得更糟而不是更好。你的領導方向有問題，你不能讓自己追求卓越的熱情，摧毀掉你對部屬身為人的同理心。」

我總是會讓部屬明確了解這一點。

「改變你的領導風格，」我繼續說：「教導並鼓勵他們，不要貶低人，特別是在公開場合。」

他是我手下最具作戰思維的一員，我不想失去他。經過晤談之後，很明顯他了解我的意思，接下來事情也相當順利了。沒多久他又故態復萌，又開始羞辱部屬，我實在不該感到意外。經過長時間以來，他在本國軍隊所獲得的獎勵和晉升之後，那是很難打破已經養成的習慣，無論它們在另一個環境中是否能夠發揮自如。如今合作關係已經弄擰了，外籍軍官們更向母國抱怨，自己受到不當待遇。最後我只好請他回國。由於他是該國派駐美方的最高階軍官，我的作法並未受到當地媒體的認同，不過我的決定也沒有因此而改變。

但北約轉型的潛在問題，並不在於個人特質，而是源自一個倚靠程序的文化，導致其缺乏能量與主動性。混亂成了常態，要求程序勝於成果。他們手裡有許多關於北約需要執行那些事項的報告，經過審核之後，我發現這些看似無與倫比的想法，結果都沒有按部就班進行。為什麼呢？部分原因是阿富汗戰爭消耗了北約的注意力。當你正和當前的威脅作戰時，何必還要花時間在日後的威脅上？但正同陸戰隊，我不想美國的盟友也發生「視野窄化」現象。他們終究會離開阿富汗，並面對不同型態的威脅。

我清楚自己必須具有說服力，任何主權國家可不會容忍任人擺布。北約必然是一個依靠共識驅動來運作的安全組織，其軍事部分則附屬於政治之下。任何的解決方案，我必須先贏得政治上的同意。如果沒有人同意我對問題的觀點，那整件事就無從進行了。假使要各國參與到最後而付出努力，那我們必須在一開始就讓他們加入。

因此我請求北約各國將他們最優秀的戰略學家派到諾福克來，並找出我們共同面臨的相關軍事難題。經過多月的合作之後，北約秘書長和我在歐洲召開會議，與會者都是北約國家的高階政治與軍事代表。我知道過程不會是平順的，就如同詹森總統所言，寧可帳篷裡的人一起朝外小便，也不會希望外頭的人，朝帳篷裡面小便。我有一種急迫感，我們必須趁著聯盟關係良好之際，把握機會改變。

「如果各位想要你們的軍隊轉型，」我說：「那我們必須先有一個起點。我們必須——讓政治與軍事代表齊聚一堂——找出問題。我們的部隊必須要準備克服什麼樣的未來威脅？戰爭不會等你準備好才發生，贏得戰爭或嚇阻其發生的唯一方法，就是做好準備。你不能主宰了上一場戰爭，卻對下一場戰爭置身事故。這是一份由各位國家的軍官所研擬的文件。各國都派出了各自的菁英，如果有疑問，請現在發言。我們必須把問題表達出來，如此才能共同去解決它。」

「經歷數天的辯論之後，聯盟在一些威脅與安全趨勢上取得了共識。結果一份被稱為——多元未來（Multiple Futures）——的文件，其中除了對問題的敘述以外，每個歐洲國家都可以衡量其國家對北約部隊的付出是否充分。

當時是二〇〇九年。我們廣納雅言，並向歐洲多國的首都徵詢意見，也才會只經過兩天的辯論而已。我們已預見到，即使我們努力表達想合作——尤其是俄羅斯——將會成為新的威脅。期間為了強調這項顧慮，波蘭的國防部長克里奇（Bogdan Klich）還特地用直升機，把我從華沙送到波羅的海親眼目睹，他的國家有多麼缺乏天然屏障。

北約不能堅持以過去為了應付一場二戰式的工業化戰爭所設計出來的軍事力量，去對抗一個已經不復存在的華沙公約組織，或選擇面對預防單一型態的戰爭。假使北約選擇這樣，如同柯林格雷所警告，你的敵人將會選擇另一種型態的戰爭。我們也不能只專注在邊境防衛、綏靖作戰或核子嚇阻。雖然我們無法全然預測未來——從來也沒人能這樣做——但我們也絕對無法承擔全然錯誤的預測。

由於在阿富汗的作戰，北約了解到要將非正規作戰化為核心能力的必要性。俄羅斯入侵喬治亞共和國，凸顯了一個即時威脅。一位被我們派去檢視以色列與真主黨在黎巴嫩南部的戰鬥，以及喬治亞戰況的聰明美國陸軍少校，指出了兩者的一種組合。真主黨在二〇〇六年時，主要是利用非傳統的戰術，而以傳統的作戰能力為輔助。到了二〇〇八年時的喬治亞，俄羅斯剛好相反是以非正規的戰術，來增進傳統部隊的力量。這些徵兆指出了一種戰爭的特性，所謂混合式作戰正在興起。如同歷史的教訓，戰爭的特性將會因應新的環境與條件。就像人們所說的：「只有死人才看過最後的戰爭」。

信念並不代表當環境或新的資訊證明一件事情時，你不能改變自己的想法。身為領袖，你必須願意去改變，並促成改變。高階幕僚有時候也必須去做修正，因為我們很容易陷入一種官僚主義的模式。過去事情是這樣完成的，所以我們現在也要這樣完成它。或許你在看到這段文字敘述時會覺得荒謬可笑，但在一些大型組織，這卻是常態。因此每幾個月，主事者應該後退一步，反問自己和組織正在達成什麼。

當我在歐洲各國首都四處拜訪，卻意識到自己永遠都會是個局外人，一個不屬於歐洲，卻總在敦促其改變的人。因此我要自己先後退一步，然後反問：「為什麼一個美國人，要主導著大西洋兩岸北約軍力的轉型？」我預見了如果是一位歐洲籍的主官在諾福克，為了因應北約文件中提到的威脅而爭取必須的軍事力量時，將會有怎麼樣的優勢。

到目前為止，兩位北約最高指揮官的職位都總是由美籍將領擔任，這是基於美方在定額之外的付出所換來的結果。但美國終究不可能比歐洲人更在意下一代的歐洲人能否享有自由。

我是和日後出任參聯會主席的麥克．穆倫海軍上將（Mike Mullen），提起這個問題。麥克是一位思慮敏捷且態度專注的人，幾年前當我還在匡提科的時候，他正擔任海軍作戰部長。一位海軍將軍曾抱怨陸戰隊新增了太多如戰車和火砲類的重武器，遠超過了海軍的負荷。而這些額外裝備所需的空間和重量，會需要更多艘兩棲船艦來裝載，這是海軍預算所無法支應的。他的言外之意也很明顯，陸戰隊已經忘記了自己是一支海上武力，而變成一個無法以海運部署的部隊。我和麥克在午餐時談到這個話題。

「你的看法是倒果為因，」我說：「事情的表面可能掩蓋了真相。我們那些隨艦單位其實正在輕裝化，主要是海軍的空中支援能提供更為精確的打擊火力。事實上，在沙漠風暴行動後，陸戰隊已經裁減將近一半的火砲，我們並沒有讓船艦增加更多負擔。」麥可仔細聆聽，表達同意我的觀點，隨後他便不再理會這項抱怨。

如今我又指出，自己幾乎投入全部的時間，以便能掌握幾十個歐洲國家在軍事方面的細節。而這樣的努力卻讓我無法持續關注聯合部隊司令部的功能。我的結論是，沒有理由要持續讓一名美籍將領來當老大（el supremo）[1]。麥克先是大笑，隨即同意我的看法，一名來自歐洲的軍官可能更適於說服歐洲國家來承擔更多責任。我建議讓法國軍官出掌這項職務，除了對法國軍官的戰略思維具有信心以外，他們國家在政治上也展現出不惜以軍事干預來保護其利益的意願。更何況，在談到北約指揮架構的調整時，法方往往是在政治上最難說服的成員。因此我認為最好由他們的將領來處理轉型的議題。

當國防部長蓋茲和我一起，在布魯塞爾旁聽下一次的北約會議時，我清楚解釋了自己的觀點。這個議題不僅顯然得到了國防部長的關注，而且他應該已經和穆倫上將討論過了。

1 編註：西班牙文，至高無上的意思。

「假使我們將北約的轉型交給一位歐洲國家的軍官，」我說：「那就是以來自內部的壓力施加在這些國家上讓他們去改進自己的缺失。」

國防部長蓋茲通常不會讓人看出他的反應，可說是天生喜怒不形於色。但這一次他不僅看來興奮，還立刻點了點頭。到了二〇〇九年秋天，我將自己擔任的北約職務移交給一位卓越的法國空軍軍官。自從拉法葉（Lafayette）以來[2]，沒有一位法國人比替我卸下北約重擔的艾博雅將軍（Stéphane Abrial）更樂於接受這項職務的了。

——

從當時到現在，我都相信無論就地緣政治，或是在西方民主國家的文化團結性而言，北約都是絕對必要的。從當初為了團結對抗法西斯與共產主義到今天，我們都始終需要那些能共享持續性歷史價值的盟友。那樣的價值，正是我們獨立宣言與憲法的基礎。假使今天沒有北約的話，為了維持美國的開國元勛對於人人皆有自由與權利的願景，我們也會建立起一個這樣的組織來。我們必須牢記，自己正在進行一項稱為民主的實驗，而這項實驗在一個大體上與自由對立的世界裡，是有可能失敗的。美國民主的理念，即便能夠鼓舞人心，也無法在沒有類似意識的國家支持下維持。

同時，我也非常相信，歐洲國家必須做出更多的貢獻。

在我的判斷看來，如果持續以不平等的方式來分擔責任，北約終將會無以為繼。歐洲人不能期盼美國人會比他們自己更在意歐洲的未來。若沒有適當的資源，即使歐洲擬定了最棒的轉型計畫對應最真實的威脅，結果也會是一場泡影。假若歐洲的道德呼籲不能以堅實的軍力作為後盾，那他們在地緣政治與道德方面的領先地位，就不過是一張白紙上的空泛文字而已。

對那些質疑北約能在後蘇聯時期發揮價值者而言，很明顯地，一個原先因防衛西歐而設計的同盟，卻為了因應對美國的九一一攻擊，參與了它的第一場戰爭。在我們太常以交易的觀點來看待盟邦時，絕不該忘記這些國家為了我們的共同防衛，獻上了他們子弟的鮮血乃至生命。就如邱吉爾所說：「如果要說有一件事情比和盟國一起戰鬥更糟的話，那就是戰鬥時

2 編註：曾參與美國獨立戰爭的法國人，是美國的開國元勛，在華府白宮北邊即有一個公園以他為名。

沒有盟國在旁。」

第十三章　解編聯合部隊司令部

我當時身兼二職，在將多數時間用於北約事務之際，我在美軍的指揮職務大致上要仰賴我的副手。他必須是一位和我在盟國、作戰和領導方面有共同觀點的將領。簡言之，他將是和我共同指揮的軍官。因此我尋求我的親密戰友、出身海豹部隊的鮑伯・哈沃德的協助，他那時還只是一星的海軍將領。在穆倫上將的支持下，鮑伯很快晉升至三星中將，足以擔任這個副手的職務。我深信美國軍方高層，必須導入特戰部隊式的靈活思考。我很確信，鮑伯作為一名典型的戰士，融合了特種作戰經驗、說服力和人格特質的影響力，將能在國內推動那些我想要完成的事務。

我快速說明聯合部隊司令部的狀況。除了位於諾福克的總部，加上在其他各基地的人員，整個司令部有多達數千位幕僚，還有上千萬美金的年度預算。我焦點集中在掌握聯合部隊司令部的重要任務。美國四個軍種的參謀長，是要負責招募、訓練、採購裝備，並對國家未來的需要進行長遠的觀察。聯合部隊司令部則是要依照國防部長的指示，將軍力分配給那些分散在全球各地——太平洋、大西洋和其他司令部的戰鬥指揮官，執行當前或短期的任務。

聯合部隊司令部是在一九九九年成立，負責將各軍種準則導入聯合作戰的方向。目的是從概念、訓練乃至最終的戰爭上，養成軍種間聯合運作的能力。我了解這個司令部應該要以「聯合」來凝聚各軍種，但它在實務上的含意為何？我們輸出的核心又該是什麼？聯合部隊司令部應該傳達些什麼，以及這又如何在「讓美軍部隊更加致命」這方面增添價值？

了解是什麼讓一個組織得以運作，就代表要解析其文化，而不只是去看它的組織章程。文化是由一群人共享的生活方式——關於他們如何行動、信仰的價值、彼此之間如何相互對待，以及重視的價值等。企管大師彼得・杜拉克（Peter Drucker）曾經批評企業總裁們，花太多時間計畫，而非了解公司的本質。依照他的說法，「文化遠勝過策略。」任何組織的產出，不僅是由其文化所驅動，更必須反映出領導的價值才是有效的。

在我任職之初，走訪了其中一個旅部。在他們的布告欄上，都是那些鼓勵人員主動進取的口號，例如「決定而後行動」、「把握今天」、「做就對了」。這些標語看似發人深省，反映出重視主動性的特質，直到一名營長引起我注意到他們師長的命令。命令規定了體能訓練時的整套服裝，每位士官兵必須在運動時那樣穿——還包括了反光安全帶的顏色。通過這種由上而下，連細節都預先規劃的作法，證明組織的實際文化和宣傳是互相矛盾，扼殺了任何真正的主動性。如果想要它在組織文化內落實，就需要每天去實踐主動性，而非打壓它。每個體制都會因為獎勵而有相應的行為，必須獎勵能在戰場上發會效果的行為，而非早年我們口中的那種虛幻造假，甚至更糟糕的作為。

接觸過這一類數量龐大、由上而下的指揮方式案例之後，我回過頭來反思。當有人問愛因斯坦，假設有一個小時可以拯救世界，他會如何釐清自己的思緒時，愛因斯坦宛如智者般回答，自己會花五十五分鐘確認問題，然後以剩下的五分鐘來拯救世界。好吧，那我們的這個聯合部隊司令部，又該如何找出所謂「聯合」的問題？過去十年，又是什麼因素引領了我們的願景，進而形成了文化？我知道各軍種參謀長都清楚該如何去指引麾下的陸、海、空、海岸防衛隊與陸戰隊準備作戰。但聯合軍種司令部有為跨軍種的部隊提供同樣的指引嗎？答案應該是否定的。

與各軍種不同，聯合軍種司令部的聯合準則，並沒有告訴我如何作戰。我讀過當中的大多數，內容價值大概和汽車保險桿上的貼紙差不多，而且還有一堆無用甚至令人混淆的副詞與形容詞來加以文飾。我和數百位各階級軍官談論過，也聽過各類簡報，而我時常聽到的概念是「效能作戰論」（effects-based operations, EBO）。從它原本的設計到目前的涵義，指的都是一個正確的空軍標定目標概念。通過採用「系統中的系統」的方式，攻擊特定的目標組合，並預判敵軍戰力的損失。某些空軍的任務是可以用預期的效應為基礎來進行精確計算。面對可以有實體定義、採封閉式系統的目標，如供電區塊和交通路網時，以效應為基礎來標定的方法是最有效的。舉例來說，通過摧毀特定的路橋，便可以推測將迫使敵軍車隊沿著特定的道路前進。只要轟炸這類道路要衝，我方便可以限制敵軍的行動。

但聯合部隊司令部將這項來自空軍的準則做了調整，將其推廣到作戰這一類的開放系統，尤其考慮到適應性和不可預測性是後者司空見慣的狀況。就我個人看來，聯合部隊司令部對於轉型的努力不但錯位，以任何正確的戰爭理論為基石，在其所有混亂中，暴力真正是最不可預測的部分。對於「效能作戰論」，只有一件事情是可預測的，那就是它會失敗。而它也真的失敗了，無論是經過操縱的演習，亦或者是真正的戰鬥。

在聯合軍種司令部採用「效能作戰論」概念的五年之後，以色列在黎巴嫩實踐了它，並在這次戰爭首嘗敗績。以色列人以為，只要依靠空中攻擊便可以讓敵軍無法動彈，正如歷史學家麥特．馬修斯（Matt Matthews）所寫，「由於它不再是摧毀敵人的必要條件（註一），因此我們僅需要為數不多、甚至完全不用地面部隊了。」但結果卻是場災難，敵軍利用小部隊先登場，然後運用電子戰、非正規戰術，從正面、側面與背後攻擊以色列部隊。由於缺乏「準確」的情報，因此「準確」標定目標也變為不可能。一位以色列將軍就抱怨，「效能作戰論」所使用的措辭過於複雜（註二），虛有其表，導致連數千名需要執行的軍官都無法理解。

以色列人嘗到痛苦的教訓。一次與以色列國防軍在諾福克的會議結束後，一名以色列上校懊悔地對我提到：「我們還以為你們美國人已經先做好了研究。」

反思之後，我總結「效能作戰論」有兩項致命錯誤。首先，任何努力想要提供機械化論定的計畫架構，在面對現實的時候都是不利的，而且還會讓你陷入癱瘓與猶豫不決的混亂之中。經濟學家海耶克（Friedrich Hayek）曾警告：「適應性比人類還聰明。」（註三）在我方採取初步行動後，敵人也必然會加以因應，這就是為什麼我會在每場作戰初始，總會假設對方將採取相應措施，進而利用欺敵和比他的決策週期更快等手段擾亂敵軍的思路。戰爭會淘汰那些與其不可預期的本質相違背的準則。而「效能作戰論」並不會去考量對手有多機靈或勇敢，而這是一個很嚴重的疏漏。薛曼將軍寫道：「任何試圖讓戰爭變得容易且安全的作法，都將會導致恥辱與災難。」（註四）在沒有以核武互射之前，戰爭不會依照數學方程式來進行。「效能作戰論」如果被誤用，就會是一個從機械論甚至決定論的觀點出發，進而忽略「衝突是意志與其它大部分無法量化因素的終極測試」這項基本事實。

第二點，「效能作戰論」需要的是集中式的指揮與管制，以累積精確的情報，進而對攻擊的實際效應做出即時的評估。這導致高層幕僚持續需要他人提供確切的戰場資料。除了需要不被中斷的通訊以外，更會讓我們的戰場指揮官變得像記者，而不是集中注意力去瓦解敵軍的意志。這絕對是喪失主動性，並造成致命弱點的作為。隨著哈沃德的加入，以及他導入特種部隊思維到戰爭的作法，我們果斷地採取行動，把每一項被「效能作戰論」誤導的部分從跨軍種的聯合準則裡刪除。

有趣的是，每一份呈上來關於「效能作戰論」的報告，都是用微軟ppt格式送到我面前，這提醒了我長期以來的擔憂。「效能作戰論」在ppt上看起來很棒，但我總是敦促部屬避免「被投影片搞死」的窘境。這方面，我是受到馬歇爾將軍的影響，他寫道：「指揮官必須學會直指狀況的核心，理解其決定性因素，並以此做為行動方針之基礎。但這樣的能力既非與生俱來，也不可能在短時間內養成，而是一個經年累月的歷程。他必須要能了解，訓練去解決各式的問題——長期落實於做出明確而不含糊的決定，集中注意力面對當前問題的習慣，以及內在的彈性——對於戰爭藝術的成功實踐而言，都是絕對必要的條件。各階層的領導者，從初階軍官到主管的將領，讓自己習慣於清晰且邏輯性思考的藝術是非常重要的。」（註五）

ppt會妨礙批判性思考，它藉由聽眾追求更為簡潔的資料與被動性，助長了不連貫的邏輯。只有一個經過理智思考，並在邏輯上連貫的簡潔問題敘述，經口語說明表達之後，才能產生好的解決方案。ppt非常有利於資料的展示，但若應用在批判性思考上會讓我們變笨。

由於對美軍的作戰造成決定性的危險，我正式揚棄了「效能作戰論」（參見附錄G）。在一封對全體士官兵的信函當中，我寫道：「聯合軍種司令部將不再使用、支助或輸出任何與效能作戰論之相關項目與觀念。必須先找出我們試著要解決的問題，再提出能增值的解決方案。我們將會重新明定的作戰概念。我的目的，是確保指揮階層能以明確易懂的用語來傳達其企圖，促進他們的部屬果敢行動。」（註六）無論何時，只要軍方建構了實體或觀念上的馬其諾防線[1]，便是讓自己走上失敗之路。我們必須確保「效能作戰論」不會藉由新的包裝重返，以致我們脫離了戰爭的現實。

假使聯合部隊司令部有過錯誤的文化心態，而「效能作戰論」是錯誤的方法，那該以什麼來代替它？什麼將能夠指引我們，找到參與未來戰爭的方法？我決定要尋回歷史上有根據的原則，而非代數公式。我們將會採用這些原則，方法則必須是平衡且靈活的，不僅能適應那些未預見的挑戰，還要借重歷史、實驗與兵推，洞察未來可能的戰爭型態當中持續存在的本質。

「三位一體的機運、不確定性和摩擦，將會持續地界定何謂戰爭，」（註七）克勞賽維茲寫道：「將會使得即便想預期軍事行動最初期的成果，也是高度性的假設。」

我的目標是讓聯合起來的部隊對抗敵人時，抱持軍種之間合作的精神。在展示自己所學之餘，又能夠保持如爵士樂手般的應變能力。在指揮官企圖的引領之下，以獨立重整與去中心化的作戰方式為基礎，塑造聯合軍種的文化。那些戰爭的特性——無論是戰術、政治現實、技術、武器等，都會不斷地變化。雖然它不斷變化的本質要求我們急速去適應，但戰爭的基本性質仍然存在。

再度引用愛因斯坦的五十五分鐘原則，我對幕僚們指出，沒有一支軍隊能在先找出問題之前就成功轉型的。而所謂的問題，其實有三個層次：維持一個安全且可信的核子嚇阻，以確保那些武器永遠不會被派上用場；擁有一支令人信服的傳統武力，能嚇阻或打贏一場國與國之間的戰爭；以及，使「非正規作戰」成為美軍的核心能力。同時，我們還必須整合兩個新的場域——數位世界與太空，將來這些環境必定會引發競爭。這個努力的方向並不容易，

1 編註：法國沿著德法邊境建構的一系列防禦工事群，藉此阻擋德軍的入侵，但最後德軍在二戰時，以迂迴的方式，最後成功攻入法國沒有重兵或不以重兵防守的縫隙。

任何一個領袖，無論你是指揮官或是總裁，都必須引領自己的組織越過各種障礙和危險。我帶領聯合部隊司令部避開了「效能作戰論」的潛在危險，並走向我認為是正確的路徑。身為領袖假使你沒有這麼做，這一路下來你都會是孤單的；你沒有盡到領頭羊的責任。

——

自聯合部隊司令部成立的這十年來，「聯合」這項理念已經被擴充為一個更廣泛的工作範疇。在我到職的時候，國防部長已經動用十多位各軍種將領到聯合部隊司令部負責執行二十三項正式的工作。只要你提及某件事，聯合部隊司令部就可以和它扯上關係。某些部分我們確實也做得不錯。舉例來說，我們所提供的聯合訓練不僅首屈一指，而且為各軍種所極度需要。我決定要協助那些提供給各軍新進將領課程的教學。他們當中絕大多數人之所以能夠升遷，都是在工作上表現良好。但他們如今必須將觀點拉高至戰略層級，並將他們的熱心轉去接受那些和他們的晉升不甚有關，甚至全然無涉的技能。我想要以堅定的措辭親自向他們傳達，應付民選決策者是一件相當複雜的事，以他們目前所有的技能，不足以應對後續的挑戰。

最為重要的是，我要警告他們，那種與生俱來、順應局勢的本能，不該影響到他們獨立的角色。他們要清楚表達必要的選項與後果，那怕受到排擠。他們必須直率地提供軍事上的建議，不該過度調整修飾。「要避免喬治．肯南（George Kennan）所謂的『以尊重為名的狡詐帷幕』，不要政治化。」他們必須理解，自己的建議或許不會被採納，但之後仍然要盡其所能去執行政策，即使自己可能並不認同它。要了解，任何總統最終都會得到他所希望和應該得到的建議。如此，在晨光之下面對鏡子中的自己時，你就能無所愧疚。正如舒茲部長曾在國會所提過的，為了把工作做好，我們不應該太戀棧自己的工作。

一如歷史上清楚表達過的那樣，在轉折點上，改變的發生是以相對的速度來進行的。這代表當前、這一刻，我們必須加快腳步，不能以例行性公務待之。我要求的是紀律，而非思想上的控制。身為指揮官，必須鼓勵以智力承擔風險，排除了無生氣的環境。領導者必須保護那些敢於挑戰，不甘於墨守成規的人，以及那些會讓體制不快的獨行俠，否則你就是將創新給摒除掉了。

我告訴那些一星的海軍與陸軍將領：「你的階級並沒有高到無法接觸部隊，但卻資深到足以去保護那些獨行俠，這就是你的責任。」假使你個人就不喜歡應付同儕在智力方面給你帶來的種種「意外」，那等到敵人這樣對付你時就只會更糟。

——

到二〇〇九年底，我已經做了重大改變。北約轉型司令部已經交到歐洲將領的手上，聯合軍種司令部的方向也有了變革。我現在終於有時間能夠在兩千八百位軍人與聯邦雇員，還有我聘用的三千名安全合約雇員之間穿梭，去徵詢他們的問題、聽取意見。我們最大的建築物面積有六十四萬平方英尺，我可能在其中迷失好幾天都走不出來。

我詢問他們最基本的問題總是一樣的：「你負責什麼工作？你的團隊造成了什麼影響？」某些有黑色幽默感的年輕軍官到處轉發電子郵件，說當我在走廊上現身時，人們會鎖上大門甚至跳窗逃生。但同時，很多坦率的答案卻讓我感到耳目一新。「將軍，」一位年輕的軍官回答說：「我不知道自己的單位能為軍隊帶來什麼貢獻。」我從那些無法上戰場而感到不耐的年輕軍官口中，不斷聽到同樣的答案。我發現有不少了不起的人，他們想完成不一樣的事，卻因窒礙難行的程序，或司令部當中其他的障礙而感到沮喪。這類的回饋總令我困擾，又刺激了我。

任何能在海面或戰場上建立殺傷力的事情，我都會加以鼓勵。舉例來說，海軍准將泰德．卡特（Ted Carter）底下有一個名為聯合賦能指揮部（Joint Enabling Capabilities Command, JECC）的單位，裡面都是第一流的計畫人才，以及那些能夠很快將不同的通訊系統，連接上我軍全球指揮系統的鬼才。該部還設立了「境外派遣」小組，能為任何被指派負責危機反應的指揮官，迅速建立良好的通訊系統。二〇一〇年海地發生地震，一支派往當地的分遣隊，就依靠泰德和他連夜部署的小隊，讓現場指揮官陸軍中將肯．基恩（Ken Keen），能與數千位不同國家的民間與軍方人員聯繫。他們儼然是「菁英中的菁英」。

聯合部隊司令部當中也有其他值得關注的亮點。例如我就親眼見證聯合訓練演習的重大價值，只是我必須在這些優點以及整個司令部支出的龐大稅金之間取得平衡。如果是在一九九九年，各軍種之間還談不上什麼聯合作戰，因此這樣的預算是說得過去。但到了二〇一〇年，經過了十年的戰爭後，再以同樣的理由去爭取預算就缺乏說服力。軍種間的「聯合程度」已經達成，不該再依靠聯合部隊司令部，而是要讓參聯會主席和各軍種長官成為讓它持續留在主流觀念的代言人。我又回想起二〇〇七年時，因為前往伊拉克探望海軍陸戰隊官兵，而跟裴卓斯在巴格達共進晚餐的事。

「吉姆，六年戰爭期間，除了聯合訓練以外，」他問我：「聯合部隊司令部還曾經有過什麼正面的影響嗎？」

經過兩年之後，我深信本部數以千計的幕僚和我們花費的大筆預算，絕大部分都是不必要的。有其他現行組織能把我們其中幾項職責做到更好。我也必須承認，我們多數的工作並沒有增強軍隊的戰力。

二〇一〇年春天，我正在國防部長的會議室出席預算會議。環繞著桃花心木長桌而坐的，是國防部長蓋茲、參聯會主席穆倫上將，以及各作戰指揮官。部長的意思是我們必須在低優先性項目裁減預算，這樣才能夠維持戰備，並投資在未來的項目上。

戰鬥指揮官們已經為了兩場在中東進行的戰爭導致國防部裁減對其他地區的支援，而感受到預算不足的痛苦。更何況在我們的軍力縮減之際，責任並沒有隨之減少。這使得各軍種在投入軍力前往當前的戰場時，也必須擔負起預測並因應未來威脅的責任。平心而論，這等於是抵押了未來以支應現況，因此國防部長蓋茲和參聯會主席下定決心要解決這項問題。

我們必須要有能調用的資金，經過幾個小時的討論後，很顯然大伙都沒有什麼好的選項。我聚精會神地聽著，不想再把自己的抱怨添加在已經成串的責難上。我起身去會議室後方拿了罐可樂，接著站在那裡繼續聆聽。思考了幾秒之後，我作出決定，「管他的，」於是我抽了張餐巾紙，然後在上面寫著：

「解散聯合部隊司令部——馬提斯。」

當我走向穆倫上將時，把那張皺成一團的餐巾紙放下，好讓他看到。當他講完了話，攤開那張餐巾紙後驚訝地看著我，然後示以「當真？」的眼神，在我點頭確認後，他也點頭回覆我。要裁撤一個一級司令部？這樣一年不僅會省下上億美元的經費，也會減少數千個職缺……即使以華府的會計標準來看，這也不算是妥適的作法。此舉看似一時衝動的提案，但其實經過我多月的反思，以及數十年來尋求「什麼才能實現真正戰力」的經驗。

一旦建立之後，一個政府的官僚體系會提供穩定的工作與日常的事務。隨後不但與共同體有緊密的連結，也會吸引具有影響力的政治人物為其提供保護，進而成為一個能自我延續的實體。既然是美國納稅人在支付費用，每個組織都必須達成一個等值的目的，否則就該被裁撤。誰最適合判斷一個組織是否能為美國民眾的生命增值？在這件事情上，我是曾經花了兩年時間研究過這個組織的指揮官，而我相信自己提出了正確的建議。

國防部長蓋茲可不是一個猶豫不決的領導者，這件事情塵埃落定。接下來幾個月，聯合軍種司令部那些寶貴的單位都併入他處，其餘單位則隨之解散，我成功開除了自己。

第三部

戰略式領導

STRATEGIC LEADERSHIP

第十四章　中央司令部——三角學等級的戰爭

二〇一〇年六月，媒體正忙著報導軍方高層大地震的新聞。史丹・麥克克里斯托將軍（Stan McChrystal）——在阿富汗指揮北約部隊的四星上將惹上了麻煩。有家雜誌引述司令的幕僚，曾漫不經心地對美國民選官員發表有貶損之意的言論。那些參謀表現出令人訝異的幼稚行為，且完全缺乏專業。他們的作為讓我們失去了一位卓越的領袖，史丹必須為部屬的行為負責而遭到去職。

歐巴馬總統指派了當時指揮中央司令部，負責我軍從中東至中亞行動的裴卓斯將軍去接替他在阿富汗的職務。我認為這是明智的選擇，尤其裴卓斯是從一個工作範疇更廣的職務調來，這等於是向很多和我們並肩作戰甚至犧牲的盟友表達總統的堅定意志。

這樣的變動讓中央司令部出缺。在諾福克，當我正在收起自己的軍服時，國防部長的資深軍事幕僚突然來電。「長官，國防部長要您來華府一趟，」他說：「而且將您的軍常服帶來。」我猜想他是為了接替大衛在中央司令部的空缺，而要面試幾位高階將領。但我認為自己很可能在秋天告老還鄉，並在大雪飄落太平洋西北地區之前先到山間走走。

抵達五角大廈時，我便去拜訪參聯會主席穆倫上將。他告訴我，我是國防部長蓋茲屬意的人選。隨後我上樓向國防部長報到。依照他簡潔的作風，蓋茲證實了他已提出建議，將由我接替大衛的職務，但最後的決定權是在歐巴馬總統手上。我瞥了一眼用來提醒自己莫忘故里的雷尼爾蓋次峰（Mount Rainier Gates）的照片，並猜測自己會有一段時間無法見到它。當被人要求留下來戰鬥時，陸戰隊員只會有一個答案。我真的不需要再三考慮，便直接告訴蓋茲部長自己可以勝任該項工作。

蓋茲部長將我送到白宮，我和歐巴馬總統的會面，感覺起來更像是一次標準的工作面試。他詢問關於我原先職務的問題，以及對中東的看法，但卻對我的回答不表示意見。他陷入沉思且態度保留之情溢於言表，以至於到了告辭為止，都還不能確定自己是否已經獲選。另一個四星上將的職缺對我沒有什麼吸引力，我無法在高司單位獲得士氣高昂的基層部隊所散發的能量。但也提醒自己，我已經接受過關於戰爭的教育，因此將所學應用發揮出來也是我的職責。

幾天過後，總統召我回到白宮，以簡短且令人愉悅的氛圍下，說明已經選我出任中央司令部，並打趣加上一句，說他相信我會謹言慎行。蓋茲部長也提到，我向來以發言直率聞名。當你一連兩次聽到同一件事之後，就算是陸戰隊員也能參透其中的奧義。

為了準備參議院軍事委員會（Senate Armed Services Committee）的任命聽證會，我作了大量的準備：閱讀最新的情報、與近來從戰場返回的軍官交換意見、聽取駐外使節的觀點，甚至拜訪委員會成員。我向來都會在聽證會之前，先經歷過「謀殺委員會」的洗禮，練習用簡短的答案回應複雜的問題。一旦被選上，又做好了準備，一般這類聽證會還算不上是對智力的考驗。結果聽證會順利結束，任命獲得一致通過，我接管了過去十年引發全球多數不幸問題的責任區。

可以這麼說，這次任命投票等於圓滿了我在中東服務的整個歷程。我首先是以上尉軍官身分，於一九七九年被卡特總統派往該區。如今，三十年後的今天，我要去處理在那個重要的年代開始增生的問題，且指揮著派駐在該區的二十五萬名部隊。

在這三十八年來，我的角色始終是以一個執行政策的戰術或作動指揮官身分來進行領導與教學。而現在我的角色是為政策提供意見，並支援我們的外交官，在應對政治領袖和各國元首的同時，為我底下的軍事指揮官提供指引。將來會證明這是一個戰鬥的時刻，這指的不僅僅是為了我們的地面部隊。從我的層級上看，接下來幾年將會是一場為了維持對部隊與接戰準則——我們是依照這個規範來派出青年男女投入戰鬥——的信念而進行的戰鬥。這同時也為了維持那些始終和我們站在一起的盟國與友人的信念，以及我們對下一代的信念。我們理應為他們制定出一套負責任的戰略，在面對無法與之妥協的敵人的同時，營造出一個更好的和平。這也是我會親眼見證責任與欺瞞、勇氣與懦弱，以及最終戰略性挫折的時刻。

中央司令部的責任區內有二十個國家（註一），由埃及延伸至阿拉伯半島，從地中海東部諸國與島嶼到伊拉克和伊朗，東至阿富汗與巴基斯坦，往北達到中亞前蘇聯的共和國。這個區域正確來說，是叫「危機之弧」（arc of crisis）。奧圖曼帝國在一戰時崩塌，由眾多歐洲

所殖民的阿拉伯國家取代。隨著二戰爆發與歐洲殖民者的離開，以色列得以建國，當地的阿拉伯領袖也得到權力。某些國家把持著豐富的油源財富，但其他國家卻一貧如洗。整個區域當中，通訊科技與油元引發了伊斯蘭的暴力分支，原先與世隔絕的他們，在九〇年代取得區域性影響力，再加上該區政府普遍反應遲緩，讓整個情況變成了火藥桶。

中央司令部之下，美軍的部隊和飛機部署在該區各處（註二），還包括部署在從蘇伊士運河和紅海，直抵北阿拉伯海與波斯灣的海上艦艇。在伊拉克與阿富汗境內，還各有一名美軍四星上將指揮聯軍部隊。在這些之上，我負責指引並整合從中東到中亞的所有美軍行動。

在中央司令部，我必須提供意見並擬定戰略，以遂行總統的政策。並同時協助戰鬥指揮官確保任務的執行。在準備參議院的聽證會時，我就已經為各個可預見的問題寫下簡短的答案。這項書寫記錄的自我要求，總能讓我更為明確，有時甚至會讓我得到與以往不同的結論。我開始擔憂起某件事：我發現自己急於想找出政策的最終結果，以及讓我們的軍事行動能連貫起來，以達成那個最終結果的戰略。我內心深處響起了那則格言：「如果你不知道自己的去向，那任何道路都可以將你帶往那裡。」我在巴格達與法魯加經歷過的，讓我學習到缺乏戰略性思考將造成的危險。基於自己的經驗與研究，我無法找出我們在中東進行外交與軍事努力後，能達成的持續性願景。某些狀況，是我們的決策者不想讓它們發生的——不想以色列受到攻擊、不想伊朗取得核子武器，或是在荷姆茲海峽佈雷等等——但我無法找出我國想要達成的綜合最終結果：在我們達成之後，局面會是什麼？

再一次，我分別從政府內部與外部尋求建議。尤其是季辛吉博士，他是當中最堅決認為，在深入到軍事方面的細節，或決定如何正確運用我們的軍事力量之前，我應該先把精神集中在外交政策方面。我也體認到許多爭端並不會隨著明快的決定，或依照預期的時間表發展。某些危機可以被解決，但其他的就只能被管理，我們的軍事手段必須能兩者兼顧。

個人從諾福克坐車到坦帕的兩天行程當中，有時間讓我反思眼前的任務。從沙漠中的戰鬥，到我在北約的職務，盟友間那種無法估量的價值深刻地影響著我。我更因為全球有超過六十個國家的代表會出現在美國的軍事指揮機構，並居住在坦帕而深受鼓舞。這提醒了我們，美國有著獨特且無價的戰略領袖地位。

我認為自己的工作，是對堅定的盟友表達敬意，並瓦解敵人的規劃。自一九三九年就住在波蘭最艱苦集中區的這群人——我們在中東的盟友，他們的焦慮是可以理解的。倘若該處無止境的暴力，導致美國做出脫離該區的決擇，無疑只會讓邪惡的敵人或競爭者，介入這個我們空出來的權力真空。因此我下定決心，雖然自己正式的職務是要協調美軍與聯軍在本區的軍事行動，但我真正的角色，是要為了本區域一個更好的和平——或看似和平——能多延續一年、多一個月抑或是多一天而奮鬥，直到外交官們能指引我們，前往一條更好的道路為止。

沒有人會為了謀得某個中東國家的大使職務，而在總統競選期間捐獻政治獻金。我們這些在中央司令部的軍事將官們知道，我們有最精銳的外交官團隊：其中包括最優秀的、最有實績的，以及最有經驗的。例如駐伊拉克的吉姆．傑佛瑞大使（Jim Jeffrey），駐阿富汗的雷恩．克勞可大使，駐埃及的安妮．派特森大使（Anne Patterson），駐約旦的史都．瓊斯大使（Stu Jones），和駐葉門的伊莉莎白．理查德（Elizabeth Richard）與傑洛德．費爾斯坦（Gerald Feierstein）大使。

我首要顧慮的是恐怖分子的威脅，因為它正在擴張當中，並以兩個不同的團體出現。首先是由伊朗政權支持的什葉派恐怖分子，其中包括了黎巴嫩的真主黨和其他相關團體。這些人是自柯梅尼在德黑蘭掌權後四年的一九八三年和我們宣戰。同年對美國駐貝魯特大使館（造成四十六人死亡，其中十七名是美國人）和法國與美國海軍陸戰隊在貝魯特維和營區（共造成五十八名法軍，兩百四十一名美國海軍陸戰隊員和六名百姓死亡）的攻擊，可視為其開端。

第二是遜尼派鼓吹聖戰的恐怖分子——包括了蓋達組織和相關的運動——這些人在九〇年代中期向我們宣戰，最終演變成攻擊本土的九一一事件。它隨後更往全球擴張，從非洲直達東南亞。

到目前為止，只有什葉派恐怖分子能得到國家級——伊朗——的支持。我們已經在巴基斯坦的西北邊境地區，粉碎了蓋達組織的核心領導，也在伊拉克與敘利亞，擊潰了號稱蓋達組織在中東分支的伊斯蘭國，但什葉派民兵能從伊朗的革命政權那裡，獲得穩定的財政、軍事與外交支持，即使經過了我們的反恐作戰行動，仍可說幾乎是毫髮無傷。

雖然九一一事件之後，美國的情報單位與軍方成功預防了更多由海外對我們本土發起的恐怖攻擊，我依舊不敢輕忽這個敵人。我已經和他們周旋得夠久，清楚他們並未改變那種充滿憎恨與無法包容的世界觀，而且這些人是不可能以理智來說服的。我們必須和其戰鬥，否則更壞的狀況早晚要發生。

我們的敵人已經清楚表明，他們打算攻擊我們、我們的盟友，以及我們的利益。當我們的任務節奏已經使他們居於劣勢，並保護我們的國家不受海外恐怖分子的攻擊時，許多其他的國家並沒有免於這樣的威脅。九一一事件後的幾年，恐怖主義成為了一個擴張當中的現實，從倫敦到峇里島，從孟買到巴黎，更遍布了整個中東與其它地方。

回到一九八四年，在我完成兩次中東部署返回美國的時候，讀到了一篇由當時的國務卿喬治·舒茲在紐約市發表的演說。接下來幾年，我時常提及這篇演說。它清楚表達了我曾經研究過的課題。從那時起，他的說法引領了我如何面對恐怖主義的切入點。國務卿舒茲提出了一個令人信服的觀點，以被動防禦對抗恐怖主義是不足夠的，我們需要的是主動預防。他更進一步強調，保護我們的民眾與生活價值，是「一項道德權力甚至責任」。在這座他發表演講的城市，因九一一攻擊而犧牲了數千名無辜生命的十七年前，舒茲就提到了兩個重點：我們必須讓大眾了解到，為了對抗這樣的敵人，將會有軍人甚至民眾因此而犧牲性命。如果要應付這樣的挑戰，民眾的支持將是不可或缺的。

我在二〇一〇年參議院的任命聽證會之前，再一次重讀舒茲的演說。他所強調的爭取民眾的支持，再次引起了我的注意。九一一事件過了九年，許多美國民眾儼然忘記了，當曼哈頓與華府遭受攻擊後的數天乃至數個月當中他們曾有過的脆弱感。再加上更為錯綜複雜的伊拉克戰爭，讓我們失去了國內外的支持。要對抗一個全球性的威脅，需要的正是國際間的通力合作。

在這樣一場戰役面前，我們必須先回答一個基本的問題：政治化的伊斯蘭教符合我們的最大利益嗎？假使我們要擬定適合這個年代的戰略，就必須先回答這個政策上的問題。而我聽過最為直接且完整的答案，是來自阿拉伯聯合大公國的王儲。他的說法是：「絕對不是，宗教領袖根本不該治理國家。」要在這場戰爭當中維繫一支聯軍，我必須運用過去四十年自己所學到的每一項教訓。我必須能和那些與我們共同經歷順境與逆境的盟邦與友人相處，面對那些和我們有互信關係的國家與領袖，以及那些我們知道可以合作的對象。

我將會需要國務院的支援，並準備好嚴酷地面對那些支持或運用恐怖主義的人們。同時，我們也將會利用說服甚至利益交換的方式，與夾雜在敵我之間的對象合作。

基於許多中東國家在一至兩個世代以前，仍是歐洲的殖民地或蘇聯的附庸國，我必須體認到，它們通常缺乏在制度上實行民主的能力。如果想要讓反恐大業得以成功，我仍然必須和它們合作。我必須在協助它們對抗恐怖主義或伊朗威脅的同時，維持其領土完整，並鼓勵政府的形態變為更多元開放，以強化其公民社會，讓他們的國家更有條件抗拒恐怖主義。

抵達坦帕之後，我召集了底下的幕僚，告訴他們我的三大優先事項：支援我軍在伊拉克與阿富汗的指揮官；穩定我們在中東地區的盟友；在伊朗或其他狀況發生時，為總統準備好軍事方面的選項。

我每週都會和美軍負責伊拉克與阿富汗的指揮官們談話，確保彼此的合作無間。在伊拉克的歐迪諾將軍（Ray Odierno），已經把他的任務轉為訓練、武裝地主國部隊。而在阿富汗，裴卓斯將軍正領導著當代歷史上有最多國家參與的戰時聯軍——多達五十個國家，其中半數甚至還不是北約的成員——在北約的指揮下並肩作戰。在聯合部隊司令部時，我就已經被多名戰場指揮官們一再要求的預測性判斷而搞到人仰馬翻。如今我決定，中央司令部將成為前線官兵的助力而非絆腳石，以迅速的方式取得那些我們的戰士需要的物資。

「我要把話說清楚，」我告訴幕僚們：「我們要支持我們的指揮官。無論他們需要什麼，我們都會立刻運送過去。在詢問適當的問題，弄清楚戰場指揮官們需要什麼之後，就要確保他們在需要時能夠得到那些東西。這就是我們的角色。」

我強調我們的任務是以要求的速度，確保支援符合前線的需求，如此才能對作戰中的部隊所有幫助。我不想官兵的要求被長時間拖延。我認為自己應該是地球上最不願意去打仗的人，但萬一開戰了，我們的戰場指揮官就必須不被延遲地得到他們需要的東西。我們不能讓他們兩面作戰：一邊要對抗戰場上的敵人，另一邊還要應付我們，也就是從中央司令部一直到華府。我過去的長官，海軍上校迪克．史特拉頓（Dick Stratton）曾以戰俘的身分，被囚禁在號稱河內希爾頓的戰俘營達兩千兩百五十一天。他曾經教育我，來自前線的要求不是擾亂每日例行性事務的原因，而是我們之所以有每日例行性事務的真諦。

如同其他資深經理人，時間可說是我當時最珍貴的資產。在位於坦帕的總部，我的幕僚們正在協調應變計畫，並指導進行中的任務。此外，不斷會有成堆的臨時性狀況必須被處理。另外，還有來自六十個國家的代表，都各自有緊急的議題需要討論。它們當中的絕大部分，僅在本區域內部署了少量的戰鬥或後勤人力——但對某些國家而言，這可是一整個世代以來，首次承受戰爭的傷亡。無可厚非，他們會希望自己的訴求能被聽見。

對指揮官而言，聯軍架構下的作戰，就好比三角學等級的戰爭。聯軍作戰並不會按照軍事圈內視為理所當然的規範：也就是當你把某項任務或職責指定給某人時，你也必須賦予他們比別人更多的足夠權限，以便執行那項任務。但是在集合了來自很多國家部隊的聯軍當中，每一支部隊依舊隸屬於其母國。包括我國在內的大多數國家，都會對派出的部隊提出特定的「條件」。這類限制的存在，不僅會削弱聯軍指揮官對某些特定部隊的指揮權限，更可能造成在特定任務中，類似部隊拒絕上場的狀況。在這種環境下，高級指揮官的說服力受到考驗，下屬在確定可以分配何種任務時的設定也會受到考驗。因此我對底下美籍軍官的指示，是集中在那些聯軍部隊能做的事情上，而不要去抱怨他們因盟國政府的限制或基層訓練不足而無法執行的任務。

一個常在陸戰隊會提到的諫言：當你去參加槍戰時，把那些有槍的朋友全都帶上。歷經多次的多國聯合作戰過後，我相信我們需要每個盟友投入的力量，從創新的軍事方案，到它們在聯合國的投票，越多的盟友越有利。我從來就不會嫌戰場上人手過多，我們總可以找到機會給那些願意和我們一起奮戰的人。與年輕的陸軍與海軍將領談話時，我會向他們解釋，在多國聯合作戰的狀況下，我不可能賦予他們的軍事權限是超過這些盟友的決策。「雖然如此，」我解釋道：「你的國家還是會期待來自你的成功。」就跟過往一樣，馬爾博羅公爵

（Marlborough）[1]與艾森豪也必須因應這樣的狀況。

中央司令部其中一位前司令——辛尼將軍，曾傳授要我將資訊分為三類。第一種是所謂的例行管理，它能讓我預先做好準備——例如彈藥的儲存量和運輸地點等。第二種是關於決策，也就是用來維持任務的節奏，並確保我們的OODA決策循環能依照有關的速度來發揮功能。第三種是警報類，又稱為「夜間命令」。這類資訊用於處理重要事件——例如某美國大使館需要協助，或敵對勢力間爆發了新的衝突。「警報」類的資訊必須立刻讓我知道，無論是白天或黑夜。

為了安排接下來的事情，我參加了多次在喀布爾舉行的會議。某一次在和我多年老友阿布都．瓦達克將軍（Abdul Wardak），當時的阿富汗國防部長開完會後，我不動聲色地將他拉到一旁。

「你看來很糟糕，整個人透支了，」我說。

他淺淺一笑，然後反過來看看我，我們兩人都是征戰沙場多年的老兵。

「你不也是一樣，」他反駁我：「我知道自己累了，我變得會對幕僚暴躁甚至發怒。」

搭機回國路上，心裡一直想著這位朋友的話。我當時已經是主張指揮與回饋管理方式的主管，但自己也時常感到疲憊。那我有對幕僚們變得暴躁易怒嗎？那樣的我會促成怎麼樣的回饋呢？（給自己的附註：我並沒有免於這類問題）我的待人處事有越來越糟嗎？我是否不再像個教練，而變成是個缺乏耐心的暴君？情況越艱困，面對盡心付出的團隊，我越需要樹立心如止水的形象，絕不允許長時間的工作和邪惡的問題支配我的行為。

無論是在坦帕或海外，我的行程都包括了多場視訊會議、各式各樣的簡報，以及和各國首長、大使、將領、決策者和外交事務專家的會議。我每天的行程都是在接近凌晨四點的時候開始，我會利用那個時間閱覽情報報告以及前一晚的更新訊息。我的行程即便已經以三十甚至十五分鐘為單位劃分，仍時常為來自華府的電話、責任區內的幾位大使，甚至是與所屬

1 編註：本名約翰·邱吉爾（John Churchill），英格蘭十七世紀至十八世紀初著名人物，與納爾遜及威靈頓位列英國三大將領，也是英國首相邱吉爾的祖輩。

指揮官們的討論而被打斷。

每天早上，我試圖在運動並享用一份簡單的早餐前，先把電子郵件看完。我知道在很多狀況下，如果我沒有即時回答，一個稍晚才做的回覆，可能會導致幕僚們得花上數週的時間工作，才能導正某人沒有完全了解問題而做出的草率決定。

在美軍當中，缺乏反思的時間可說是高階決策者唯一最大的問題。假如要說有某個方面時常令我感到不足的，那就是這部份了。即便努力嘗試，我依舊沒辦法找出幾個小時，將自己從每日的例行事務當中分離出來，以作更全面的思考：有什麼應該做的事是目前我們沒有做的？我們的策略有那些缺失？什麼樣的狀況即將發生？我手下有許多優秀的軍官，正處理數以百計的問題，但作為指揮官必須試著去洞悉整個趨勢，將細節融入整個大狀況裡。預見決策將引起的後續甚至衍生性後果，所需的時間遠超過我所能省下來的部分。

局外人輕輕鬆鬆就說：「這樣哦，敦促你的幕僚長要更有效率。」但某些無法預見的狀況，就會因為事情的嚴重性，我必須親自處理。任何時候，我工作才開始不久，便可能會有商船回報遭受海盜攻擊。一名外國領袖可能在讀到某篇新聞報導後，緊急向我提出問題；一艘軍艦必須進港緊急維修，導致我們如果不想放棄一項高優先的任務，便要請求另派船隻前往；一位大使聯繫軍方，要求為難民提供協助；某位恐怖分子首腦在某地被目擊，特戰部隊指揮官必須向我簡報；參聯會主席來電，徵詢我對派遣部隊的意見，這樣才能在國防部長出訪前做決定，不然會超過時限。或是國外一位軍事首長為了某件機密事項，專門派員前來簡報，而且他表明不會向其他人透露內容……這類事情的清單怎樣列都列不完。

——

在坦帕，我麾下共有十六位海軍與陸軍將領，分別負責指揮任務與參謀作業。由於在十年內參與了兩場戰爭，中央司令部吸引了很多一流的人才，各軍種也只會派來它們最優秀的軍官。這群有經驗的人一週七天全心投入工作。我很快和他們熟悉，並鼓勵他們善用其主動性，依照我的格言「我知道些什麼？誰需要知道這些事？我告訴他們了嗎？」來協助我掌握狀況。我是如此頻繁重複這些話，導致某些處室還會把它們列在電話旁邊的索引卡上。

剛接任沒多久，某位軍官參謀以為我人在坦帕，因此發了一封簡短的電子郵件，問他能否到我辦公室來匯報一件機敏事項。我回覆他說：「如果你要到我現在的位置，也就是沙烏地阿拉伯上方三萬英尺的空中來見我，可能有些困難。搞清楚你想怎麼做，我在此授權你就這樣去做。然而下一次你就會知道，這類事情是由你決定的。馬提斯。」

每隔幾週我會回到華府，與五角大廈、情報單位、國務院官員見面，另外還會和國安會幕僚、民意代表和他們的幕僚，在國會或智庫碰頭。我不僅需要了解各種不同的觀點，更需要對可能發生的狀況保持警覺。相對的，我也必須跟他人解釋軍隊的需求與關注點，並確保自己指揮的立場能與上層行政官員維持一致，而這些事都不是你坐在辦公桌後方就能完成的。

無論我置身何處，都在指揮著一個長寬各達兩千五百英里範圍內的軍事活動。幾十位海軍與陸軍將領、美國大使與中情局站長分布其中（註三）。某次早餐會，國防部長蓋茲分享他對於團隊合作的觀點。「唯一能讓政府層峰之間合作的事，」他這樣說：「就是一個互相信賴的人際關係。」在我這個戰區內的美國隊——其中包括了外交官、情報人員與軍官——彼此間都展露了高度的互信。你不可能單憑電子郵件就達成這樣的領軍模式。

每兩到三個月，我都會和我的高階作戰官在位於卡達的前進指揮部見面。這是我們「圓桌武士」間的聚會：除了五個分支（陸軍、海軍、空軍、特戰部隊和陸戰隊）的指揮官們，還有伊拉克與阿富汗駐軍指揮官的代表，我在巴基斯坦、葉門與黎巴嫩的指揮官，網路作戰的指揮官，以及來自周邊歐洲、非洲司令部的代表。

在這些會議當中，我們主要是集中在討論作戰——誰會負責某個部分，誰又負責支援——除了檢視細節，也會重新決定優先順序。高階軍官們提出的作戰計畫，以及對突發狀況的論述，在一張如籃球場大小的地圖上——我們戲稱它「好大一張圖」（BAM）走過一遍推演。大家一同吃飯，各指揮部人員交互站在吧檯桌旁，如此才能不分階級彼此對話。

我意識到，假使處在一個幅員遼闊的我們，試圖以單一總部抓緊管制、遠控作戰的話，不僅會形成致命的弱點，更可能造成一處失敗、滿盤皆翻的狀況。只要受到一次擾亂，就可能讓整個系統癱瘓。因此我傾向藉由對空中、地面與海上單位的寬鬆協同，但一致進攻的方式指揮他們。對彼此在不同的兵棋推演情境下的預期反應夠深入了解，將可以建立起協同上的效率，進而使團隊佔有優勢。我們新式的「球衣演練」會帶領全員經過空中、地面與海上武力的調動，建立遍及全軍的信心。就如同以往我學到的，「視覺化」或「映像化」對任何指揮部而言，都是團隊精神的重要能力，尤其是在這個我方通訊將會被敵人擾亂的年代。

—

每個月我都要搭機飛上數千英里，去拜訪二十多個國家的政要與軍事指揮官。每次首先會面的，總是美國大使與中情局站長。我不希望自己看起來像是個獲得全面授權的外交官，或依照個人目的採取行動的軍事首長。每次當我拜訪他們時，會先詢問大使，我要如何才能為他們的外交事務提供最大的幫助。依照喬治．華盛頓的領導方式，我會先傾聽、學習、幫助，然後領導。國防部長蓋茲與辛尼將軍，都強烈敦促我要在各國結交相對應的對口。「美國軍方，」辛尼曾這樣告訴我：「已經集中巨大的關注在兩個戰區——伊拉克和阿富汗。不要忽視中東那些穩定的國家，你應該出訪並多花些時間在埃及與沙烏地阿拉伯。另外別忘了我們其它的盟友，每個國家都會希望藉由你的出訪來消除疑慮。反正你也是個單身漢，睡在專機上就可以了。」

他的建議恰好與我堅定的信念不謀而合：我必須要贏得國外文人與軍事領導人的信任。假使這些地區領袖不認識我，或者不認同我對於他們狀況的判斷，那我對他們而言，就只是一張晚宴桌上的姓名牌。屆時他們之間的密切對話與彼此信任只會將我排除在外，我將會被孤立，像觀光客那樣被待之以禮，卻不被當作能造成影響的局外人。為了避免這一點，我決定要讓自己成為一位好的傾聽者，並在解釋自己想法的同時清楚而直接，說明我考慮採取的行動，進而徵求他們的看法。我代表的是全球首強[illegible]即便他們身在中東，但我想讓這些人理解，彼此的相互重疊，他們的問題也就是我的[illegible]

在中央司令部任職期間，無論去到何處，我都會聽[illegible]於我們身為安全伙伴，究竟是能有多可靠的直白問題。在很多阿拉伯領袖的印象中，我們可能會拋下他們。當時我們正在強調要「重建國內」，再加上美國的外交政策缺乏一貫性，令這些人感到不安，許多人現在甚至公開質疑我們的承諾。我了解他們的顧慮，但也解釋我們在該區有持續性的利益。

面對這些國家，我們不能堅持它們要有如同英國的民主成就，後者簽署《大憲章》已經歷了六百年。與此同時，敵人在採取行動，不眠不休地對抗我們不完美的夥伴與美國。因此，在我毫不猶豫加強國務院支持那些具備包容性政府努力的同時，我也決心與我們的朋友在關鍵、敏感時刻的安全合作。

二〇一〇年下半年，「維基解密」開始公布一些機密的國務院電文，把我們外交官對國外領袖的評估公諸於世。一種新型態的敵人，對我們的利益造成嚴重傷害。我們那些祕密被公開的許多盟友當然也非常憤怒。我親自接觸過幾位，他們都表明不再會坦言以對，他們不相信美國人還能保守秘密。我向他們保證，自己沒有寫過什麼機密內容的電文、電子郵件或行動後報告。相反地，如果我認為一件事情重要到必須回報，便會使用保密電話，或親自與參聯會主席或國防部長見面。事件沒有多久，我碰到的不是沉默不語，就是明顯言不由衷的對話。某些時候，上述事件的傷害是如此嚴重，以致只能派任新大使才能重建互信。現況是我將當初在戰術層級學到的東西應用在戰略層面上，「親自接觸」成為常態，而「握手」則用於強化互信。

幾個月後，對美國的大量批評終於停止，相關的意見不合也能有效率的談開來。我並未對雙邊關係或親自接觸抱持過度樂觀。盟友開始兩邊押寶，開始與我們的競爭對手往來。在我回到這裡的同時，中東的動態也正在變化。哲學家赫拉克利特（Heraclitus）曾說，你無法二度踏進同一條河流。我的舊上司與中央司令部的前任，約翰·阿比薩德將軍警告我：「這裡不再是你我四年前所在的那個中央司令部了。自它成立至今，美國都被視為一個興盛中的強權。但今天某些人看我們，眼中卻是個衰落中的強權。」

美國缺乏安排優先順序的策略，以贏得廣泛的信賴，導致越來越多人認為我們不可靠。這不光在中東對我造成一連串的挑戰，更在日後導致我對於這些挑戰在全世界所引發的擔憂。

第十五章　勝中求敗

我在中央司令部那三年，美國政策上的錯誤使中東的動亂更為惡化，尤其是在伊拉克與阿富汗。

七年來在伊拉克投入了人命與資金，到二〇一〇年時，這場由美國主導的戰爭，終於能夠成功建立起一個不甚堅固的穩定。大規模戰鬥已經結束，感謝國防部長蓋茲讓大量兵力盡可能留在原地，使我們能夠重挫伊拉克蓋達組織。如今隨著戰鬥任務的結束，蓋達成員不是逃亡就是藏匿，遜尼派與什葉派的內戰也已經平息。從我的觀點來看，伊拉克已進入後衝突、重整階段之前的穩定。但隨著內戰所引發的激烈情緒卻依然存在。

當下的問題是，現在要做什麼？如果我們倉促撤出，根據情報單位警告，伊拉克內戰將會重啟，發動伊斯蘭聖戰的恐怖分子也再度崛起。美軍留在當地的部隊宛如黏著劑，除了維持伊拉克免於分裂，也協助預防恐怖分子再起。美軍顧問依舊在伊拉克警察與軍隊各層級走動。我們的軍官與部隊，還是當地派系間能共同信賴的調停者。

繼續將部分美軍留在當地，需要伊拉克政府的首肯。但同時，總理馬力奇（Nouri al-Maliki）卻因為在野黨在二〇一〇年的大選中比他們獲得了更多的票數，拼命想保住權位。白宮的國家安全顧問認為，馬力奇的遭遇會導致美軍的撤離。我反對這樣的邏輯，我日漸認為，抱持宗派主義的馬力奇最無法統整全伊拉克，以及繼續當地派系和解的程序。

二〇一〇年夏末，我飛往巴格達參加指揮權的交接儀式，洛伊德．奧斯丁將軍（Lloyd Austin）[1]要從歐迪諾手中接下部隊的指揮權。雷已經將一份經過仔細衡量的計畫，提報給國防部長蓋茲和我，打算要留下一萬八千名官兵。我們私下討論了一個關鍵問題：誰將會是下一任的伊拉克總理？而這樣的選擇，又會如何影響到美軍的撤離與當地的穩定？歐巴馬總統已經提到，我們會維持一支駐留兵力，以「建議並協助」（註一）伊拉克人。奧斯丁將軍、歐迪諾和我都假設，這樣的兵力要足以守住我們在付出極大代價後所達成的目標。我們會隨著伊拉克實力的增進，再減少駐軍兵力。

這天巴格達極為炎熱，交接儀式結束後，傑佛瑞大使邀請副總統拜登（Joe Biden）、白宮幕僚團隊與美軍將領共進晚餐。傑佛瑞是那種在艱困時期造就出來的外交官，席間他鼓勵與會者意見交換時不妨有話直說。在晚餐到結束以後我提醒大家，馬力奇並未贏得多數選票。我當時心裡正想著那些關於馬力奇將候選人的名字從選舉名冊刪掉、蓄意拖延政府改組好幾個月等已違反伊拉克憲法的報告。

「馬力奇總理是極度不值得信賴的，副總統先生，」我這樣說：「他將我們的大使和軍事顧問當成是自己反遜尼派訴求的障礙。區域內的領袖都警告我，他的目標是弄掉遜尼派的選舉權，打算將他們與庫德族從政府當中清洗或邊緣化。他並不坦率。」

我當時想到的是一輛腳踏車上為了訓練而安裝的輔助輪：當伊拉克人緩慢踏上自給自足之路時，就像那些學著騎腳踏車的孩子，我們不應該突然把輪子拔掉，而是緩慢將它們往上挪，好讓伊拉克人雖然會搖搖晃晃卻不至於跌倒。我特別強調，假使太早撤出，我們勢必將會再把部隊派回來。我堅持必須駐留部隊，並強調美國情報部門曾做過的評估：我們的進展

1　編註：拜登政府首位國防部長。

仍未穩固，假使美軍沒有留下，情勢還可能會「逆轉」。在這個階段，我們的部隊傷亡非常輕微。雖然政治考量理應領導戰略決策，但當政治決策違背軍事現實的時候，前者就會無以為繼了。唯有兩者均適當且一致時，政治考量與戰略決策才能帶來更好的和平。

拜登副總統和他的助理們禮貌地聽我說話。但經過交流，我感覺自己在說服政府官員不要支持馬力奇一事上並沒有進展。感覺很像你在規勸那些住在木屋裡，但又不覺得自己需要消防隊的人，看來已成定局。我理解作為軍人的角度看待，或許無法心領神會政治的複雜性。但坦白說，連我們的外交官似乎都完全被排除在決策圈外時，這就令我非常震驚。傑佛瑞大使鼓勵的開放交換意見，在這樣的情況下反而顯得突兀，最後也就草草收場。

「馬力奇要我們留下，因為除此之外他看不出伊拉克還有將來，」拜登說：「我願意拿副總統的職位和你對賭。」（註二）

我還蠻喜歡副總統的。晚宴過後，他還拿中央司令部來開我玩笑。「你知道為什麼自己會在中央司令部嗎？」他逗我：「因為沒有人蠢到會願意接下這個工作。」我發現他是一位令人敬重且友善的人，但已經進入了那個不願意考慮來自他人「好主意」的狀態。他不想聽更多的意見，只求我們的部隊能離開伊拉克。只要哪個方法能最快達到這個目的，他就會選擇它。拜登身上散發出一種已經下定決心的自信，或許甚至到了萬一誤判情況引發後果也不在意的程度。

接下來幾個月，從我在伊拉克和其他地區消息來源捎來的訊息，以及我們自己的情報，傳來的都是不祥的預兆。馬力奇進一步將遜尼派排除在所有政府公職之外，並在過程中打壓軍方。每當馬力奇嚴重濫權時，焦急的伊拉克官員都會向我們的顧問抱怨，把他們當成了上訴法庭。一九九四年，當南非推行種族隔離的政府垮台之後，曼德拉（Nelson Mandela）曾經展現了他的智慧，不僅穩定了當局，也調解了南非的民眾。馬力奇可不像曼德拉，就我看來，為了保住我們的成果，非要有足夠數量的美軍留在當地不可。

在華府，整個二〇一一年你都可以聽到人們在爭辯，假使有任何美軍留在伊拉克境內的話，人數應該是多少？從中央司令部、參聯會主席，到取代蓋茲的新任國防部長潘內達（Leon Panetta），都持續建議白宮留下一定數量的部隊，甚至連國務卿希拉蕊・柯林頓（Hillary Clinton）也抱持同樣看法。力主應採戰略性思考的國防部次長蜜雪兒・佛洛諾伊（Michele Flournoy），為了維持國防部的立場長期抗戰，但連她的意見也不被採納。從小布希總統開始，一直到歐巴馬政府任內，白宮都為了某些政治因素而力主全面撤軍。國家安全顧問並不相信我們「假使美軍撤出，敵方將會再起」的預警。他們把伊拉克視為「單一事件」，認為美軍撤出，既不會有區域性影響，也不會增進盟邦「我們正在拋棄他們」的憂慮。我認為，任何因我們離開而留下的真空，將會由遜尼派恐怖分子與伊朗填補。

伊拉克西邊的敘利亞，阿薩德（Bashar al-Assad）的復興黨政權正在協助蓋達組織與遜尼派恐怖分子的招募與訓練。而在東面的邊境，伊朗正在支持什葉派民兵與行刑隊。那些控制伊朗的宗教領袖，想要吸引伊拉克遵循他們的模式，成為他們的代理人。伊朗正在實施他們的長期計畫。依照我的判斷，無論在二〇〇三年決定入侵伊拉克時你採取的是什麼立場，為確保七年來在伊拉克戰爭的成果，都將需要美軍的駐留以及外交合作。

某次我前往伊拉克的行程，官員們一再告訴我，他們需要我們留在那裡，「以免來自伊朗方面令人感到窒息的影響」。從馬力奇以下官員那裡，我常聽到太多次類似的說法，以至於了解到這是個共通的「談話要點」：高階的伊拉克官員想要美軍留下，但在他們那個爭論不休的國會當中，卻因為當地的政治因素，而不能如此公開表態。

跟白宮的會議當中，我們時常因數字而有不同的意見，卻很少探究其他的最終結果，以及達成它們到底需要什麼。國家安全顧問提出質疑，為什麼我會需要一百五十人的兵力保衛一間位於動盪中東國家的美國大使館，或是為什麼需要派九十人的部隊，來為巴格達城外的基地提供後勤支援。我都會回答數字是基於那些部隊必須執行的特定勤務。但這些其實是一場安排好的戲碼，討論是為了讓人看起來這些事情有經過研商，但都只是個過程。這些部隊我都無法取得。某天要離開白宮的戰情室時，我直言不諱對一名高階的國家安全顧問提出質疑。

「我們這些軍人很想知道，」我告訴他：「你要我們做什麼事？」

我沒有得到任何答案。當然我對於服從由美國民眾選出來的三軍統帥（畢竟我自己不是民選的）所下達的命令沒有任何問題。但把這個倉促草率的撤軍視為明智之舉，就是一件全然不同的事了。在研究這個議題之後，奧斯丁將軍同意歐迪諾的看法，也就是建議我們留下一萬八千人的部隊（註三）。我仔細審核數日以及建議的勤務。我可以預料，屆時潘內達部長將會需要我對所需的勤務與兵力進行獨立評估。我告訴部長，自己同意奧斯丁將軍的看法，從美國戰略利益的觀點來看，我找不到其他任何可行的方案。

然而，事後不但沒有留下一萬八千人的部隊，白宮意興闌珊地提出了象徵性留下三千五百人的方案（註四，據我所知，這個兵力數字並沒有任何分析作為基礎），附帶加上確保我軍人員免遭伊拉克司法起訴的嚴格規範。那些附加條件可說是個毒藥策略。白宮心知肚明，爭論不休的伊拉克國會根本無法團結一致（註五）同意那樣的條文。更何況我們還有其他的合法方式能保障美軍官兵免遭起訴，但那其實也沒有什麼差別。二〇一一年十月，馬力奇總理與歐巴馬總統雙方同意，美軍將會在該年年底全數撤離。

「今天，我可以向各位報告，如先前所承諾的，我們其他留在伊拉克的部隊將要返國了，」總統說：「我們留下的是一個主權獨立、穩定且自立自強的伊拉克。」（註六）

五角大廈或國務院，可從來沒有用過「主權獨立、穩定且自立自強」這些字眼來形容伊拉克，我也從來沒有在任何相關的情報報告裡看過它們。在經歷過了這一切，以及承受過那樣的傷亡之後，我以為，我們當然不會放棄它。

「你們都知道我言而有信，且言出必行，」歐巴馬在二〇一二年的秋天說道：「我說過我將會結束在伊拉克的戰爭，而我也結束它了。」（註七）

花言巧語並無法結束爭端。隨著美國實質影響力的消失，馬力奇總理將許多遜尼派人士投入監獄，把他們的民選代表逐出政府，並拒絕將資金送往遜尼派地區，幾乎剝奪了國內三分之一民眾的權力。伊拉克又重新陷入快速增加的暴亂當中，就像是用慢動作鏡頭眼睜睜看著一起車禍發生。沒有多久，遜尼派便發起了全面的暴亂，伊拉克軍隊淪為空洞且無力的骨架，任憑恐怖分子如野蠻人般回歸，一切都如同中情局原先所預料的那樣。二〇一四年夏天，自稱伊斯蘭國的傳統威脅如浴火鳳凰般崛起，蔓延至伊拉克西邊與敘利亞東部。在擊潰伊拉克陸軍後，建立起殘忍的哈里發國。我們要耗費許多年、承受數以萬計的傷亡，再加上令數百萬無辜百姓經歷難以言喻的悲慘，才能收復伊斯蘭國的佔領區。而這一切都是可預測，且可避免的。

支持一個搞宗派分裂的伊拉克總理，並將美軍全數撤離，依照當時的條件看來，可說是災難性的決定。我曾一再見識過同樣的動能——罔顧現實——讓我們在二〇〇一年時，任憑蓋達組織與賓拉登逃入巴基斯坦，隨後是二〇〇三年，於法魯加再度發生，讓我們在攻擊進行到一半之際停下。如今我又眼看著它發生。這不是一個因軍方對上文人而產生的瑕疵，或是民主黨對上共和黨才發生的錯誤，而是更深層的問題。在政府的層峰，從以往到現在，都存在著一種自以為無所不知的氛圍，導致無論是情報部門的評估、我們的外交官，乃至於我們的軍人，都被排除在決策圈之外。

事情發生之後，某些政治領袖會歸咎於情報失誤。但那其實是代罪羔羊。我們早已提出過警告，與蓋達組織沆瀣一氣的恐怖團體將會再度興起。而那樣的評估卻被束諸高閣、置之不理。當你聽到任何領袖，尤其是一位在競選公職時，就清楚狀況已經存在的政治領袖，將問題歸咎給前朝時，著實令人很挫折。明智的領袖必須要能因應現實、表達自己的企圖，以及願意投入到什麼程度，好達成成果。隨後他必須信任自己的部屬，他們知道該如何執行這些事。明智的領導需要協同合作，否則它將會邁向失敗。

在與副總統共進晚餐後，我飛往喀布爾。這場戰爭我們已經打了十年，但進展甚少。自蓋達組織從托拉波拉山區逃往巴基斯坦的十年後，神學士已經重新控制了阿富汗南部與東部的廣大區域。在裴卓斯將軍的指揮下，三萬兩千名美軍與一萬七千名聯軍，正和多達十五萬的阿富汗部隊一同激烈奮戰。我希望中央司令部能盡力協助這場戰爭。

沒多久，大衛因為一份令人擔憂的報告找上我。

「吉姆，你不會相信這件事的，」他這樣說：「我們有合理的接戰準則，但每個較低的指揮層級都把要求再提高，這導致外出巡邏的部隊士氣低落。他們以為準則限制他們不得還擊。所以我正在宣導，接戰準則由我制定，下級指揮體系不得再增加額外的限制。媒體可能會因此報導我沒有在保護平民，所以我讓你先知道這個狀況。」

我立刻了解他面臨的問題，在步兵這個培養大衛和我的環境當中，如果一名擔任尖兵的下士回頭大喊，說他需要火力支援，那我們就會這樣做。但如今這位下士，卻面臨了一個複雜難行的決策循環。當我以前還能直接下令給那些投入戰鬥的人員時，我的格言也就設定了使用武力的條件：「在使用武器前一定要先思考。首先，不要傷害無辜。射擊前辨識你的目標。」在像哈迪沙這類少數案例中發生的判斷失當，我要公開自己的決定，確保每一位士兵都清楚我是如何做出這個結論。這強化了我對紀律嚴明的部隊的道德立場。

但事到如今，每一項有關民眾傷亡的控訴，無論是有多麼不明確，都必須進行調查。敵人很快學會了如何做出不實的指控，導致調查數量隨之增加。又因為調查必須與律師和調查人員會面，不光擾亂了任務的執行，也使各階層間的關係變得緊張。我自己曾接受過調查，清楚對那些牽涉其中的人而言，這可不是一件小事。當律師得到結論並寫出指引後，阿富汗政府的各級官員，包括善變的總統哈米德．卡爾扎伊都會嚴厲地批評導致民眾受傷的事件，無論它是真實的，還是被神學士用於宣傳的。因此限制我們使用火力的規範越來越多，即使我們的部隊遭受敵人攻擊時亦然。那種所謂一體適用的限制，其實無法反映部隊所面臨的實況。

接戰準則讓有操守的軍隊，和野蠻人或恐怖分子有所區隔。但同時，一個民主政體，無論其道德原則有多崇高，也都有一項道德義務，就是確保其士兵被允許——不，該說是被鼓勵——能有效執行所指定的任務，也就是逼近敵人並將其摧毀。《日內瓦公約》將致命的軍事武力應用給系統化，並註明破壞應該是依照狀況比例的，且各方應盡力採取行動保護非戰鬥人員。親身見證過我軍一再投入戰場之後，我懷疑歷史上有任何一支軍隊會比他們更盡力避免傷及無辜。

逐漸嚴格的規定是在好幾年的過程當中演變出來的。我認為由於缺乏明確的政策目標，在一場漫長而沒有結果的戰爭當中，又面對著日益高漲的批評聲浪，導致我們在戰場上只好限制接戰準則，以確保我方是以「正確的方式」在戰鬥。把這些規範強加在部隊頭上，只是徒然想彌補我方缺乏能有進展的明智戰略。結果我們並未調整戰略，卻反而試著要免於受到任何對我們作戰方式的批評。由於這樣的作法，導致我們在軍事方面畫地自限，並在過程中使部隊喪失信心。裴卓斯正是要對軍事上的需求，與保護無辜的絕對必要性形成一致。

我們在設定規則限制部隊的同時，也不能讓我們的士官兵一直仰賴上級的判斷，或明顯地給予敵人與你「平分秋色」的優勢。我們的各級指揮官，必須是部隊自己的教練與隊長，在戰鬥中與士官兵建立互信。當將領們由於規範脫離現實，而失去對部隊的影響力之際，將各階級凝聚為一的紀律也會隨之削弱。正因為有了紀律，也才會將戰場視為一個人道場域，進而保護遇到的無辜者。我們必須從將領直到二等兵強化互信，才能讓非戰鬥人員付出最低代價，並以最有效的方式贏得戰爭。

我們有保護部屬的道德責任。我毫無保留支持大衛的決策，以解決接戰準則的問題，且必然要給予那些直接和敵方交戰的官兵更多的權限。這些準則其實不該只由律師來擬訂，而是由指揮官在聽取專精於戰爭法的律師建議後決定，而非單單只考量人道問題。另外，接戰準則應該是反射性的，而非反省式的。在時間緊迫之際，部隊才能快速且合法應對。假使一個民主政體根本不相信自己的部隊，那它根本不該投入戰爭。

即使有了明智的接戰準則，那戰爭的目的又要朝向哪裡？我們的政策想要達成的最終成果是什麼？什麼樣的策略可以完成它？目的、方式和手段都很重要。小布希總統曾經聲明：

「我們在阿富汗的目標，是要建立一個穩定、溫和與民主的國家。」但這個廣泛的政策目標，在他八年的總統任期間證明是無法達成的。

至於歐巴馬總統，他雖然不情願，但仍同意在二〇一〇年派出更多部隊。「這是基於我國的重要利益才會額外派出三萬美軍前往阿富汗，」他這樣說：「十八個月以後，我們的部隊將會開始返國。」在第一句裡，總統為阿富汗境內反神學士的部隊帶來了希望；但在第二句，他提出了我們離開的日期，所以也給神學士帶來了希望。總統演說之後，我詢問司令部內巴基斯坦軍方的聯絡官，對於這個訊息有什麼看法。他很快回答我：「你們要撤軍了。」如同季辛吉博士在好幾年前教給我那樣，我們永遠不該告訴對手，自己將不會做哪些事。

為了達成「撤軍戰略」，進行過多次會談。我的想法是，從一場戰爭中「撤離」應該是贏得該場戰爭的次要成果。除非你想失敗，否則你不會告訴敵人，何時你將停止戰鬥，而且你也不會罔顧現地情況就決定撤軍。如今裴卓斯只有非常短的時間，並且要在這段期限內，扭轉江河日下的戰況。即便是加派的兵力抵達當地，就已經要好幾個月的時間了，要讓他們能造成影響，顯然還得再過幾個月。即使如此，他仍認為自己可以做出成果。這是一項三重挑戰：首先，神學士是狂熱且意志堅定的敵人。再來，他們在阿富汗東邊的鄰國巴基斯坦有一個庇護所。第三，阿富汗政府缺乏有能力的官員。自蘇聯入侵開始長達三十年的戰爭，已經摧毀了該國的社會結構與多數的經濟。受過教育的階級，只有零星的少數。

在聯軍部隊肅清了一個區域之後，阿富汗士兵就必須進駐守住被奪回的地點。完成這類行動所需的時間不明確，但時間很重要。在一個四分五裂的社會，裴卓斯必須選擇在哪裡部署聯軍和阿富汗部隊，以便在結束前達到最大的效果。在他清單上最高位的，是稱為馬加（Marjah）的地區，那是一個鴉片交易的重鎮。二〇一〇年春天，超過七千名陸戰隊官兵與阿富汗部隊發起突擊後，才從神學士手中奪回馬加。隨後阿富汗官員搭機飛來成立「迷你政府」，也就是由公衛、水利、農業、學校、警政與教育的首長，組成一個治理小組。但當這個「迷你政府」抵達時，只見幾名心生恐懼的阿富汗官員現身。等這些官員走進馬加的市集，面對那些因為失去鴉片豐厚收益而憤怒不已的農夫之後，隨即就逃走了，將治理事務丟給聯軍。

當我造訪該地時——已經是突擊行動的一年以後——仍有一個美軍的營級單位，以及一支特種部隊的顧問小隊留在那裡。到二〇一一年夏天，歐巴馬總統宣布：「戰爭的走勢正在消退……（註八）漫長的戰爭將會有一個負責任的收場。」我卻被指派了兩個矛盾的目標：中央司令部在我指揮之下的部隊，一方面要削弱神學士的實力，一方面要協助阿富汗陸軍的組建。另外他們還要不受當地狀況的影響，依照一個嚴謹的時間表撤軍。我們能夠做到第一或第二件事，但顯然無法兼顧。

在接掌中央司令部時，我曾告訴蓋茲部長，會向他呈報對於局勢進展與挑戰的獨立判斷。為了做到這件事，我知道自己需要一個不失真的風險評估，其中還要包括外界的觀點。或許我以及跟阿富汗的作戰指揮官，對這些人和問題過於親近，以至於把每個即便是短暫的成功，都視為將勝利在望的前兆。畢竟我們的軍人，都本能地抱持著事在人為的精神，否則根本不可能承擔戰爭加諸我們的要求。此外，由於一再的海外派遣，我們有些經歷沙場考驗的指揮官，已經對阿富汗人民產生情感，有可能因此影響其判斷力。我感覺到自己需要某個能夠置身事外，並展望未來的人。二十年前的沙漠風暴行動當中，我首次派出那些有經驗的軍官到我的指揮管轄之外去觀察戰局然後回報。他們是我「集中觀察的望遠鏡」，或者代號「茱麗葉」的軍官。如今到了戰略層級，我轉而向三位具有專業且敏銳的友人求助：大衛・布萊德利（David Bradley），他是《大西洋》雜誌的董事長，退役陸軍將領傑克・基恩（Jack Keane），以及我過去的導師，退役陸戰隊將領安東尼・辛尼。我知道他們會毫無保留地告訴我，他們眼中的事實。這些人個別飛往阿富汗，並獲准可以和任何階層的領袖與部隊交談。等他們返國後，便會告訴我他們個人對我軍綏靖作戰的評估。

他們看到了最實在的進展，以及朝著正確方向所採取的各個步驟，但也提出警告，這不僅是個龐大的計畫，更得花上許多時間。辛尼事後寫道，綏靖作戰「不但會耗費許多資金與人命，還會需要大量的部隊。如果對象是一群接受能力不強的人，更無法形成持續性的改變。投入資源的一方必須謹慎！」（註九）在聽完他們的報告之後，我剛好又有機會遇上退役的鮑威爾。當我向他解釋自己聽到的狀況時，他直指最重要的關鍵：「吉姆，核心的問題在於，你所有的成功會不會因為沒有時間或兵力加以鞏固，所以都是短暫不持久的？」事後，當我聽取每一次的簡報，每一次造訪阿富汗，這個疑問都會一直迴繞在我心中。

美國陸軍轄下的「東區指揮部」（Regional Command East），面對的是最為複雜的地理與部族挑戰。但也就是在該處，讓我得以見到聯軍獨一無二的價值。即便在國內和敘利亞邊界都需要兵力，始終為我國盟友的約旦阿布杜拉國王，還是派出了他手下最有戰力的一個營到阿富汗來支援我們。該營營長阿瑞夫・薩班上校（Aref al-Zaben）是一位充滿創新力的指揮官，總能帶來全新的想法。他時常派出自己的手下去巡邏，他的譯員也會將神學士利用無線電在山谷孤立的社區中散播的仇恨訊息轉達給他。利用自己的伊斯蘭教士，營長展開了一場每日的無線電反宣傳，駁斥基本教義派對可蘭經的錯誤解讀。這個節目稱作「溫和的伊斯蘭之聲」（Voices of Moderate Islam）。他的部屬將小型收音機發送給每個家庭，讓他的教士能利用空中電波，以只有穆斯林才能做到的方式，挑戰神學士的意識形態。從有聽眾來電的節目中，明顯發現神學士正在失去對群眾的控制。巡邏期間，戴著迷彩頭巾的女性士官兵，以男性或非穆斯林無法做到的方式，主動和村裡的阿富汗女性交流。阿瑞夫也安排讓阿富汗村落的長老們搭機至約旦的首都。到阿曼之後，阿布杜拉國王會在清真寺前親自和這些長老談話，對街可以明顯看到一座基督教教堂。從阿富汗的村落到約旦的清真寺，都明確傳達出「包容」的訊息。

從他麾下的步兵在區域內村落中的巡邏，收音機中溫和伊斯蘭廣播發起的「論述之戰」，到身為信仰與人民領袖的國王的對談，約旦部隊發揮了遠大於其規模的力量，為我們北約聯軍帶來了人力之外的影響。

對約旦這類盟友，以及我們部署在阿富汗的所有部隊而言，北約主要的作戰弱點，就是為恐怖分子提供庇護所的鄰國巴基斯坦。

九一一事件過後幾天，美國官員曾經堅稱巴基斯坦和我們站在同一邊。起初巴國也是和我們合作。但沒有多久，巴國領導們又回到玩兩面手法的老路上，並為神學士提供庇護。當我們將那些人趕出阿富汗的村落後，他們退入巴基斯坦邊界，養傷、休息、重新補給，然後靜待重返戰場的時機。綏靖作戰的歷史告訴我們，當一名敵人可以如沙灘上的浪潮般進退自如時，是極難將其打敗的。

要了解我們是怎樣讓自己陷入了這樣的局面，就必須要回溯歷史。一九四九年，隨著殖民時代結束，英國將主權歸還給了信奉印度教的印度人，以及篤信伊斯蘭的巴基斯坦，分治之後的血腥事件導致約一百萬人失去性命。至今兩國已經發生過四次戰爭，且雙方都有相當數量的核子武器。巴基斯坦透過與印度的敵對狀況來判斷關於地緣政治的一切事務。阿富汗位於巴基斯坦的後方，因此巴基斯坦軍方當然會希望，在喀布爾主政的政府是對自己友善，且能抗拒印度的影響。這也就是為什麼當蘇聯在一九八八年離開阿富汗之後，巴基斯坦方面會協助並支援阿富汗的神學士運動。

我們如今在供給相當數量的經濟與軍事援助，並支付大量的金錢，以便阿富汗能有好的發展，但這些費用並未令我感到安心。因為巴基斯坦是一個自建立開始，就對自己沒有情感的國家，甚至在其政治文化中，還有積極的自我毀滅的特性。當北約有超過百分之七十的後勤生命線要仰賴巴基斯坦這條路徑時，我深深感到不安。我看了一眼地圖，決定必須換掉棋盤上的棋子。

我聽到了一些抱怨，關於中央司令部之前為何不直球面對這項弱點。雖然我期望得到真誠的回饋，但我們必須要專心改進弱點，而不是對著問題抱怨。我對我們的後勤專家非常有信心，我引導他們和我方的外交官合作，另覓途徑。我們的大使和美國運輸司令部（U.S. Transportation Command）熱切地和阿富汗北邊與西邊的國家合作，以便從北方開啟新的補給路線。此外，我下令要在阿富汗境內囤積足以使用九十天的必要物資——包括彈藥、食物、醫療補給品與燃料。北方的通路費用更為昂貴，如可以避免，我自然不想使用它。但在高度不確定的情況下，無論會不會使用，你都必須另闢蹊徑：永遠要在手裡多留一張牌。

到了二〇一一年九月，接替裴卓斯成為北約駐阿富汗指揮官的約翰・艾倫將軍（John Allen），給了巴基斯坦軍方一次警告：他掌握到窩藏在巴基斯坦的哈卡尼（Haqqani）恐怖團體正在準備巨大的卡車炸彈。巴基斯坦陸軍參謀總長艾史法・卡亞尼將軍（Ashfaq Kayani）說他將會採取行動。兩天之後，那輛卡車炸彈在喀布爾附近的一座美軍基地爆炸，造成七十七名美軍受傷，以及五名阿富汗人死亡。幾天之後，哈卡尼的恐怖分子攻擊了美國在喀布爾的大使館。在華府的一次外交典禮上，我巧遇了巴基斯坦大使胡笙・哈卡尼（Husain Haqqani，他和恐怖團體沒有關係）。當時的我很欠缺外交手腕。

「你有一個巴基斯坦陸軍的師部，」我說：「就和恐怖分子的總部，在同一個城市裡。你說你不是站在他們那邊，但如今他們襲擊了我們的大使館，而且整個行動是在你們國內統籌的。你正在支持的那些人，早晚會反過來把你們殺了。」（註十）

我那充滿冒犯的言詞剛好被一名美國外交官聽到，他事後寫了封表達道賀之意的電子郵件給我。

我多次和卡亞尼將軍在拉瓦平第（Rawalpindi）的直白對話，幾乎沒有什麼效果。到了十月，美國與巴基斯坦的關係到達了低點。十一月尾，一個有美軍顧問隨隊的阿富汗連，在夜間與一支巴基斯坦部隊爆發了激戰。掀起戰端的巴基斯坦部隊，還以迫擊砲轟擊我方。在美軍顧問用盡辦法表明身分，對方卻沒有停火之後，他們召來空中攻擊消滅了二十四人的巴基斯坦部隊。此舉引發了巴基斯坦官方的憤怒回應。

為了確認事情的始末，我和一名人在現場的資深美軍人員——一位特戰部隊准尉——坐下來談話。他解釋自己曾一再地以無線電聯絡北約與巴基斯坦的聯合協調總部，希望對方停火。他甚至召來一架F－15戰機低空飛過，投下熱焰彈並照亮巴基斯坦的陣地。神學士可沒有這類戰機，而我們在現場的指揮官已盡了一切努力，想從高處讓雙方停火。但當巴基斯坦方面不但繼續攻擊，而且火力更為集中之後，我們轟平了位於山頂上的陣地。我在電話裡把原委解釋給了卡亞尼將軍，並提議進行一次聯合調查，卻為他所拒絕。他的軍隊依舊對我們獵殺了賓拉登，卻沒有先知會他們而感到惱怒，因此卡亞尼不能表示有任何與我們合作的意願。

利用F－15的轟炸作為藉口，巴基斯坦方面粗暴地關閉了前往阿富汗的補給路線（註十二）。該國官員選擇將戰場上的一次悲劇，轉為對美方的指控。無疑，他們認為我們不光在邏輯上別無選擇，更將我們逼入了政治上的僵局。幸運的是，在那時足以讓我們運用九十天的補給已經到位，而且北方的道路已通過測試且準備使用。我們將補給路線往北挪，並取消對巴基斯坦運輸商的付款。由於此舉出乎他們意料之外，巴基斯坦方面只能等待，希望我們的北方路線無法撐過嚴寒的冬天與泥濘的春天。

這招並未奏效，在經歷了一年的邊緣策略之後，巴基斯坦方面終於懸崖勒馬。雙方都認為協調上的「錯誤，才導致了巴基斯坦士兵的死亡」。巴基斯坦方面默默重新開放了補給路線，開往阿富汗的卡車車隊又再次復駛。

對我來說，這次事件說明了戰爭不可預測的迂迴曲折。它顯示為了達成你的目標，不能只有一種行動方案的重要性。如果在一次危機當中，你發現自己根本沒有選擇就會被逼入角落，因此永遠要準備緩衝方案。以預測對手談判策略的方式，來幫助我們的外交官，並提供更多的選項，以免國務院由於缺乏軍事備案，而在談判中受到限制，這就是我作為軍人的職責。

巴基斯坦軍方為了在國內對抗恐怖分子，損失了比北約聯軍在阿富汗陣亡數字還多的部隊，但他們仍以為自己能夠控制，或至少操縱恐怖分子。但恐怖主義一旦生根後，會以無人——甚至連巴基斯坦的秘密勤務單位ＩＳＩ都不能——預測或控制的方式發展。我的結論認為，我們與巴基斯坦軍方的互動只能是交換性質的，無論是基於當下的特定事項，或是彼此能提供對方的交換條件。巴基斯坦偶爾會選擇不當我們的敵人，但它其實選擇的，是不成為美國或北約的可信朋友或盟友。

在所有應對過的國家當中，我認為巴基斯坦是最危險的，因為它的激進化社會，而且還有核子武器。我們不能讓世界上快速成長的核子武器庫落入在它們當中孳生的恐怖分子手裡，那樣的結果將是災難性的。巴基斯坦人民的悲劇在於，他們不關注自己未來的領袖。

另一項缺乏互信的證明，就是當我們找到賓拉登身在巴基斯坦的藏身處時，歐巴馬總統也是派出一隊人馬去獵殺他，而沒有通知巴基斯坦。

最終，是基於雙方的共同利益，讓我們維持了一個謹慎小心的關係，並適度地預期雙方能夠合作。我們能管理自己與巴基斯坦之間的問題，但由於雙方的分歧太深，互信太淺而無法解決它們。那也是雙方至今的關係狀態。

二〇一二年夏天，我飛回阿富汗，當時巴基斯坦仍持續為神學士提供庇護。增兵階段已經結束，我們正隨著華府的計畫逐步減少兵力（註十二）。我花了時間和約翰・圖蘭聊聊，這

位在二〇〇三年朝著巴格達推進，二〇〇四年在法魯加奮戰的無懼上校，如今已是在情勢激烈的赫曼省指揮全體聯軍的兩星少將。打橄欖球出身，還帶著布魯克林口音的約翰，直指問題的癥結。在指揮了一年之後，對於阿富汗部隊是否能以一己之力控制住鄉間，他抱持極為保留的態度。赫曼省是神學士的財務中樞，隨著鴉片的出售，財富流入了敵人的金庫。神學士控制著該省首府周圍的村落，無須戰鬥就守住該地了。

「伊斯蘭教並不是這裡進步的阻礙，」他說：「問題在於整個文化都排斥西方的概念，例如照規矩辦事和彼此合作。」

歷經幾十年的暴力、破敗和不確定性，導致沒有人相信明天。因此每一個部族、分支乃至每一個人都只為了自己。雖然多個地區進步了，在教育、公衛甚至更多方面有了進展，但阿富汗政府自身缺乏整合、能力與決心將大部分的鄉村地帶從神學士手裡奪回來。約翰和我談到，一件最令我倆困擾的事：隨著那些志願從軍的男女官兵在這裡陣亡，我們有多大的自信確認這樣的犧牲能帶來令人滿意的成果？底下的連長告訴我們，一旦我軍離開之後，阿富汗士兵就不願在「綠區」（地方市鎮周圍的廣大農田）巡邏。我們來自數十個國家的聯軍，即便這場戰爭在各自國內不受歡迎，依舊抱持忠誠。在將傷亡者運送出去之後的第二天仍舊出擊，並朝敵軍逼近。他們付出了一切，並克盡職責。

戰略將政策的最終目的，與外交和軍事的方式及手段連結。擬定政策者、外交官與將軍必須一起商議、互相知會，直到他們堅定地認為，自己已經有了切實可行的政策為止。如果你要去任何地方進行一場有限度的戰爭，在政治上的最終成果雖然受到明確的限制，但軍事資源上卻該是完整的，如此才能迅速結束戰爭。假使政策發生了變化，戰略與相關的資源也必須隨之改變以因應新的目的。我們既沒有將兵力增加到需求的規模，也沒有考慮到達成目的所需的時間。

以南韓作為例子來看就知道了。自從一九五三年停戰之後，我們在那裡駐有數萬名美軍。透過大軍的存在與穩健的外交守護了這個被戰爭摧殘的國家，並讓它得以從獨裁政體轉型為活躍的民主制度，這一切耗費了四十年。但在阿富汗，我們卻不願意投入這個國家轉型所需的資源與時間，使其能按部就班成為一個興盛的民主國家。

我們當時想以最少的資源去做最多的事。

考量到神學士表明不願意與蓋達組織劃清界線，假使我們不繼續使對方失勢，並遠離有眾多人口的中心地帶，那就顯然太粗心大意了。在周而復始的戰情室會議中，當白宮方面要求我提出判斷時，我都提議至少要有一萬名美軍部隊留在阿富汗，除了考量到敵人對美國的威脅，以及阿富汗陸軍的發展之外，不表明確定的撤軍日期。但我們卻因為彼此矛盾的任務，而被往兩個相反的方向拉扯：一方面是無論阿富汗人是否準備好，我們都要減少兵力並開始撤出。而另一方面則是繼續和敵人戰鬥，以保護民眾。缺乏一致性的目標將會導致我們開始失去盟友。在後續幾年，參與的國家從二〇一三年的四十九個，減少到二〇一六年底的三十九個。我們正在失去那些本來可以承擔更多責任的盟友。

在戰爭的三角學當中，隨著缺乏明確的政策最終目標，又沒有投入其戰略所需要的資源，無可避免的，就會讓那些無關戰略的緊急事件主導了整個情勢的發展。

第十六章　是友？是敵？

當阿富汗與伊拉克正受到美國國內極大關注的時候，我有兩位卓越的指揮官在當地坐鎮，讓我得以完全掌握情況。我因此將多數的時間用來應對中央司令部責任區內的其他國家。

那些其他的國家由於貧窮的環境，加上改善的機會微乎其微，讓阿拉伯國家的民眾對統治者的普遍不滿，終於累積到了臨界點。二〇一〇年，每三位阿拉伯青年當中就有一人失業（註一）。經過數十年惡劣的治理後，讓絕大多數人面對一個沒有希望的未來，而在這個數位化的時代裡，他們很清楚自己正在錯失良機。

然而就在一夕之間，如同深夜裡從黑暗大海竄出的龍捲風橫掃船隻，整個中東陷入了風起雲湧的人民革命當中。這些變化撼動了我們與區域內每一個國家關係的基礎。在北非海岸的突尼西亞，一名水果商人自焚而死，在生前告訴他的妻子，自己畢生為人的尊嚴始終被剝奪。二〇一一年冬天，電視畫面將他自焚而死的絕望影像，傳送到數億阿拉伯觀眾面前。隨後很快地，中東各國的阿拉伯政府與人民間的社會契約，都陷入了幾近全面的崩解。每一天我都看到地圖上顯示著如野火般散播的抗議情勢，就如同一根點燃的火柴，被扔進一池汽油當中。在西方媒體上，我們閱讀到所謂的「阿拉伯之春」，似乎暗喻著這些變亂將會導致獨裁體制被推翻，民主制度將會隨之興盛。

但在一場叛亂之後，權力通常不會自動轉移給最有理念的那一個，而是落入那些有規劃的人手裡。許多阿拉伯人渴望民主，但他們發起的叛亂，主要是針對不公平且對民意充耳不聞的體制，而非急於建立民主且包容的政府。我非常確定，如果任何人認為在一個缺乏民主傳統與公民社會體制的地區，能夠在沒有暴力的情況下，就很快走上自由民主道路的話，那就是一種不切實際的想法。像法國大革命就帶來了六年的恐怖及斷頭台審判，結果反而促成了拿破崙軍事國家的興起。一戰期間，俄羅斯人推翻了沙皇的統治，最終卻導致了史達林的集權主義以及數百萬人的死亡。任何叛變，無論在開頭時多麼具有理念，通常不是引起混亂，就是導致暴政。

國防部長蓋茲提示置身中央司令部的我，要持續與各國接觸，並鼓勵我與區域內各國的對口官員維持緊密聯繫。他對這些民變的後果抱持著審慎的態度。我和他一樣，對新秩序會是什麼型態感到憂慮，這些情況並不代表民主注定會誕生。雖然我沒有預知未來的水晶球，但以自己對歷史的粗淺了解，提醒我每個社會對於改變都有其承受的限度。我擔心的是，假使傳統的阿拉伯社會無法接受突然的政治變化，某些更糟的狀況將會隨之爆發。

一八〇七年當決定要如何應付一個敵對且強大的英國時，傑佛遜總統寫道：「在這個狀況下，要追求正面的結果顯然是無法達成。因此，我們只能去尋求一個最不壞的結果。」（註二）阿拉伯之春期間，這句話讓我覺得是一個合理的建議。

埃及始終是學習阿拉伯語言與文化的歷史重鎮，這個國家何去何從，對整個區域乃至我國的利益都是至關重要。二〇一一年二月，首都開羅爆發了對總統穆巴拉克（Hosni Mubarak）的大規模抗議。他已經統治該國長達三十年，且堅定地支持我方的政策。但如今他和他的政權，卻成了普遍不滿與抗議的焦點。

我認為我國的切入點必須慎重。面對埃及，我認為應該採用不公開的外交手段，促成其建立一個包容性的政府。在如何支援埃及民眾，卻又不至於背棄穆巴拉克這件事情上，政府內部是有分歧的。但在二月初，歐巴馬總統卻出面發聲反對穆巴拉克（註三），堅稱對埃及事務上：「我們是站在歷史正確的一邊。」（註四）基於我個人曾經接觸過一些歷史，發現事件無分好壞，都曾為善良與邪惡的角色所「書寫」。因此我不太相信那些尚未被書寫的歷史書會以某種形式，帶給急切的阿拉伯人他們如今熱烈期盼的結果。

二〇一一年一月，開羅的解放廣場（Tahrir Square）盛大的佔領行動中，埃及武裝部隊指揮官山米·安南將軍（Sami Anan）曾在某個晚上聯繫我。他當時人在華府，必須趕回埃及，他打算搭乘在四小時內將自紐約市起飛的民航機。在那個颳風寒冷的夜晚，我和他在安德魯空軍基地（Andrews Air Force Base）見面。在讓他搭上軍機，以便及時趕到甘迺迪機場前，我們交談了一下。「謝謝你，」他說：「我答應你，以軍人對軍人的立場，我的手下將不會對他們的埃及同胞開火。」他履行了承諾，雖然街頭發生暴力事件，但埃及軍方選擇袖手旁觀。穆巴拉克在一場不流血的政變中倒台了。

現在的政治局勢決定了結果。幾十年來，穆巴拉克僅允許一個反對黨成立——穆斯林兄弟會（Muslim Brotherhood），從而加強了他對政府的控制，如果不是穆巴拉克就是激進的信徒要掌權了。這個有紀律的組織團體，使其在群龍無首的革命之後迅速取得權力。

當我在開羅跟掌權還有失勢的埃及重要人士會面時，他們都對兄弟會的政策感到憤怒：其中包括了反基督教的命令，還有允許九歲女童可以結婚。此舉讓兄弟會很快遭民眾唾棄。在世界歷史上最大規模的公開抗議活動，有兩千萬埃及人走上街頭，其規模幾乎是全民公投的性質了。一年之內，埃及陸軍要兄弟會交出權力，然後在一場不完美的選舉當中，由其軍事指揮官當選成為總統。

可以想見，一個由軍人主導的埃及政府並未達到我們的理想。但若軍方沒有在兩千萬人要求穆斯林兄弟會下台之際出面回應，衝突爆發的威脅將會帶來嚴重的後果。穆斯林兄弟會最終是要進一步縮限埃及民眾的人權，這樣的價值觀使得他們持續與我方為敵。但大眾壓倒性反對其統治，讓一件事實分外清楚：當我們身在國外時——支持民主的崇高傾向——必須受到智慧與謙卑的指引。就像有時想理解自己的政治環境感覺到很難，而希望全面了解另一個國家的政治更是全然不切實際的幻想。

在這個混亂時期，從頻繁造訪過程當中，我從三個方面努力：首先，我向我們那些傳統派的朋友保證，在確保安全與對抗恐怖威脅方面，雙方仍會並肩合作，畢竟恐怖分子可是沒有所謂的假期。第二點，我清楚表明，我們不會容忍任何來自伊朗的侵略威脅，破壞大家的領土完整。第三，我進一步強化我國大使的努力，鼓勵那些區域性領袖對全體民眾有所回應，並採取包容的態度。我認為上述的努力，都是為他們爭取時間推行符合其社會可以承受的改革。

同時，合作也是依照互信的程度而產生的。我已經記不清楚在阿拉伯之春期間，累積了多少萬英里的航程。與阿拉伯領袖們的對話，無分民間或軍方，通常都會以一連串對於美國領袖的抱怨作為開頭。一句最常聽見的抱怨是，「我們愛美國人，但我們痛恨你的外交政策。」由於世界對我們有更多的期望，因此我想美國人會比其他國家的民眾更常聽到關於他們缺點的說教，至少我是聽得夠多了。但我的鐵則是，別以沉默不語來暗示我同意那些關於我們總統政策的任何批評。在某次訪問區域內一位王國的行程，穆巴拉克下台之後，該國掌權的王室，開始對我們的政策發出嚴厲的批評。

「陛下，」我最後終於打斷他：「我的忠誠心必然是向著我的國家，以及我的三軍統帥，也就是歐巴馬總統。當他們被批評時，我是不會以沉默的方式來表達認同的。我來這裡是為了確保您王國的安全，也是在最前線執行美國的政策。請相信我，我知道如何做到那些事，而我也將會做得到。當我們雙方有共同的利益時，你的問題就是我的問題。而我正是前來尋求共同的利益、提供協助。」

對方先是向後坐，然後注視著我整整一分鐘，而他的顧問群則安靜地坐著。然後他露出了微笑，接著我們之間展開了一場漫長而廣泛的對話。你必須要花時間聆聽對方，然後找出共同點，在這件事情上是沒有捷徑的。

某些反應令人耳目一新。在阿拉伯聯合大公國，王儲穆罕默德·薩耶德（Mohammed bin Zayed）和他手下的軍隊，是如此堅定的履行他們對抗恐怖主義的承諾，讓我們在中央司令部的人都將阿聯稱為「小斯巴達」。當幾個北約盟國由於國內的政治壓力，將部隊從阿富汗撤出時，王儲則從阿聯國內派來更多的F－16戰機與特種部隊減輕我方在填補那些撤離軍力當下的負擔。像阿聯這樣的朋友，在我們需要時堅定地和我們站在一起，即便我的國家曾令它困惑甚至失望亦然。沒有一個國家能獨力維持自身的安全，因此在盟友間的關係變得緊張時，我們必須格外努力確保和對方的密切關係。華府方面再三要求其他國家在建立包容性的政府方面採取更明快的改變，卻沒有讓我們最為淵博的外交官進行評估：此舉可以提醒對方步調不要太快，以免偏離了迫切需要的真正改革。結果導致那些在我方陣營的友好國家，反而對它們可能進行的改革產生了抗拒。

在約旦，堅定的阿布杜拉國王依舊忠誠地支持我們（註五）。他向我保證，會繼續讓約旦士兵在阿富汗與我們並肩作戰。有一次，我們單獨在他的露台上會面，討論中央司令部能做些什麼協助約旦因應從敘利亞湧入的難民。基於一貫的好奇心，我決定詢問國王關於他的工作。

「當一位國王是怎樣的？」我問他：「畢竟我沒有當過。」

他笑了笑，然後朝著一疊紙揮了揮手。

「事實上，我已經寫了好些專欄，」他回答：「我必須要和我的子民解釋，為什麼他們應該以符合自己最大利益的方式獨立投票。我不能單靠下命令的方式把事情完成，我需要我的人民和我站在一起。」

給那些懷疑改革能否發生的人，在這裡我親眼見到了一位公僕領袖在採取行動。

阿拉伯之春引起的波瀾，從二〇一一年蔓延到了隔年。二〇一二年年中，敘利亞正處於血腥內戰的苦難當中，而在埃及旁邊的利比亞也陷入完全的混亂。察覺到了這樣的機會，葉門的蓋達組織採取行動，而神學士則在阿富汗境內繼續攻擊。伊朗在增援阿薩德於敘利亞進行的種族清洗作戰時，也掀起區域內——從地中海直到阿拉伯海——的破壞與恐怖主義。阿拉伯之春的希望已經證明是一個幻影，許多人更因此而感到失望。

潘內達部長的幕僚要求我為國防政策委員會的會議提供最新消息。一群從退休前官員挑選出來的人們，是經過部長本人親自核准可以接觸機敏資訊。這類會議雖然不是由我發起，但我卻能因此獲益，因為可以得到他們對於更廣泛議題的明智與慎重建議，而這類事務通常不是我能和部下提到的。在我解釋某些兵力部署的狀況時，前國防部長斯勒辛格（James Schlesinger）向我提問。

「請容許我打斷一下，」他說：「但我想聽到關於這類部署背後的大戰略？我們的方向為何？要達到的最終成果又是什麼？」

基於相信我們是共同處理國防問題的同事，我直接回答他。

「我不知道我們的整體戰略是什麼，」我向他坦承，「甚或包括我負責區域的特定戰略。」

在兩個小時的討論中，不知道為何只有那一句話直接把矛頭指向了白宮，餘波更殃及五角大廈，引發了極度的不滿。

隨後，當一位高階的國防部官員試圖因我「對名嘴們（部長的幕僚以如此奇怪的方式來描述部長所信任的政策委員會）坦白」說話而責難我時，我並沒有理會對方。非常明顯，他們認為我應該在整個國家衝向戰略懸崖的時候卻一言不發、保持安靜才是對的。

在混亂的年代，合理的政策與明確的戰略原則，對於達成目標是格外必要的。基於九一一攻擊事件過後，中東盟友在需要的時候跟我們處在同一陣營，如今我並不想公開強烈批評他們。我認為在公開的場合，我們應該讚揚、毫不保留地宣揚我們的價值，但在私下卻全然坦承有關改革的潛在好處。要想讓別人接受我們的倡議甚至代表的價值，這是最有效的方法。

我時常必須和政府中那些把人權當成外交政策唯一標準的人爭辯，即便是我們自己，也無法總是按照我們的理念。阿拉伯的王權與強人領導，雖然沒有依照我們這些人權理想主義者堅持的速度進行改革，但在九一一事件後與我們站在同一陣營的國家，其人權紀錄遠比和我們敵對的壓迫政權——如伊朗和敘利亞——要好得多。期望那些沒有民主傳統、最近才從殖民主義控制下解放出來的國家，能夠依照某些在華府對文化改變節奏全然脫離現實者的標準來擁抱民主，是不切實際的想法。我們應該要以世代為單位，而非以幾個月來考量這些事。

相較於快速催促改革、反而導致完全的混亂，我們最好是安靜且堅定地支持一個不會導致可預期的暴力，甚至爆發式反應的改革步驟，如此才不會適得其反。同時，我由衷支持美國所代表的價值，即使它會讓我們的夥伴感到不悅的時候。如果要別人聽從我，我在公開場合就必須維護他們的尊嚴。但我向來是以直言不諱聞名的，私底下更是非常直白。

公然羞辱並無法以正面的方式改變我們盟友的行為或態度。在國際事務上，我們通常必須兩害相權取其輕，也就是在理想主義和實用主義間找到一個平衡。我們寧可有一個多重缺陷的朋友，也不要一個持續敵意的對手。我們依舊深信民主模式的力量。美國有兩種根本的力量：一種是威嚇對手的力量，另一種是啟發盟友與世界上其他有類似想法者的力量。而其中沒有比我們有能力讓民主制度順利運行更能發人深省的了。

如果想知道，埃及軍方沒有接受百萬民眾走上街頭所代表的意志，將會發生什麼事的話，我們只需要看看敘利亞就知道了。二〇一一年，在敘利亞佔絕大多數的遜尼派與庫德人，挺身對抗阿薩德政權的暴力統治。忠於阿薩德而非人民的軍方，除了朝無武裝的示威者開火以外，更從當時到該年底持續進行全面性的屠殺。據估計有超過十萬名百姓被害，數百萬人逃往國外。

二〇一二年春天，我造訪了約旦為那些成功逃離者所建置的難民營。該國被迫要將軍事預算的兩成，用來為十五萬只帶了破舊衣物的可憐難民提供帳棚與食物。在一排又一排的帆布帳篷之間，我看到了阿薩德殘暴政權留下的人為後果：將近四成的人都是傷患。我曾在世界各處看過難民，但從未像我在那些營地裡看到的那樣足以令人內心受創。

中央司令部一直對阿薩德儲藏的化學武器格外注意。我們當時發現，他準備以化武對付本國百姓的跡象。即便他謀殺式的鎮壓已足夠駭人聽聞，使用化學武器更令人無法接受。在它們於一戰時所造成的可怕傷害之後，即便是希特勒，也不願意在二戰戰場上使用化武。但在幾十年前，阿薩德的父親就利用化學武器鎮壓了一次革命。為了預防這類情況再度發生，歐巴馬總統在八月發出了一項堅定的警告。「對美國而言那是一條不可跨越的紅線，」他說道：「如果我們看到化學武器被調動或使用，那將會有嚴重的後果。」

沒多久，阿薩德真的動用了化武，並造成數百名民眾死亡。顯然，總統的警告並沒有影響到這位愛好殺戮的獨裁者。在中央司令部這裡，我認為我們應該就是為總統對阿薩德造成「嚴重後果」的那些人。在北約與阿拉伯盟國的支援下，我們準備了多個方案，從單次攻擊到全面作戰，都能讓阿薩德付出慘重代價。一切取決於總統的判斷。我們已經準備好了，而我在等候命令。

反之，總統決定不發動打擊，我們從未以軍事手段回應。如此的缺乏決心，影響了全世界。我們在北約與太平洋的長期盟友，不僅對此表示驚訝與難以置信，更認為美國被視為可靠安全伙伴的名聲因此被嚴重削弱。在三十六小時內，我接到一通來自友好太平洋國家外交官的一通電話。「好吧，吉姆，」他這樣說：「我想我們在面對中國時，得要靠自己了。」

「小孩手上拿著的炸藥，」邱吉爾寫道：「並不比一個強有力的政策卻軟弱地執行更危險。」接下來幾年，敘利亞不僅分崩離析，更淪為人間地獄。連帶的後果還包括加速的難民潮改變了歐洲的政治文化，以及間歇性發生的重複恐怖攻擊。美國至今都要承擔這個助長對手且動搖盟友的後果。

——

從我抵達中央司令部的第一天開始，就清楚我們面對兩個主要的敵人：沒有國家的遜尼派伊斯蘭恐怖分子，以及伊朗的什葉派革命政權，都是最能引起區域內不穩定的國家。這兩個威脅當中，伊朗是遠遠更為致命的一個，除了它極端的領導階層——那些教長——具有狂熱的革命本質之外，這個國家更在人力、工業、經濟與自然資源等方面，足以開發核子武器與洲際彈道飛彈，他們同時還資助了全球各地的恐怖活動。這三十多年來，伊朗政權已經成為美國無法改變的敵人。我必須處理兩方面的問題，一方面要保持不穩定的和平，另一方面要應對伊朗針對我們和我們在該地區朋友的積極行動。那些重要的國家，例如沙烏地阿拉伯、以色列、約旦、阿拉伯聯合大公國與巴林都戒慎恐懼地注意著伊朗，但美國對於「阿拉伯之春」的不一致態度，尤其阿薩德跨越了我們畫下的紅線後而無所作為，已經撼動了這些國家對美國的信心。我時常聽到關於美國正在默默接受伊朗成為霸權的顧慮。

我的工作是為總統提供各種方案。因此我們時常要進行兵棋推演，以行動測試對方的反制作為。戰略學家威利准將（J. C. Wylie）寫過：「除了上帝以外，沒有人能始終預測任何一場戰爭的開始、範圍、進展、猛烈程度、方向和後果。我們手上會需要各式各樣的劇本……想要為確切性結果所做的計畫是最痛苦的……錯誤。」（註六）而我手上的計畫，就是要在危機來臨時，讓總統能有所選擇，並確保能將重大的遺憾減至最低。

我在中央司令部的副手，哈沃德中將是在伊朗長大、精通波斯語。我們兩個人都認為，伊朗的神權政治是既狡詐又充滿敵意——一股向境外輸出混亂，並趁他國動盪伺機而起的邪惡力量。而阿薩德與他在敘利亞的復興黨政權，是伊朗在中東唯一的盟友。伊朗的貨機時常要飛越伊拉克領空才能降落在大馬士革。從那裡，物資再經由陸路送往黎巴嫩，好讓伊朗支持的真主黨民兵能在該處與以色列維持戰爭狀態。幾十年來，伊朗都是中東恐怖主義的主要資助國。二〇〇四年至二〇〇九年之間，隸屬於該政權的共和衛隊還派出暗殺小組進入伊拉克、提供爆裂物裝置，導致超過六百名美軍的傷亡（註七）。這個政權更將武器與爆裂物，運輸至本區域的每個角落——從巴林、葉門、加薩走廊到沙烏地阿拉伯乃至其他地方。他們甚至還將首都德黑蘭的一條街道改名，以紀念當時刺殺埃及總統沙達特的兇手。

——

二〇一一年十月十一日的晚上，坦帕總部的高勤官通知我，司法部長與聯邦調查局局長剛舉行過記者會。他們宣布逮捕了兩名企圖炸毀米蘭咖啡館（Cafe Milano）——一家位於華盛頓特區的高級餐廳——的伊朗人。他們打算刺殺沙烏地阿拉伯駐美大使，他將到每天晚上聚集了數百名美國和外籍人士的喬治城用餐。

司法部長艾瑞克・霍德（Eric Holder）指出，這起炸彈陰謀是由伊朗政府內成員指揮並許可的，尤其是聖城部隊（Qods Force）的高階人員（註八）。聖城部隊是革命衛隊當中的特種部隊，直屬於伊朗政府高層。我看過的情資顯示，我們已經側錄到德黑蘭批准了這次的任務。我對於中央司令部沒有在事前被照會而感到困惑。對美國來說，這不單單是一起地方的社會案件，而是伊朗企圖實施的戰爭行為。要是炸彈如計畫引爆，那些在餐廳甚至街頭的人們將會死傷慘重，甚至血流滿地。這將會是繼九一一事件之後，美國境內最嚴重的攻擊事件。我覺得只有當伊朗覺得美國不會採取有效的行動，才讓他們膽敢在距離白宮不過幾英里的地方冒險採取這種行動。大使是和平的代表，即使是交戰國之間也有保護大使的傳統。要不是他們犯下了一個根本的錯誤——恐怖分子接洽了一名臥底的緝毒局（DEA）幹員，企圖將炸彈走私進來——伊朗就能成功發起這次毀滅性攻擊。如果那枚炸彈爆炸，它將會改變歷史。

我認為我們必須採取強烈的回應。我提出的軍事方案將會提高這次攻擊的代價，超過那些教長與聖城部隊將領所能承受的代價。但首先，總統必須要面對美國民眾，果斷說明這起預謀攻擊是如何野蠻殘忍，而美國甚至全球的民眾，也必須要了解這起陰謀的嚴重性。

一九一七年三月，當時的美國總統威爾遜從英國情報單位手中收到了一份由德國外交部長亞瑟・齊默曼（Arthur Zimmermann，註九），發給墨西哥總統的電報。其中提議兩國結為戰時同盟以對抗美國，並提議要將一部分的德州與加州割讓給墨西哥。憤怒的威爾遜公開了那份電報，以警告並鼓動美國大眾。美國國會提出反制，將美國的商船武裝化，對抗德國潛艦，輿論決定性地轉趨對抗德國。在我看來，「齊默曼電報事件」足以為鑑。

因此我向五角大廈建議，我們應該重新仿效這個前例，如同威爾遜總統所做的那樣，歐巴馬總統也該面對美國民眾公開那些證據。除了批評伊朗政權外，也要求其說明並負起責任。

美國以前曾這樣做過。一九八八年，一艘美國海軍巡防艦在波斯灣觸雷。雖然沒有造成傷亡，但證據指向是伊朗所為。因此當時的參聯會主席海軍上將威廉・克羅（William Crowe）認為，對方的作為已經太過，應以擊沉一艘伊朗軍艦的方式作為報復。他寫道：「應該要讓德黑蘭知道，我們願意付出重大的代價。」（註十）一個星期後，我們先警告人員疏散，然後攻擊並摧毀了三座伊朗的鑽油平台。伊朗隨即屈服，並將其不當的行為暫停了好一段時間。

華府對我將這次事件類比為齊默曼電報的觀點不感興趣，轉而將戰爭行為看成是一起違法事件，並只讓低階的執行者鋃鐺入獄。幾個月後，我在坦帕進行中央司令部的年度兵推。每年也只有這一次會有五角大廈、國務院與白宮的幕僚參與。幾天過後，《華盛頓郵報》報導了這次兵推。隨即這起新聞受到關注，其他關於兵推的細節也在另外幾家報紙上公開了出來。我受到了懲處，原因是中央司令部洩漏了兵推的內容。就當我瘋了吧，我們唯一一次有計畫內容外洩的兵推，就是華府相關人員參與的那一次。我願意拿薪俸出來和人對賭，洩密的一方是來自波多馬克河岸邊的機關[1]。在中央司令部，我們始終保持忠誠，三緘其口。

這有關洩密的指控，再加上我敦促高層依照齊默曼事件模式來揭露伊朗的計畫，並沒有提升我在白宮內的歡迎程度。但在中央司令部，我卻必須面對那個持續挑釁的伊朗。二〇一二年六月，伊朗砲艇擄獲了英國皇家海軍的一艘小艇。伊朗領袖語出威脅，例如伊朗革命衛隊的阿里·法達維海軍准將（Ali Fadavi）就吹噓：「在波斯灣與荷姆茲海峽，軍事衝突的規範是由我們伊朗來決定的。」（註十一）那是胡說八道，這個海峽是全球認定的國際水域，且在全球交易的油料當中，有百分之四十都要經由那裡運輸。假使那樣多的油量從市場上消失，我們的經濟將會立刻受到極為嚴重的打擊。

伊朗軍方這種侵略性的行動與輕率的發言，引起了我的全面關注。如果你不對類似這種明確的警告訊息做出回應，你就不算是自己單位裡的守護者。我通知五角大廈，表示自己打算在波斯灣進行多國海軍掃雷演習。

我麾下第五艦隊的指揮官，邀請其他有同樣想法的國家參與這次演習。我原本預料有六個國家的海軍可能加入，結果竟有二十九國參與。除了南極洲以外，每個大陸都派出了代表。伊朗對演習所在地保持距離。之後幾年，德黑蘭不再發表在國際海運路線上佈雷的談話。這就是一個以軍事行動，支援我國外交政策與盟友經濟利益的良好典範。世界上僅有一支海軍，也就是美國的第五艦隊，不僅前進部署到這個區域，而且有這樣的能力與可信度，能讓這樣多的國家集合在一起，形成如此規模的跨國回應。

幾個月之後，伊朗政權在其他地方再度測試我們。一架伊朗戰鬥機在波灣的國際空域攻擊了一架美軍的無人機。伊朗飛行員技術很差，多次的嘗試與失誤都被無人機的攝影機給拍了下來。我建議華府沿著同樣的路線再派一架無人機，並將幾架F－18戰鬥機部署在視距外。

1 編註：流經華盛頓特區的主要河流，這裡指的是那些參與兵推的非中央司令部編制內人員。

只要伊朗飛機膽敢對我們的無人機動手就將其擊落。但白宮方面拒絕批准這項行動。

「我可以感覺到馬提斯並不打算罷休，」潘內達部長事後在自己的回憶錄中寫道：「白宮則對他的決心感到厭惡。就如同我所知，他們並不完全信賴馬提斯（註十二），擔心他太急於和伊朗發生軍事衝突。」

我要採取的是經過盤算的行動，限制伊朗政權，使它無法將我們逼入戰爭。若你容許別人挑釁並輕忽地對待你，那兩件事當中至少有一件會發生：不是一場更嚴重、規模更大的戰鬥會爆發，就是你會被趕出周邊地區。

潘內達部長當然了解這一點，但他可是展現了所有說服人的看家本領，才終於讓白宮相信並做出回應。我派出另一架無人機飛入國際空域，並由兩架我方的戰機護航，結果伊朗空軍的戰機根本沒有起飛。這又一次未要求伊朗做出解釋或負起責任。我預料這會讓他們更有膽量在未來進一步挑戰我們。

激進的伊朗政權領袖率眾高喊「美國去死」，並公開說以色列必須被掃平時，他們可都是認真的。這個國家的恐怖與敵對行動是每天都在進行著。在我看來，我們不僅必須讓伊朗負起責任，更該在遭受攻擊之後反擊。當時政府之所以克制，背後有一個原因。他們與伊朗秘密談判，我當時並不知道細節。後來知道的是，如果伊朗同意階段性限制其核武計畫，歐洲與美國將會取消制裁。最終這項約定雖然有簽署，但沒有向參議院報告與獲得批准。從我的軍事判斷看來，這是美國計算不周、孤注一擲的賭局。而在同時，我們政府還在勸誡自己在阿拉伯的盟友，叫它們必須協助伊朗，彷彿它是區域內溫和的鄰國，而不是一個念茲在茲想要毀滅他人的國家。但只要伊朗的領導們將自己視為革命的根源，而非一般的國家，那它就將繼續是個比蓋達組織或伊斯蘭國更危險的恐怖威脅。

我的意見越來越不為白宮內部所接受，華府內都清楚，白宮對我在中央司令部的作為感到不悅，漸漸不信任我。即便我完全支持文人對軍人的控制，但我沒有放棄自己的獨立判斷。二〇一〇年，我強烈反對部隊全撤出伊拉克。到了二〇一一年，由於伊朗密謀炸毀位於我國首都的一間餐廳，我敦促上級採取報復行動。二〇一二年，我主張要在阿富汗留下一支小規模但有能力的應變部隊。這當中的每一步，我都要求能達到政治上的明確性，進而提供多項選擇，讓我們的三軍統帥能像調節電阻那樣，以選擇不同的方式來保護我們的國家。雖然我在軍事事務上享有發言權，我的判斷也只是建議，端看上級選擇接受或是忽略。我一心服從民選的三軍統帥，並盡全力執行每一項命令。

二〇一二年十二月，我接到一通未經授權的電話，國防部將在一個小時內宣布接替我的人選。我就要離開這個嚴重紛亂的地區。缺乏整體化的區域性戰略，讓我們顯得搖擺不定，盟友們也隨之感到困惑。我們缺乏明確的領導或指引。我在離開時感到極為困惑，我們不僅動搖了盟友的信心，更留下了一個足以為對手所利用的權力真空。

——

對於決策者們太習慣於不提供明確的指引，我深感失望與挫折。再加上缺乏一個詳細定義的任務說明，我時常不清楚上級預期要我達成的目標。美國海軍戰略學者馬漢（Alfred Mahan）寫道：「如果戰略錯誤，那無論是將領在戰場上的將才、士兵的勇氣，乃至於光輝的勝利等其他決定性的因素，都無法產生效果。」（註十三）

在政府制度下，總統不僅是我們的三軍統帥，更應該是國家未來世代的守護者。我們需要一個包括美國民眾以及盟友所支持的戰略。歷史並非是一條靜止、依照自己的方向、長久毫無變動的大河。促成後二戰秩序的偉人、杜魯門總統說：「是人創造了歷史，而非歷史造就了人類。」

我們已經投入了一開始就該避免的戰爭，以及半推半就參與那些我們必須贏得的戰爭（註十四）。但我們仍能找回自己的戰略立足點。假使我們清楚，國際秩序不僅是自己與世界上尋求和平穩定國家的最大利益，並把握強化它的機會，那美國能運用的力量，將不會僅限於其軍隊或情報體系。在與友邦合作的情況下，我們的經濟力量，以及對傳統外交手段的運用，將能減少我們外交政策中的軍事元素。單邊主義行不通，我們必須塑造一個整合且多面向的戰略，將美國的內在力量合而為一。

政策是可以隨著民選領袖建立的政治目標而改變。為了塑造出一個可行的戰略，政治目標必須維持可行性與一致性。任何一場戰爭，即便是一場為了有限的政治目標而發起的戰爭，都必須為了讓任務能夠完成而投入完整的資源。要我們採取符合戰略的行動之前，政治領袖必須先明確表態將會支持或「反對」哪些事情。無論是對友邦或敵人，我們都必須言行一致，不能再有空洞的威脅或背棄的承諾。無論是過去、現在或將來，參戰這項決定是一項太過於重大的事，不容許有意外，或是在決定之後卻不全力投入的情況發生。

第十七章　反思

殺傷力作為標準

歷史上有許多例子表明，軍隊忘記了他們的存在是戰鬥和勝利。正由於我們活在一個不完美的世界，一個有許多民主之敵的世界，我們會需要一支專門致力於作戰效能的軍隊。我們自由的民主體制，必須仰賴一群致命的戰士來守護。這些人有良好的武器配備、充足的訓練與完善的組織，足以主宰任何戰鬥。

軍隊的關鍵在於團隊合作，每個人都是從低階開始，然後依照功勳擢升。前人留給我們很多關於團隊合作的傳統。一八〇四年，路易斯與克拉克探險隊知名的陸軍長距離偵察巡邏隊當中，黑人、白人甚至是一位原住民婦女，參與表決時都是平等的。他們抵達了哥倫比亞河河口，我故鄉的下游，必須決定是否該冒著強勁的水勢渡河。他們當時的情況，確實就是所謂的「同舟一命」，為了整體的生存，必須團隊合作。

對我而言，直接領導就是讓手下做好準備、在近距離的戰鬥中獲勝。當你投入作戰，就是進入了另一個不同的世界。我開始讓部屬都養成積極進取的態度，以及必勝的信心。「無論我們學著做什麼，都是以實做的方式才能學會，」亞里斯多德寫道：「舉例來說，人們是因為動手搭建而成為建築工；實際彈奏豎琴而成為豎琴家。同樣的道理，通過正義的行為，我們變得正義；學習自我控制，我們變得能夠控制自我；做出勇敢的行為，我們變得勇敢。」勇氣這種自律的行為，可以用教育團隊的方式，直到每個成員擁有和分享信心的技能。團隊精神是一種無可取代將戰士們凝聚在一起的方式，使得他們與自己所宣誓保護的公民社會有所區別。

——

對殺傷力的必要性，成為我們評估軍事效率的衡量標準。通過軍事系統——從招募、訓練、裝備到晉升——朝向組合式殺傷力的目標，我們能最有效地嚇阻對手，甚至在衝突發生當下，以我方最低的傷亡得勝。部隊衝向戰場時，子彈並不會在意它打中了誰。我與陣亡官兵遺族會面時，深感陣亡官兵如同己出的子女。他們該有比一句「謝謝你為國服務」得到更多。

政治人物不該三心兩意改變軍隊投入戰爭的布局。我們已不再是徵兵制，面對那些許下了承諾，並可能付出性命、志願從軍的他們，我們應該盡可能讓他們有機會能夠活著回家。那些不選擇從軍，尤其是扮演公民監督角色的，在指導軍隊的結構改變時，務必有所保留。他們必須傾聽那些知道如何管理戰鬥部隊的資深軍官與士官的意見。我們軍隊的存在就是為了嚇阻戰爭並且獲勝，而不是當社會實驗的培養皿。沒有一方能不研究作戰，以及作為主導指標的殺傷力，任何會減少部隊殺傷力的事情，都不應該強加在那些即將陷入險境的軍隊身上。

我從來沒有看過，懦弱能促進和平機會的案例。我想起吉普林那段尋求和平的人（喇嘛）與年老士兵的故事。

「那不是個好的願望，」喇嘛說：「殺人有什麼好處？」

「據我所知，好處非常少，」老兵回答：「但假使壞人沒有偶爾被殺掉，那這個世界對那些提倡無武器化的夢想家而言，不會是個好地方。」（註一）

領導的藝術

我打仗的風格也代表了陸戰隊作戰的風格。它源自一支無法忍受失敗的軍隊，即便登陸敵境後，前面是對手，背後是大海亦然。它是一支戰鬥學說受到船艦酬載量限制，不能依靠壓倒性數量或重型裝備的海上武力。它是一支將技能、勇氣、靈活與主動整合至其獨樹一格機動戰的武力，這種機動體現在機智、實體與精神等面向。

陸戰隊官兵都了解，我們最大的榮耀就是能夠和海軍以及陸戰隊同袍並肩作戰。我知道即使是陸軍、空軍或海岸防衛隊官兵也會有同樣的感覺。沒有一位陸戰隊官兵是孤單的——他所懷抱的精神，是從過去世代流傳下來的。團隊精神——宛如情感的電力場——鼓舞與凝聚這些戰士。即便沒有置身在前線，也會支持那些在戰場上的十九歲步兵。陸戰隊體認到，成功最終是來自於那些走在前方邊沿的人們。這就是讓我在每次升遷時感到困惑的原因。當因為達到升遷標準而感到些許滿足的同時，我還深信一旦與那些在前線險境冒險執行命令的官兵脫節，我將無從善盡職責。

為了將這個更廣泛的陸戰隊戰鬥學說轉化為可靠的領導風格，我借重歷史上的影響以及越戰老兵的經驗，促使自己與現實保持適中的接觸。我被那些如磨刀石般粗獷的老兵塑造與淬鍊，被那些曾經跋涉通過稻田與叢林，在途中隨時要對抗強悍敵人的士官長與尉官教育。這些學習令我如今深信，每個人都需要一位導師，或成為他人的導師，但沒有人會需要一位暴君。同時，要精通某項技藝，除了時常鑽研之外別無他法。活在歷史之中，汲取屬於你的歷史教訓，你將會學到，有許多舊的方法可以解決新的問題。如果你到現在還沒有讀過上百本書，向那些在你之前的人們學習，那你可說是功能型文盲——你既無法教導，也不能領導。歷史能引領我們前方通常黑暗的道路，就算不甚明確，也總比完全沒有來得好。如果你身為領導卻不能提供協助，那就像是旅館大廳角落的盆栽：你看起來不錯，卻不能為組織的任務帶來實質的幫助。

從匡提科的講堂、訓練場到戰場，我從各類資訊中提煉出證明因應實際戰爭最有用處的部分。從領導者的角度，企圖便是一個起點。「指揮官企圖」在軍隊當中具有特別的涵義，需要時間和醞釀。指揮官必須陳述自己相關的目標，企圖便是一份正式的、由指揮官本人承擔風險的陳述。這個企圖必須能達成任務，必須有可行性，並必須被明確理解。最重要的是，它必須要能傳達該單位被指派完成的目的為何。身為指揮官的倫理權限，極度仰賴這份指導的良窳，以及所屬對它的信心：你寄望手下會採取主動，並要他們採取的行動符合你的方針，就必須允許其擁有主動性，而非打壓它。

如果讓我來總結，基於陸戰隊主動採取行動的態度所形成的領導技巧，只有簡單一句：一旦我設定好節奏，我最看重的速度永遠有賴於部屬的主動性。這一指導原則推動了使速度成為現實的基本力量。無論在體育、商業或戰鬥，速度都是關鍵，原因在於時間是在任何競爭情況下，最不寬容、最無法補償的元素。我學會重視讓有凝聚力的團隊（那些很快適應了戰場震撼的人）順利執行任務，而非以縝密、詳盡與遠端遙控等方式，扼殺部屬的主動性。事實上，我的部屬「總是」依據個別的主動性，擺脫我所面對的困境。我的錯誤終究是屬於我的。

這樣的主動性在任何組織中，都是必須予以特別鼓勵。在我選擇的領域，也就是軍事，是要從對戰爭藝術與科學駕輕就熟為開頭，知道何時該與準則分道揚鑣，後者的目的，僅應做為決策的起點。如同有能力做變化的爵士樂手，你必須要夠了解準則，然後才能從一個熟悉的點做出變化。

對戰爭藝術與科學的駕輕就熟，意味著你了解戰略與計畫。對於外行人來說，戰略很難懂。你必須不斷思考到體力透支為止。我總愛強調要藉由放大競爭空間來解決問題。至於計畫，簡言之就是預期性的決策，相比同樣是嚴謹，在戰時，它可是一個持續不變、永不止休的程序。

縱使最後升遷至高階後，我做了額外的努力，以便和部隊中那些表現不凡，敢於逼近並摧毀敵人的官兵保持接觸。這種精神上的連結建立在我的記憶裡，那些人是在什麼樣的情況下，願意走進敵人的雷區，或是冒著生命危險，在必爭之地巡邏。在我努力平衡風險並避免在戰術和行動層面上拿他們的生命做賭注時，這種聯繫是至關重要的。但以說服力爭辯反對實施戰略性豪賭方面，我卻輸多勝少。

回歸本質，為了粉碎敵人，唯有戰場上的協同合作才能達到我追求的速度。這樣的良好協同，有賴於高層明確陳述其企圖，並在每個層級重新詮釋，使得所有人的任務是形成該企圖的其中一部份。隨著指揮官的企圖明確地被逐一級別所了解，才有可能從高層——這部分同樣必要——到前線或各艦上的基層部隊始終維持協同。在本書的架構當中，那代表了從直接或戰術層級的領導，一路到戰略層級。

我利用「沒有更好的盟友，沒有更危險的敵人」和「首先，別造成傷害」這些「原則」，再包含歷史上一些雋永的教訓，引導那些將會面臨狀況，並需要他們即刻獨自做出判斷的部屬。我通常會選擇上古的話語，刻意通過廣泛的主題與目標，將最大的良機保留給部屬，好讓他們能發揮主動與進取精神。明確陳述任務目的並簡要概述我們使用的方法，加上我們預期的最後結果，做為結束說明指揮官企圖的過程。

我不光是說說他們的戰術思維，也觸及了他們的精神層面：像意志、凝聚力、士氣和情感這類無形資產，會遠較有形資產來得重要。我盡力成為那種不自私的將領，通過書寫和親自說明來傳達我的企圖，我決心要贏得對他們同等重要的任務「專屬權」：那並不是我一個人的任務，而是不分二等兵到將軍，屬於我們的任務。我對幕僚強調，我們只必須贏得一場戰役：贏得部屬的心。隨後他們便會冒著自己生命的危險作為代價來贏得其餘的一切。當企圖明確傳遞出去之後，任務便被交到了資淺的軍官與士官手上，而他們活躍的精神將會導引部屬達成我的目標。

互信是建立和諧、速度與團隊合作，並以最低代價達到成功所不可或缺的因素。互信的人際關係，是團隊能有效作戰的基礎，無論你是在球場、會議室還是在戰場。當你的團隊精神面臨風險且代價高昂時，對周遭夥伴人格與承諾的信心，將會促進魄力與決心。缺乏信心會顯得脆弱，即便是最完善的計畫，也會在執行時顯得猶豫不決。沒有事情能夠彌補缺乏互信，它將會導致你的單位在作戰時付出高昂的代價。

單單相信手下仍舊不夠。你必須要將那樣的信賴，以一種部屬能察覺的方式傳遞出去。唯有如此，你才能完全得到相應的效益。從下達概略性的任務命令[1]，讓部屬有行動的自由，到我認為會剝奪下級指揮官對任務的所有權，而拒絕進行過度細節的簡報，我的教導風格展現出對那些準備好負起責任的資淺幹部的信心。我認為，在托拉波拉山區錯失了預防賓拉登逃亡的事件中，我必須建立起對上級的覺察與信任。此舉不僅需要相當的個人努力，而且並不會因為進入資訊時代，就簡化或排除掉面對面互動的必要性。

1 譯註：mission-type orders，僅要求進行任務，但不註明如何完成。

我發現視察各部門，以及每日或每週去訪視部隊——除了減少文書，也更能常離開基地到部隊的責任區去看看他們——對於建立互信是很重要的。而且「親自接觸」與維持關係，不僅需要時間建立，還會在瞬間喪失——你甚至可能沒有機會修復。高昂的士氣可以從缺乏顧影自憐的行為反映出來。足智多謀的領導者，不會與手下脫節。領導者的責任，是培養部屬活躍且不會不自在的自律。領導者不單單要讓身邊耳聰目明的部屬有更多的選項，更要成為新想法的催化劑。

用以協調團隊達到最好效果的「指揮和回饋」，跟「下達命令與管制」在基本上是不同的。對於指揮和回饋最重要的，就是資訊分享的速度，以及分散式的決策。指揮官親赴前線與部隊待在一起很重要，實際上指揮官不可能出現在每一個地點，然而他的影響仍需散佈至整個團體。這代表指揮官們要透過潛在的不安與決策點，事先去替部隊預想，如此才能料到他們會需要應付什麼狀況。利用那些在前線充當「耳目」的軍官的觀察，補足那些在戰鬥上無暇回報的戰場指揮官，使得我方的決策比對手來得快，使我們可以擾亂敵人的決策循環。我在跟敵人作戰時，前線的部屬很快就能找出對手的長處與弱點。敵人犯錯時，即刻加以利用是非常重要的，回饋的結果可以讓組織的決策與行動，比敵人更為敏捷。綜合以上，分散式決策最終帶給了我們這項優勢。

我們通過分散式決策取得相對勝過敵人的速度，但前提必須是要讓部屬取得成就。採用分散式決策的時候，下級單位指揮官的自制力，一定會比那些是由高層來作出決策的單位還要高。這是因為需要在一連串的行動中獨立去調整方案。而能夠整合這些決策的關鍵，就是來自高層指揮官明確表達的企圖，堅定不移地定下了任務的目標。

另一項必要的條件，是對麾下指揮官的教育和訓練，確保他們有必要的能力，能明智地採取主動。有各種心理成像技術證明，在確保指揮官的企圖能被廣泛了解方面是極為有用的。畢竟下級指揮官跟高階軍官若沒有完全準備好擔起更多責任，是同樣有可能做出糟糕的決定。那些能讓他們成為「通才」的訓練，教育資淺領導者了解意外（如摩擦、不確定性和模糊性等戰爭要素，以及沒有事情會依照計畫發展）及其背後的目的與原因，可說是培養部屬自主性的初步投資。而唯有這類投資足夠了，一個組織才能期望甚至要求部屬發揮主動性，就如同你要達到領導位階所付出的代價一樣。

隨著我們階級的擢升，團隊的組成分子也更為多元。在當前的現實環境中，跨軍種甚至多國部隊是常見的。隨著組織的複雜度提升，我發現同樣的領導原則在建立起最佳隊伍方面依舊適用。當成員間的發展經驗良莠不齊時，企圖的明確性在實務上就變得更為重要。當來自國家的限制，減少（甚至除去）了戰場上多國聯軍的指揮權限，有說服力的指揮官企圖與更動計畫的意願，對於任務的成功便極為重要。我們應該盡可能去運用其他國家能夠做到的部分，而非專注在它們無法配合的地方。

有時候會發現，擴張的組織階層已經超過了其價值。要是讓糟糕的程序打壓了人才，更是令人難以容忍的事情。當缺乏某些參謀或指揮階層的效用時，他們會減緩決策速度，並可能使執行面癱瘓，甚至令對手可以圍繞著我們墨守成規、一切照規矩來的形式取得優勢。跨越指揮通常能讓決策的速率與敏捷度提升。若不，解除整個組織便能解決效率問題。當一群幕僚的功能並沒有為團體增值，僅能提出關鍵資料，透過跨越指揮的方式，我們可以在較少的內部摩擦下，達到重新調整與透明化。即便永遠不可能讓內部摩擦完全消失，我仍然樂於面對將它盡可能降至最低的挑戰。

檢視程序是枯燥的過程，但指揮官們必須了解與自己相關的程序，以便於利用它們，而不被其操控，甚至偏離了既定方向。在相互競爭的環境中，一個比敵方更快的任務節奏會是一項不可獲缺的資產。它可以讓一支原本就順利運作的隊伍，更快通過觀察／掌握／決心／

行動的循環，並隨著兵力的倍增而提升其效率。但若放任不管，那些無效行政階層強加的程序，將會使部屬的果敢作為遭受忽視。

健全的回饋循環使我們能執行任務，即便這樣的回饋被中斷，我們依然能夠繼續工作。我們的推進力是透過替代協同計畫表的指揮官企圖來引導向前，我發現前者會在遭遇敵軍，或一般的緊急狀況突然出現時，使得任務緩慢下來。全體士官兵都必須隨時在腦海中思考：「我知道些什麼？誰需要知道這些事？我已經告訴他們了嗎？」此外，透過減少總部幕僚的規模，我們減少了對下級單位的資訊索取量，他們可以將專注力集中在敵人身上，而非回答總部高層的詢問。

依照同樣的精神，任何競爭性組織都必須培養出與自己持不同意見的智囊。如果你不想要在競爭過程中遭受突襲，便不該將他們從組織內淘汰出去。沒有這些獨行俠，我們很可能以為自己佔了上風時，卻被敵人搶先一步而落後。經過盤算之後所冒的風險，對於我們在競爭過程中保持領先是最基本的。規避風險將會損害組織長期的健康，甚至危及生存，因為它會削弱有紀律但沒有條理的思維。持不同意見的智囊，對於組織的適應性而言是如此重要，高階領導者必須擔負起指導甚至保護他們的任務，就如同人們對待任何瀕臨絕種動物那樣。

各階級領導者，尤其位處高階的你，必須要在核心圈子裡留住當你的個人行為或決定不恰當時，會毫不猶豫直陳不是的那些人。這也算是指揮與回饋的一部份，畢竟我們都不可能免於犯錯。此外，授予軍官們的重大權力給予他們獨立指揮的權限，這同時要在高壓環境下執行任務所必要的服從兩者之間取得平衡。作為帶領北約轉型工作的高階將領，在我的帶領下就有一位希臘海軍中校，確保我的作為是正直坦蕩。在美國中央司令部，麾下有數十萬部隊的我，指揮群裡便有一位出身陸軍突擊兵的一等士官長，以及一名海軍將領。這兩人完全不在意我對他們的看法：如果他們認為我做出了糟糕的決定，在私下將門關上之後沒多久，他們會清楚明白地表達看法。我相信他們會犯顏爭諫，而兩人也從來沒讓我失望過。我很清楚自己做決策的方法並非不會犯錯或被誤用，而他們讓我免於陷入我個人所引發的災難次數，遠超乎我的記憶。

對盟友的需要

我很榮幸在許多地方為國征戰。不曾有過一次我是在純美軍的組成架構下參戰。每一次都是與盟友夥伴並肩作戰，這應該成為所有美國人感到自豪的根源。如果我們是個「帝國」的話，那它應該是一個有理念的帝國，而且這樣的理念，足以吸引很多類似想法的國家加入我們。二戰的那一代被我們稱為「最偉大的世代」，他們擊敗了法西斯主義。他們深深體會到，雖然不會喜歡每一件發生在境外的事件，但我們的自由與全球局勢，卻是不可分離且緊密連接的。因此他們採取行動，以維護一個更好的和平之世。

歷史是根據人們所做出的選擇而成。美國在這方面的成就是無與倫比的，除了一些顯著的錯誤之外。二戰之後，我們沒有像上一次大戰後轉為孤立主義者，還促成德國與日本重返國際社會。在兩黨合作的出色表現下，民主黨與共和黨聯手，讓美國通過「馬歇爾計畫」援助貧困的西歐經濟的復興。我們穩定了國際財政體系，加入了北大西洋公約組織，承諾防衛我們的歐洲盟友抵抗蘇聯的威脅，即便是冒著讓數億美國人死於一場核戰的風險亦然。自一九四五年以來，全球財富的成長，以及許多人得以享受的自由，都是美國願意承擔的直接成果。你必須花上很長的時間，才能找到一個比美國更願意承認其錯誤、更願意接受友邦意見，並改變其作法的國家。

歷史是很有說服力的。友邦眾者興盛，友邦寡者衰亡。單憑美國，無法保護所有的美國人與美國的經濟。在這個可以預期挑戰即將來臨的時刻，通過將志同道合的國家吸引到可信賴的網絡中，營造能夠鼓舞盟國士氣的勝利氣氛，我們可以宣揚所珍視的價值觀，並以最低的成本保護我們的國家。僅憑辯論家的口舌，並不足以成為領袖。戰略上的睿智，必須搭配對待那些願意在危難之際，和我們堅守同一陣線國家的基本尊重。過去，美國曾經展現過利用合作避免或贏得戰爭的實例。只要回到盡最大努力涵蓋絕大多數國家利益的戰略態勢，合作達成共同目標，我們可以更好地應對大家所共同擁有的這個不完美的世界。若缺乏了這一點，我們將會處於日漸孤單的位置。此舉將使我們面對被喬治・舒茲稱為「充滿變數」的世界，面臨日益增加的風險。

我從來不認為從現役退休後，會再度擔任公職。但那樣一通的電話打來了；我先去了一趟貝德明斯特，然後面對參議院。在二〇一七年一月底的一個週六上午，我走進了國防部長辦公室，那個二十年前我以上校官階首度造訪的地方。利用數十年以陸戰隊員身分所學到的每一項能力，我盡力在任期內發揮所長。在擔任部長的七百一十二天裡，我們草擬了十年來第一份國防戰略，並贏得兩黨合作支持實行那個戰略的預算案。我們還採用了外界無從預測的部署時程來混淆對手，加速摧毀伊斯蘭國控制的疆域，努力確保我們對盟友的堅定支持。

另一位也因退役時間不夠長，和我一樣需要參議院豁免的國防部長是馬歇爾將軍。「那些跟我們的文明未來直接相關的問題，不能通過概略性討論或模糊的方法——林肯稱之為有害的概念來處理，」他這樣說：「那些確切且極為複雜的問題，需要的是堅定的解決方案。」當我堅定的解決方案與戰略建議，尤其是對盟友保持忠誠的想法不再獲得共鳴時，儘管與我們的軍隊一起捍衛我國的憲法而感到無限的喜悅，但終究還是到了該下台一鞠躬的時候了。

2018年12月20日

敬致總統先生：

在下有幸擔任我國第二十六任國防部長，讓我能和本部的男女軍士官兵一起，捍衛我們的民眾與理念。

對於過去兩年來，促成我們國家防衛戰略當中某些關鍵目標的進步，我深感到自豪：諸如讓本部能在預算方面有更合理的立場；增進我軍的戰備與殺傷力；改革部內的事務運行，以達到更好的績效。我國的軍力持續能夠在衝突過程中獲勝，並維繫美國在全球強盛的影響力。

我始終抱持的核心信念，便是我們這個國家的力量，和我們獨特且全面的聯盟與夥伴體系力量是密不可分的。即使美國依舊是自由世界當中不可或缺的國家，但我們若不維繫強大的聯盟，且表達對那些友邦的尊重，便無法保護自身的利益，或擔任類似的角色。和您一樣，我從開始便提過「美軍不應扮演世界警察」，而是該盡可能以美國的一切力量為工具來提供共同防禦，其中包括了為我們的盟友提供有力的領導。在美國遭受九一一事件攻擊之後，北約二十九個民主國家，在和我們並肩作戰的承諾當中，展現出了那樣的力量。而來自七十四個國家的聯軍擊潰了伊斯蘭國，更足以作為進一步的明證。

與上述類似的情況，我相信在戰略利益方面，和我們日趨緊張的國家來往時，必須展現出果斷與明確。舉例來說，中國與俄羅斯顯然想塑造出一個與它們的獨裁型態一致的世界——獲得對他國經濟、外交與安全決議進行否決的權力——進而以其鄰居、美國甚至我們的盟友為代價，促成它們自己的利益。那就是為什麼我們必須運用美國的一切力量作為工具促進提供共同防衛的原因。

我之所以堅定秉持尊重對待盟友，明辨惡意行為者和戰略競爭者的看法，是源自於超過四十年來持續沉浸在這類事務當中的經歷。我們必須竭盡所能促成最有助於我們的安全、繁榮與價值的國際秩序，

SECRETARY OF DEFENSE
1000 DEFENSE PENTAGON
WASHINGTON, DC 20301-1000

December 20, 2018

Dear Mr. President:

I have been privileged to serve as our country's 26th Secretary of Defense which has allowed me to serve alongside our men and women of the Department in defense of our citizens and our ideals.

I am proud of the progress that has been made over the past two years on some of the key goals articulated in our National Defense Strategy: putting the Department on a more sound budgetary footing, improving readiness and lethality in our forces, and reforming the Department's business practices for greater performance. Our troops continue to provide the capabilities needed to prevail in conflict and sustain strong U.S. global influence.

One core belief I have always held is that our strength as a nation is inextricably linked to the strength of our unique and comprehensive system of alliances and partnerships. While the US remains the indispensable nation in the free world, we cannot protect our interests or serve that role effectively without maintaining strong alliances and showing respect to those allies. Like you, I have said from the beginning that the armed forces of the United States should not be the policeman of the world. Instead, we must use all tools of American power to provide for the common defense, including providing effective leadership to our alliances. NATO's 29 democracies demonstrated that strength in their commitment to fighting alongside us following the 9-11 attack on America. The Defeat-ISIS coalition of 74 nations is further proof.

Similarly, I believe we must be resolute and unambiguous in our approach to those countries whose strategic interests are increasingly in tension with ours. It is clear that China and Russia, for example, want to shape a world consistent with their authoritarian model – gaining veto authority over other nations' economic, diplomatic, and security decisions – to promote their own interests at the expense of their neighbors, America and our allies. That is why we must use all the tools of American power to provide for the common defense.

My views on treating allies with respect and also being clear-eyed about both malign actors and strategic competitors are strongly held and informed by over four decades of immersion in these issues. We must do everything possible to advance an international order that is most conducive to our security, prosperity and values, and we are strengthened in this effort by the solidarity of our alliances.

Because you have the right to have a Secretary of Defense whose views are better aligned with yours on these and other subjects, I believe it is right for me to step down from my position. The end date for my tenure is February 28, 2019, a date that should allow sufficient time for a successor to be nominated and confirmed as well as to make sure the Department's interests are properly articulated and protected at upcoming events to include Congressional

在與盟友共同的努力過程強化自我。

由於您有權在以上與其他相關議題上，延攬一位跟您的觀點更為一致的國防部長，我相信自己卸下目前的職務是合適的。我的任期將於 2019 年 2 月 28 日結束，這段時間足以讓一位繼任者從提名到國會認可，乃至於清楚交接，並能在後續包括國會聽證會與二月份北約國防部長級會議等事務中維護本部的重要性。此外，也可在參謀長聯席會議主席於九月份交接前，進行新任國防部長的完整交接，也有助於國防部內的穩定。

我保證將會盡己所能，順利完成新舊部長的交接，確保兩百一十五萬全軍人員，以及七十三萬兩千零七十九位國防部的民間雇員的需求與福利，能隨時得到國防部全力的關注，以便他們能達成各自重要的、從不間斷的任務、保護美國人民。

我非常感謝有這個機會，能服務國家和軍中的男女軍士官兵。

詹姆斯 N. 馬提斯

posture hearings and the NATO Defense Ministerial meeting in February. Further, that a full transition to a new Secretary of Defense occurs well in advance of the transition of Chairman of the Joint Chiefs of Staff in September in order to ensure stability within the Department.

I pledge my full effort to a smooth transition that ensures the needs and interests of the 2.15 million Service Members and 732,079 DoD civilians receive undistracted attention of the Department at all times so that they can fulfill their critical, round-the-clock mission to protect the American people.

I very much appreciate this opportunity to serve the nation and our men and women in uniform.

2

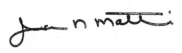

結語　美國作為自己的盟友

不像過去我們內部一致團結，吸引其他國家成為我們的盟友，如今連我們自己的共識，都幾乎正在四分五裂。最令身為軍人、出身自一個多元但統一文化的我擔憂的，並不是我們外在的敵人，而是內部的分裂。相較於重新找出共識與解決方案，我們正在分裂成敵對的族群、彼此叫囂，因為情緒和相互鄙視而越演越烈，到了足以危害共同未來的地步。在蓋茲堡（Gettysburg），林肯提到了我們國家有新生的自由。社會如今混亂的氛圍，令那位偉大的解放者都感到震驚、難過。

二〇一〇年，馬加之役正接近尾聲，我遇上了一個陸戰隊員和一位海軍醫務兵。他們兩人都渾身濕透，顯然是在一旁的灌溉用水道裡放鬆之後才剛靜下心來。我像平常那樣和兩人打招呼：「年輕人，你們狀況如何？」

「過著如夢想般的生活，長官！」陸戰隊員以高亢的聲量回答我。

「沒有瑪莎拉迪名車，所以沒有問題，」水兵還笑著補上一句。

置身於惡劣環境中，只能專注於當下而無暇考慮過去或未來。但他們那種毫不在意且高昂的精神提醒了我，國內有許多無足輕重的事情，只要我們放任之，就足以導致彼此意見分歧。

我認為所有美國人包括我都必須了解，我們的民主是一項實驗——它是可能被推翻的。只要基於單一標準的民主原則與互相尊重，我贊成可以有激烈的辯論與大聲疾呼的分歧。我對我國的憲法起了濃厚的興趣。它的目的，就如前言中所述，是包括了「保障國內安寧，促進公共福利」。我們都很清楚，當前的政治根本不該如此。部族主義不該擾亂我們的民主實驗。

我並沒有偏好某一個政黨。身為一名專業軍人，我除了因為沒人知道我把票投給誰而感到自豪，也因為我效忠過兩黨的總統而同樣感到自豪。當這個黨執政時，我被解除了職務，隨即另一個黨執政後，我又選擇自另一個職務上離開。在歷史的教訓與戰略要項指引之下，我本人在政治上是獨立的。

當他的愛子羅伯特在阿富汗陣亡後，我親密的戰友與同事，約翰·凱利將軍就說：「我想亡者遺族會在意的一件事，是那個讓他們兒女犧牲的原因。無論其意義為何，能有一個成功的結束，而不是『這件事代價太大』、『這件事太難搞』或『我們就只管放棄它』。他們願意依照國家領袖的指示而前進，並在大部分時候為了任務而犧牲性命。這些人都願意貫徹始終直到結束，那我們又豈能不如他們？」

我們的國民當中，只有少數人選擇成為戰士。他們是我們單薄且堅固的防線。任何決策者在評估風險與代價，並合理地認為能達成明確的目標之前，不應該將他們送上戰場。

我相信我們能夠克服當前令人不適的部族主義。我們在每一枚硬幣上都鑄有「萬眾一心」（E pluribus unum）的字樣，那是我們的建國元勛為了讓這個由移民組成的國家不致分裂為多個部族而選用的訓詞。為了未來世代，讓我們保持這樣的信念。

我們萬眾一心。

謝誌

馬提斯：這本歷時五年完成的書，是我嘗試將自己超過四十載海軍生涯中所學，傳遞給年輕的領導者。其中任何錯謬之處，都是我個人的責任。

在我應當感謝的人當中，只有極少數被列入本書裡，要是我將他們全數具名感謝，那可能要另外編一本書了。我的雙親，魏斯特和露賽歐，與兄弟湯姆和傑拉德，都值得我另外提及他們。自從十七歲離家後，以及在橫跨多個大洋、長年的軍事生涯中，我只有很少的時間能陪伴他們。我深信他們清楚在我離家闖蕩時，是心懷他們的關愛、求知心與價值觀。我永遠感謝他們，即便我人在遠方，仍將我惦記在心。

我遍及軍中與友邦的弟兄袍澤，雖然人數多到無法一一提及，對我的人生與本書中的精華，都提供了無與倫比的貢獻。其中有太多人在捍衛我們的自由同時，付出了最無上的犧牲，我保留了許多份通知家屬的信函，以提醒自己在遺族心中永難忘懷的失落。

唯有在本書作者賓．魏斯特和編輯威爾．莫菲（Will Murphy）每日的指引及卓越的能力，本書才有可能問世，我感激他們兩位的指導與情誼。另外我也感激蘭登書屋長達兩年的耐心，因為我被召回擔任公職而延宕了本書的期程。

在我二〇一三年退休之後，首次考慮撰寫本書。敬重的友人們指出，我很幸運能經歷有趣的軍旅生涯，因此有責任將自己所學傳遞下去。亦有人提醒我，這些年來我不是在陸戰隊，而是在美國海軍陸戰隊服務，效命於那些我應當負起責任的民眾。另外，我也懷著強烈的感激之心，想跟這個為我支付教育經費的國家，分享我所學的一切。這份感激之心，又讓我鮮明地回憶起，自己還是一位中將時，在華府主持為前陸戰隊員約翰．葛倫（John Glenn）所舉辦的遊行。在燈光漸暗，我們一同等待被召喚入座時，參議員告訴我：「我當了二十三年的陸戰隊員，這還不夠久。」我因他的反思感到驚愕，他參加過二戰與韓戰，是王牌飛行員，是第一位環繞地球軌道的美國人、受人敬重的參議員。作為領袖，無論在國內國外，都有著受人敬重的紀錄。他竟然還覺得自己數十年的軍旅生涯不夠漫長。而延續同樣的精神，對於陸戰隊讓我能在軍隊中服務這樣久，並和國內那些最優秀的青年男女共事，令我十分感激且深感謙卑。

在維繫美國民主實驗於不墜的精神之下，倘若本書能表達我對於那些無私為國奉獻的男女的敬意——無論是陸軍、海軍、空軍、海岸防衛隊或陸戰隊——這些人在致力於維繫國家生存方面團結一致，那已經足夠了。在最艱困的環境下，他們不僅贏得了我永不止休的敬重與景仰，更讓我甘願與其重溫整個軍旅生涯。

魏斯特：我家中有三代人都在國家投入戰爭時，以陸戰隊員的身分參戰。我們都是最基層的——步兵——這個永遠的標記來自一個堅持著紀律、傳統、任務與袍澤之情的陸戰隊。無論戰鬥有多艱鉅，在我們之前的陸戰隊員都面臨過更惡劣的狀況，而且還獲勝了。因此陸戰隊員不會擔憂自己應當的角色，或應當有的表現。

我寫過幾本關於自己在越戰經驗的書，其中一本是小部隊行動的訓練手冊，另一本是關於一個班，在為期超過一年的戰爭當中，保護一座偏遠村落的故事。十五名陸戰隊員當中，有七人都在該村陣亡。回歸平民生活，以及四個孩子出生之後，二〇〇三年我飛往科威特，撰寫關於即將侵入伊拉克的故事。馬提斯歡迎我和我的共同作者雷．史密斯（Ray Smith）——

他因在越南的功績而聞名遐邇。在往巴格達途中，我們時常看到吉姆出現，他頻繁趕往攻擊點，並在各營之間穿梭。

接下來十年，我去過伊拉克與阿富汗十多次，在撰寫六本書並走遍戰場的同時，我不時會與吉姆相遇。當時似乎沒有哪個偏遠的哨所或獨立單位是他沒有走訪過的。我看著他從少將開始，逐步擢升至中將，然後上將。他隨著掌管範圍的擴大而調整領導風格，但和基層待在一塊的喜悅總是會顯露出來，部隊也對他有著同樣的情感。

每個世代的陸戰隊戰士都需要典範。越戰期間，我們有雷．史密斯、鮑伯．巴洛（Bob Barrow）和雷．戴維斯（Ray Davis）。九一一之後的戰爭，我們有鄧福德、約翰．凱利和吉姆．馬提斯。同樣身為陸戰隊步兵，我很榮幸能和吉姆共同撰寫這本他的回憶錄。希望他關於領導的教訓，會被那些在軍方與民間任職者所研究。這些職務的成功有賴於能否照顧那些跟隨他的人。

若沒有我們獨立編輯威爾．莫菲的付出和聰明才智，吉姆和我也無法完成這本回憶錄。威爾本人可說是個稀世之寶。他在面對兩名陸戰隊員時仍能堅守立場，不僅指出我們太過於技術化的部分，也提醒我們並不是每一位領導者都能在艱辛中找到樂趣。是他確保了吉姆的教訓能為企業的經營者實際運用。

本書花了五年才得以完成。期間我美麗的妻子貝西，展現了持續的支持、關愛和無限的耐心。此外她也和威爾・莫菲一樣，是位毫不含糊的編輯。

我是一個幸運之人，因此該感謝我的妻子、家庭、陸戰隊、國家與上帝。永遠忠誠。

附錄

APPENDIX

附錄 A

1991 年 10 月 1 日

R.B. 強士頓中將
指揮官
陸戰隊第一遠征軍

親愛的強士頓將軍：

我自 1990 年 2 月至 1991 年 6 月擔任第 7 陸戰團第 1 營營長。這次致信給您，是為了表達我對陸戰隊遠征軍授勳委員會，在我替手下提報的勳獎降階事宜上的極度失望。我無法確定是否能以其他方式向您呈報我對此事的關注，只好敘述整個情況，並通過麥雅特將軍轉呈給您。從我有限的觀點看來，有許多的原因都足以令人憂心，授勳委員會既沒有為您提供最好的建議，也無法達到下級指揮官與部隊的需求。我懇請您能重新考慮幾個相關勳獎降階的個案。

為了說明官兵行動時的大致背景，我將會敘明 7 團 1 營在投入西南亞任務時的特殊狀況。在接近尾聲、為期一個月的布里吉港部署後，該營在很倉促情況下（1990 年 8 月 6 日至 7 日）回到二十九棕梠灘營。12 天之後，我們便成了陸戰隊第七遠征旅的先遣單位，沿著科威特高速公路挖掘工事。我確定您還會記得，那段早期狀況的不確定性、酷熱與種種挑戰。從 9 月一路到 11 月，我們都一直待在沙漠中，偶爾可以休假到鑽油工人的工寮沖洗。在野外，部隊如同斯巴達人的生活條件，直接睡在地上，直到 12 月為止，我們都沒有調至後方喘息的機會。隨著時間過去，我所屬承受的生理代價是相當明顯的，像我那樣體重減輕了 23 磅絕不是特例。

作為開膛手戰鬥群的一部份，我的部下毫不猶豫地展開行動，突破了兩道障礙物防線。無論是我方兩輛戰車因觸雷折損，或是在突破第二道防線時，敵軍砲擊導致我方兩人受傷，都沒有讓他們產生負面情緒。陸戰隊員官兵被我麾下優秀的幹部們帶領，在殲滅和我們交戰的伊拉克部隊的同時，還引導那些自願投降者脫離險境。舉例來說，鮑伯・哈薩威上尉，第二次參與作戰、成熟深思的指揮官，率領著與第 3 戰車營混編的 A 連。我知道他沉著的勇氣，將能穩定其年輕手下。我對他們對抗伊拉克部隊的強烈意願，感到全然的滿意。他們緊跟在砲兵連的後方，急促地衝過了突破口。

APPENDIX A

1 Oct 1991

Lieutenant General R. B. Johnston, USMC
Commanding General
I Marine Expeditionary Force

Dear General Johnston:

I served as the Battalion Commander of 1st Battalion, 7th Marines from February 1990 until June 1991. I am writing to express my extreme disappointment with the performance of the MEF Awards Board in its downgrading of awards I submitted on my men. I am at a loss to determine how else to bring my concerns to your attention other than to lay out the situation and send this via General Myatt. From my meager perspective, there is every reason for concern that the Awards Board is not serving your best interest, nor is it meeting the needs of your subordinate commanders and men. I appeal to you to reconsider several specific cases of downgraded awards.

To set the general background for these men's actions, I will characterize 1/7's situation as it developed during the Southwest Asia commitment. Nearing the end of a month-long deployment to Bridgeport, the battalion returned to 29 Palms on short notice (6-7 August 1990). Twelve days later we were the first element of 7th MEB to dig in astride the Kuwait Highway. I am sure you recall the uncertainty, heat and challenges of those early days. Throughout September, October and November we served in the desert with occasional breaks for Marines to clean up in oil worker barracks. In the field, the men lived under spartan conditions, sleeping on the ground and, commencing in December, we had no respites in rear areas. The physical cost to our men was obvious over this time; I was by no means unique in my loss of 23 pounds.

As part of Task Force Ripper, our men moved unhesitantly to breach the two obstacle belts. They were not dismayed by the loss of two of our tanks to mines and incoming artillery during the breach of the second belt which wounded two of my men. The Marines were magnificently led by my subordinate leaders, killing the Iraqis who fought us while shepherding out of danger those who wished to surrender. For example, Captain Bob Hathaway, a mature reflective officer in his second war, led Company A, cross-attached to 3d Tank Battalion. I knew his calm courage would steady his young men. I was totally satisfied at the alacrity with which they moved against the Iraqis, rushing through the breaches on the heels of the gun companies.

While under fire at the second belt, my fire support coordinator, Captain Jim Horr, coolly shifted our artillery fire to the Emir's Farm. Subsequently, we attacked to clear the Farm during which I gave Captain Horr control of the battalion in order for me to move to where I could best command the attack. Captain Horr performed superbly controlling the fire and maneuver and I recommended him for the Bronze Star. His award was downgraded to a Navy Commendation Medal by the MEF Awards Board.

當第二道防線面臨敵軍砲火，我的火力支援協調官吉姆・霍爾上尉，冷靜將我方砲兵的火力，轉移到統治者農場。隨後在我軍攻擊並肅清農場期間，我讓霍爾上尉掌管全營，以便我轉移到指揮攻擊的最佳位置。由於霍爾上尉對火力與部隊運動的絕佳管制，我提報他頒授銅星勳章。他的勳獎被陸戰隊遠征軍授勳委員會降階為海軍表揚獎章。

隨著伊拉克砲兵與戰車的反擊，我麾下全體軍官與部隊，在硝煙瀰漫，地雷四散的戰場上所面臨的危險，提醒了我這可不是一次簡單的任務。我必須仰賴他們所有人的勇氣。

當「開膛手」朝著艾・加伯前進時，本營負責極右翼位置。當敵人的戰車與車輛穿過伯寬油田的塵煙出現時，我的安全主要交由前線空中管制官唐・舒特上尉負責；他搭乘一輛裝有雷射標定器的車輛，並和擔任我眼線的法蘭・費茲派崔克中尉一起，持續留意我方受到威脅的右翼。他們不顧危險，持續在不安全的位置執行任務，以便將高度有效的眼鏡蛇直升機火力導引至敵軍的位置上，並讓我能持續掌握情況。我提報舒特上尉頒授銀星勳章，卻被遠征軍降階為銅星勳章。至於我提報費茲派崔克中尉頒授銅星勳章，被降階為海軍表揚獎章。

G+2 日[1]，7 團 1 營繼續在「開膛手」右翼朝北推進。我們繞過了一個採石場，正要回到第 3 戰車營右邊的位置時，遭到伊拉克戰車從東北方射擊。同時，我的戰鬥車隊遭到敵軍機槍與輕兵器的攻擊，對方正是從我們無意間略過的採石場那裡，從步兵戰鬥車與碉堡內開火。我叫執行官約翰・泰勒少校接手指揮戰鬥車隊與處理戰況。他沉著指揮參四軍官，同時也是車隊指揮的傑夫・虎克斯中尉，一面撤出戰鬥車隊，一面召來預備連提供支援。就連我車上在越南就有豐富戰鬥經驗的射手，都對伊拉克的火力以及陸戰隊員的反應留下深刻印象。在卡梭曼上等兵以 Mk-19 榴彈機槍提供火力掩護的同時，擔任衛勤運輸官的雷諾和保修管理官的威爾朋，則在敵火下穿越開闊地，然後以反戰車武器摧毀敵軍的步兵戰鬥車。我為上述三人提報頒授銀星勳章，然而至今都沒有得到關於其勳獎的回覆，我擔心時間拖延太久，以至於可能失去意義。很不幸的是，卡梭曼上兵在一九九一年六月時，於一場車禍中身亡。

當虎克斯中尉在撤出並重整其戰鬥車隊時，泰勒少校則派出預備連殲滅剩餘的伊拉克部隊。他們兩位的行動，對於我專注在當下的任務，以及 1 團 7 營的前鋒單位能全力應敵都至關重要。他們在敵火下維持沉

1　編註：攻擊發起第三天。

The danger faced by all my officers and men in the smokey, mine littered battlefield as Iraqi artillery and tank fire was ever present recalls to me that this was not an easy task and I counted on the courage of all hands.

As Ripper moved on towards Al Jaber, my battalion covered the open right flank. As enemy tanks and vehicles appeared out of the Burqan Oil Field's dense smoke, the individuals most responsible for my security were Captain Don Schutt (FAC), in a vehicle equipped with a laser spotter and First Lieutenant Fran Fitzpatrick, who served throughout as my "eyes" on the continually threatened right flank. They ignored all danger and operated consistently from vulnerable locations in order to direct highly effective Cobra fire on the enemy and to keep me informed. I recommended Captain Schutt for the Silver Star. It was downgraded at MEF to a Bronze Star. I recommended Lieutenant Fitzpatrick for the Bronze Star. It was downgraded to a Navy Commendation Medal.

On G+2, 1/7 was again moving north on Ripper's right flank. We maneuvered around a quarried area and were moving back into position to the right of 3d Tank Battalion when we received tank main gun fire from Iraqis to the northeast. Simultaneously, my Combat Train took machine gun and small arms fire from Iraqi troops in BMPs and bunkers we had unintentionally bypassed in the quarried area. I told my exec, Major John Taylor, to take charge of the situation with the Combat Train. He calmly directed the S-4, Combat Train Commander First Lieutenant Jeff Hooks, to extricate the Combat Train while recalling the reserve company to provide support. My Marine Gunner, with extensive combat experience in Vietnam, was impressed with the volume of Iraqi fire and the response of the Marines. Lance Corporal Castleman provided MK-19 covering fire while Lieutenants Raynor (MTO) and Welborn (MMO) crossed open ground under fire to destroy the BMPs with AT-4/LAAW fire. I recommended these three men for Silver Stars and have received no word on the awards to date. I am concerned that the interval has been such that much of the meaning may be lost. Unfortunately Lance Corporal Castleman died in an auto accident in June 1991.

First Lieutenant Hooks extricated and reconstituted his Combat Train as Major Taylor sent the reserve company in to kill the remaining Iraqis. Major Taylor and Lieutenant Hooks' conduct was critical in allowing me and the forward elements of 1/7 to focus on our mission and the enemy to our front. Maintaining their composure under fire, directing well reasoned actions that aggressively engaged the enemy and kept my train intact, they earned my recommendation for Bronze Stars. The MEF Awards Board downgraded both to Navy Commendation Medals.

A short time later we were ordered to continue the attack in order to isolate Kuwait International Airport. Resupplying my lead elements up front while we came under fire, Lieutenant Hooks and his men rapidly provided us the main gun ammo and fuel necessary to cross the LD on schedule. Under terrible visibility

著、理性指揮行動、積極地對抗敵軍，並維持我車輛的完整。我因此提報他們頒授銅星勳章，但遠征軍授勳委員會將兩人都降階為海軍表揚獎章。

沒多久之後，我們奉命繼續攻擊，以保衛科威特國際機場。當在敵火之下，重新補給領頭的單位，虎克斯中尉和他的手下，快速為我們補給主砲彈藥與油料，讓本營能依照計畫越過發起線。在極度不良的能見度，以及右翼遭到大量敵軍車輛與火力的襲擊，我們靠著霍爾上尉在最後五小時內協調的二十三次火力任務，得以繼續朝北推進，並在夜間貫穿了科威特市。

日出當時，我們鞏固了己方陣地，和科威特反抗軍會合，將周圍殘存的敵軍肅清。有一位弟兄的手臂被步槍擊中。我觀察鮑伯．哈薩威上尉指揮的混編連正在肅清鄰近左翼的果園。前一天下午的攻擊中，迪格斯中校已經派出步兵攻入植被茂密的區域。現在當我看著他們肅清果園，並消滅了最後一個開膛手戰鬥群所接觸的敵軍後，哈薩威上尉贏得了我們全體的敬重。依照正常的陸戰隊傳統，他站到了第一線指揮。雖然迪格斯中校提報頒授銅星勳章，但也被遠征軍授勳委員會降階為海軍表揚獎章。

在以上所描述的這段期間，妥善規劃了 7 團 1 營攻勢的參三德魯．班奈特少校，掌握了整體情況，使我們在執行猛烈的聯合兵種攻擊之際，完全沒有發生友軍誤擊事件。無論是其沉著敏捷，或是在敵火下明快的戰術判斷，其堅定的指揮都引導著我們。突穿防線時，他因必要而在雷區徒步行動，引導我的車輛向前，加速我們對統治者農場的攻擊節奏，這樣的戰鬥表現是極為卓越的。他是本營指揮部的支柱力量，我提報頒授銅星勳章。遠征軍授勳委員會將其降階為海軍表揚獎章。

我在此必須說明，每一位勳獎的提報，都是基於我的直接觀察。我能體會授勳委員會的難處，他們必須盡力了解官兵在面對戰鬥挑戰之際，將其克服並做出的貢獻。我的特遣隊指揮官福爾福德將軍親自審核這些勳獎提報並且同意，卓德將軍則以副師長和第一陸戰師授勳委員會主席的雙重身分，審核了他們的事蹟，再由麥雅特將軍呈報上去。我不確信還能找到比他們三位更具經驗、成熟且具智慧的作戰指揮官。

基於反對這種在幕後降階的處置，我必須提出這些事蹟都是經過陸戰隊遠征軍幕僚組成的授勳委員會所認可。我補上這一點只是為了作為對照，這裡提到的任何事，都不是為了惡意批評接下來提到的那些人，或他們在我國勝利當中扮演的關鍵角色，他們都是陸戰隊的弟兄，而我也十分敬重他們。

and with numerous enemy vehicles and fire coming from our right flank, we moved north with Captain Horr coordinating 23 fire missions in the last five hours. We broke through to Kuwait City just at dark.

When the sun came up, we consolidated our positions, linked up with the Kuwaiti Resistance, and cleared the remaining enemy from our surroundings. One man was hit in the arm by a rifle shot. I could observe Captain Bob Hathaway's cross-attached company clearing an adjacent orchard area on our left flank. During the previous afternoon's attack, Lieutenant Colonel Diggs had the infantry attack into the densely vegetated area. Now as I watched them clearing the orchard and killing the last Iraqi soldier that Task Force Ripper would confront, Captain Hathaway had the respect of all of us. In the usual Marine tradition, he led from up front. Lieutenant Colonel Diggs recommended him for the Bronze Star. It was downgraded to a Navy Commendation Medal by the MEF Awards Board.

Throughout the period I have described, the individual who had planned 1/7's attack so well, Major Drew Bennett, S-3, provided the situational awareness that permitted execution of the aggressive, combined arms attack without sustaining a single friendly fire casualty. His presence of mind, sound tactical judgement under fire, and firm direction guided us. Moving on foot when necessary in mine strewn areas during the assault breach and directing my vehicle forward to speed the tempo of our attack at the Emir's Farm, his combat performance was superb. A pillar of strength in our command, I recommended him for the Bronze Star. The MEF Awards Board downgraded his award to a Navy Commendation Medal.

I must mention here that each of these noted awards was recommended based on direct observation. I understand the difficulty of the Awards Board as it struggles to recognize the contribution of those who faced our combat challenges and overcame them. My Task Force Commander, General Fulford, personally reviewed these recommended awards and concurred. General Draude reviewed them in his role as the Assistant Division Commander/Head of the 1st Division Awards Board. General Myatt forwarded the awards. I doubt that three more experienced, mature and wise combat leaders could be found.

Against this backdrop of downgraded awards, I must mention the recognition approved by the MEF Awards Board for members of the MEF staff. I add this only to provide a comparison; nothing I say here is meant to denigrate the following men or the critical role they played in our Nation's victory. They are fellow Marines and I respect them as such.

I understand that MEF Assistant Operations Officers received Bronze Stars for their roles. The MEF Strategic Mobility Officer received a Bronze Star. The Assistant Public Affairs Officer for I MEF received a Bronze Star. The MEF Ammunition Chief received a Bronze Star also.

我能理解陸戰隊遠征軍助理作戰官，因其角色而獲頒銅星勳章。遠征軍戰略機動官獲頒銅星勳章。第一遠征軍助理新聞官獲頒銅星勳章。遠征軍彈藥補給士官長獲頒銅星勳章。

遠征軍的核生化官獲頒銅星勳章。然而，開膛手戰鬥群的核生化官柯崔爾准尉將狐式輪型裝甲車開入危險區檢查汙染，因此對7團1營全體人員而言非常重要，結果他僅獲頒海軍表揚獎章。遠征軍授勳委員會直接降低由福爾福德將軍提出，應該頒給柯崔爾准尉銅星勳章的建議。

強士頓將軍，由於全體的能力、勇氣與無私，我們贏得了前所未有的勝利。為了觸及這些年輕人的內心，並維繫他們的情感，必須展現出我們對於戰士最高的德行，也就是「勇氣」的敬重。最低限度，那些在整個部署期間都睡在地上，幾個月無法沐浴，並且消滅或俘虜所有交戰敵軍的弟兄，他們的貢獻至少該和那些擔任幕僚、表現值得嘉許的官兵獲得同等重視。

吝於對我軍前鋒戰鬥部隊官兵頒贈適當的勳獎是毫無意義的。從更廣的範圍來看，在利雅德服務於中央司令部，或中央司令部陸戰隊的軍官與資深士官獲頒銅星勳章的例子，只會讓人對陸戰隊第一遠征軍採行的吝嗇勳獎體系更為失望。我無法理解在看輕那些面對危險的戰鬥領袖其責任與行動的同時，卻慷慨地認可生活得更為舒適，而且不會面對危險的那些官兵的理由。

無論正確與否，如今已經有一種普遍的看法，幕僚所在層級高低，決定了他們勳獎的位階。遠征軍勳獎委員會的結果，似乎顯示他們更傾向強調在重要幕僚職務上值得嘉許的行為，而非實際在戰鬥中指揮的軍官。我無法認同這一點，難不成我的作戰官會由於在作戰營服務，其貢獻便低於在遠征軍司令部服務的作戰官？難道我的後勤官會因為在敵火下達成任務，而遜色於在遠征軍中計畫時間階段部署，不用受到敵軍威脅的戰略機動官？當一個勳獎系統似乎將最高的榮譽，頒贈給「其職務與前線距離的平方成反比」的軍官時，我相信我們必須為自己感到擔憂。

我了解自己的觀點不夠全面，而且我也可能資訊並不完整。當本營的1351名海軍、陸戰隊與科威特軍人，一連幾個月在嚴苛的條件下生活，並無私地致力於投入戰鬥中的種種不確定性時，他們不僅達到了我要求的每一件事，其高昂的勇氣更在每一天啟發了我。那些在高階參謀職務上，為我們的作戰計畫設計出優異機制的人，贏得了全體對他們的認同。但我們也必須重視那些戰鬥領袖，他們的積極態度才是在與伊拉克軍接戰後獲得勝利的最終保證。他們的忠誠與紀律，無論是戰時或媒體訪談當中，都良好地代表了我們陸戰隊。我對已經發生的狀況提出抗議，並

The MEF NBC Officer received a Bronze Star. However, the TF Ripper NBC Officer, Warrant Officer Cottrell, who was critical to all of us in 1/7 because he moved the Fuchs vehicle to hazardous areas in order to check for contamination received a Navy Commendation Medal. The MEF Awards Board downgraded General Fulford's recommendation for a Bronze Star for WO Cottrell.

General Johnston, we won a magnificent victory thanks to the competence, valor and unselfishness of all hands. To reach these young men's souls and maintain their affections, we must demonstrate to them our respect for the warriors' greatest virtue, courage. At the very minimum, those who slept on the ground the entire deployment, went without showers for months, and killed or took prisoner all enemy they fought, should have their contributions noted at least equally with those recognized for meritorious service on staffs.

To be parsimonious in awarding appropriate medals to our lead combat elements serves no purpose. On a wider scale, the presentation of Bronze Stars to Officers and SNCOs who served in Riyadh on Centcom and Marcent staffs only lends more disillusion with the penurious awards system as implemented at I MEF. I am unable to comprehend the rationale for award action that downplays the responsibilities and actions of combat leaders who faced danger while recognizing generously those who lived more comfortably and did not face such danger.

Correct or not, there is now a common perception that the level of the staff to which assigned determined the level of award. The results of the MEF Awards Board appears to indicate heavier emphasis placed on meritorious service in important staff positions as opposed to officers who actually led in combat. I do not concur with this. Was my operations officer's contribution lessened because he served in an assault battalion when compared to operations officers at MEF? Was my logistics officer's performance lessened because he did his job under fire while the MEF Strategic Mobility Officer who planned the time phased deployment did not? I believe that we must concern ourselves with an awards system that appears to most highly reward an officer "in inverse proportion to the square of the distance of his duties from the front lines."

I realize that my perspective is a limited one and I may have incomplete information. But all 1351 Sailors, Marines and Kuwaitis in the Battalion lived for months under rugged conditions and selflessly committed themselves to the uncertainties of combat. They did everything I asked of them and their high spirited courage was my daily inspiration. Those men on high level staffs who designed the brilliant mechanics of our battle plan earned their recognition. It is also necessary to recognize the combat leaders whose animating spirits were, in the end, our pledge of success once contact was made with the Iraqi Army. Their loyalty and discipline represented our Corps well both in the fight and in numerous interviews with the media. I protest

請求您支持為這些人爭取認同。在任何客觀的評估下，都清楚顯示那是他們應得的。

滿懷敬意的
J.N. 馬提斯
美國海軍陸戰隊中校

what has happened since, and request your support in gaining for these men the recognition that any objective evaluation would clearly reveal they earned.

Very respectfully,

J. N. MATTIS
Lieutenant Colonel
U. S. Marine Corps

附錄 B

自《商業內幕》新聞網
關於詹姆斯「瘋狗」馬提斯將軍
「忙到沒空讀書」的電子郵件
絕對值得一讀

來源：G. Ingersoll，2003 年 5 月 9 日
http://www.businessinsider.com/author/geoffrey-ingersoll

陸戰隊的詹姆斯．馬提斯將軍於 2004 年部署至伊拉克前，一位同事寫信給他，詢問關於閱讀軍事歷史對軍官們的重要性。他們當中許多人發現自己「忙到沒空讀書」。他的回信經過電子郵件廣為傳播。倫敦國王學院的安全事務部落格「衝突」近來刊出馬提斯的信件。貼文的標題是「步槍與參考書目：馬提斯將軍論專業閱讀」。

親愛的比爾：

忙到沒空讀書的問題在於，你必須依靠經驗學習（或是從你手下的經驗學習），例如艱難的方式。通過閱讀，你從他人的經驗學習，通常是一種較好的做事方法，尤其我們的工作，無能的後果對年輕人而言，會有最大的影響。感謝我的閱讀習慣，它讓我在任何情況下都能有所準備，永遠不會對如何解決任何問題（無論成功與否）感到茫然。它並無法給我所有的答案，但能照亮前方通常昏暗的道路。

在五八〔特遣艦隊〕，我帶著史林姆將軍的作品，以及有俄國人和英國人在阿富汗經歷的書，還有一些其他。準備前往伊拉克之際，《包圍》（關於英軍在一戰中於艾庫特被擊敗）是野戰部隊軍官的必讀之書籍；另外我也帶著史林姆的書，並重讀勞倫斯的《智慧七柱》。一本關於葛楚德．貝爾（在一戰與鄂圖曼帝國殞落後，建構現代伊拉克的英國考古學家）生平的好書，以及《從貝魯特到耶路撒冷》，另外我也熟讀李德哈特關於薛曼將軍的專書，並分外留意富勒撰寫亞歷山大大帝的書籍（雖然我從未想像過自己的總部，竟距離他當初停柩的巴比倫只有五百公尺）。

最終而言，真切地了解歷史代表著我們並「沒有」在世風下遭遇任

APPENDIX B

From *Business Insider*

General James 'Mad Dog' Mattis Email About Being 'Too Busy To Read' Is a Must-Read

Source: G. Ingersoll 9 May 2003
http://www.businessinsider.com/author/geoffrey-ingersoll

In the run up to Marine Gen. James Mattis' deployment to Iraq in 2004, a colleague wrote to him asking about the importance of reading and military history for officers, many of whom found themselves "too busy to read." His response went viral over email. Security Blog "Strife" out of Kings College in London recently published Mattis' words. Their title for the post: *With Rifle and Bibliography: General Mattis on Professional Reading*

Dear Bill,

The problem with being too busy to read is that you learn by experience (or by your men's experience), i.e. the hard way. By reading, you learn through others' experiences, generally a better way to do business, especially in our line of work where the consequences of incompetence are so final for young men. Thanks to my reading, I have never been caught flat-footed by any situation, never at a loss for how any problem has been addressed (successfully or unsuccessfully) before. It doesn't give me all the answers, but it lights what is often a dark path ahead.

With [Task Force] 58, I had w/ me Slim's book, books about the Russian and British experiences in [Afghanistan], and a couple others. Going into Iraq, "The Siege" (about the Brits' defeat at Al Kut in WW I) was req'd reading for field grade officers. I also had Slim's book; reviewed T.E. Lawrence's "Seven Pillars of Wisdom"; a good book about the life of Gertrude Bell (the Brit archaeologist who virtually founded the modern Iraq state in the aftermath of WW I and the fall of the Ottoman empire); and "From Beirut to Jerusalem". I also went deeply into Liddell Hart's book on Sherman, and Fuller's book on Alexander the Great got a lot of my attention (although I never imagined that my HQ would end up only 500 meters from where he lay in state in Babylon).

何新鮮事。今天那些四處倡議「第四代戰爭」的智者，宣稱戰爭的本質已經從基本上發生變化，或是各類戰術都煥然一新等等言論，我必須不失禮地說……「其實不然」：亞歷山大面對我們如今在伊拉克遭遇的敵人，也不會有些許的困惑。帶領我們投入這場戰爭的各級領袖，因為不研究前人的經驗（我是指鑽研而非只有閱讀），反而給手下的軍隊帶來很多麻煩。

我們已經在地球上作戰了有五千年，所以該善用前人的經驗。不做好準備並造成傷亡之後才發現哪種方法有效，不啻於提醒了我們品德的重要性，以及在我們這個行業中「無能」要付出的代價。身為各級指揮官與幕僚，我們應該教育並守護自己的單位。但如果我們自己不他媽多懂些在「戰術、技術與程序」以外的東西，那又怎能去教導任何事情呢？當你置身一個動態的戰場上，而事情變化超過上級所能掌握時，會有什麼後果？你不願改變，是因為自己形成概念的速度無法比敵方的改變更快嗎？（達爾文對於那些不能因應環境改變者的下場，倒是有一套很好的理論——在資訊時代事情會改變得更劇烈更快速，尤其是在近期的作戰當中，我們那些刻板的智囊，太早放棄道德的制高點）假使你無法分辨那些警示的預兆，表示單位在一項你預期之外的任務裡，沒有做好特定的準備，那又該如何成為單位的守護，不讓他們碰上意料之外的狀況？

或許你在後勤單位，等待戰士們提出你要做的特定事項，那你就能避免不讀書所造成的後果。但那些必須藉由改變才能克服一個有獨立意志敵軍的人們，就不會有這樣的餘裕。

對於美國海軍陸戰隊作戰的方式而言，這並不是什麼新鮮事——十二年前攻進科威特時，我就讀了（而且還重讀）《隆美爾的戰時文件》（還記得「預備隊」？），蒙哥馬利的著作（關於「眼線」〔Eyes Officers〕），以及《格蘭特接掌指揮》（指揮官們相處必備，因為指揮官之間的關係，比指揮關係更重要），還有一些其他書籍。

從結果來看，當我有機會對抗敵人時，他們就要付出代價，另外我也深信，許多年輕的手下得以存活，是由於我沒有浪費他們的性命。我從來沒有想過要如何摧毀敵人之餘，戰場上的我方與無辜者付出的代價也同樣是最低的。

希望這能回答你的問題，我會將附件轉給助理華倫·庫克中尉，以便他最後能加上一些內容。他是我認識的軍官當中，唯一一位比我讀過更多書的人。

永遠忠誠，馬提斯

以下是一些我最喜歡的書籍：

Ultimately, a real understanding of history means that we face NOTHING new under the sun. For all the "4th Generation of War" intellectuals running around today saying that the nature of war has fundamentally changed, the tactics are wholly new, etc, I must respectfully say . . . "Not really": Alex the Great would not be in the least bit perplexed by the enemy that we face right now in Iraq, and our leaders going into this fight do their troops a disservice by not studying (studying, vice just reading) the men who have gone before us.

We have been fighting on this planet for 5000 years and we should take advantage of their experience. "Winging it" and filling body bags as we sort out what works reminds us of the moral dictates and the cost of incompetence in our profession. As commanders and staff officers, we are coaches and sentries for our units: how can we coach anything if we don't know a hell of a lot more than just the [Tactics, Techniques, and Procedures]? What happens when you're on a dynamic battlefield and things are changing faster than higher [Headquarters] can stay abreast? Do you not adapt because you cannot conceptualize faster than the enemy's adaptation? (Darwin has a pretty good theory about the outcome for those who cannot adapt to changing circumstance—in the information age things can change rather abruptly and at warp speed, especially the moral high ground which our regimented thinkers cede far too quickly in our recent fights.) And how can you be a sentinel and not have your unit caught flat-footed if you don't know what the warning signs are—that your unit's preps are not sufficient for the specifics of a tasking that you have not anticipated?

Perhaps if you are in support functions waiting on the warfighters to spell out the specifics of what you are to do, you can avoid the consequences of not reading. Those who must adapt to overcoming an independent enemy's will are not allowed that luxury.

This is not new to the USMC approach to warfighting—Going into Kuwait 12 years ago, I read (and reread) Rommel's Papers (remember "Kampstaffel"?), Montgomery's book ("Eyes Officers" . . .), "Grant Takes Command" (need for commanders to get along, "commanders' relationships" being more important than "command relationships"), and some others.

As a result, the enemy has paid when I had the opportunity to go against them, and I believe that many of my young guys lived because I didn't waste their lives because I didn't have the vision in my mind of how to destroy the enemy at least cost to our guys and to the innocents on the battlefields.

馬可・奧理略，《沉思》
馬克斯・布特，《看不見的軍隊》、《和平的野蠻戰爭》
羅伯特・可藍，《博爾德：改變戰爭藝術的戰機飛行員》
馬丁・范・克瑞佛德，《戰鬥的力量》
奈特・費克，《一顆子彈之外》
格蘭特將軍，《個人回憶錄》
柯林格雷，《作戰論談：戰爭、和平與戰略的四十則箴言》
李德哈特，《薛曼：戰士、現實主義者與美國人》、《大西庇阿：遠勝過拿破崙》
蘿拉・希林布蘭，《永不屈服》
M.M. 凱耶，《遙遠的戰篷》
H.R. 麥克馬斯特，《玩忽職守》
曼德拉，《漫漫自由路》
威廉森・莫瑞，《大戰之間的軍事創新》、《成功的戰略》
安敦・麥瑞爾，《過去的鷹》
修・史崔沉，《戰爭的走向》
柯林・鮑威爾，《我的美國之旅》
史提芬・普瑞斯菲爾德，《火焰之門》
蓋・賽杰，《被遺忘的戰士》
麥可・夏拉，《殺戮天使》
喬治・P・舒茲，《動盪與勝利》、《我內心的議題》
史林姆，《反敗為勝》
尼可拉斯・蒙沙瑞特，《殘酷海洋》
羅伯特・蓋茲，《責任》
C.E. 盧卡斯・菲利浦斯，《最偉大的突襲》
威爾和艾瑞兒・杜蘭特，《歷史的教訓》
朗・薛爾瑙，《亞歷山大・漢彌爾頓》
艾莉絲塔・霍恩，《野蠻的和平之戰》
貝蒂・艾佛森和塔比亞・史賓格，《塔比亞的故事》
孫子，《孫子兵法》
安德魯・戈頓，《遊戲規則》
保羅・甘迺迪，《霸權興衰史》
大衛・羅斯科夫，《國家的不安全：在恐懼年代的美國領導風格》
芭芭拉・塔克曼，《愚蠢的遊行》、《八月炮火》
瓦莉・納薩，《非必要的國家：後退中的美國外交政策》

Hope this answers your question. . . . I will cc my ADC (Lt. Warren Cook) in the event he can add to this. He is the only officer I know who has read more than I.

Semper Fi, Mattis

Among my favorite books are:

Marcus Aurelius, "Meditations"
Max Boot, "Invisible Armies" & "The Savage Wars of Peace"
Robert Coram, "Boyd: The Fighter Pilot Who Changed the Art of War"
Martin van Crevald, "Fighting Power"
Nathaniel Fick, "One Bullet Away"
Gen U. S. Grant, "Personal Memoirs"
Colin Gray, "Fighting Talk: Forty Maxims on War, Peace and Strategy"
B. H. Liddell-Hart, "Sherman: Soldier, Realist, American" & "Scipio Africanus: Greater Than Napoleon"
Laura Hillenbrand, "Unbroken"
M. M. Kaye, "The Far Pavilions"
H. R. McMaster, "Dereliction of Duty"
Nelson Mandela, "Long Walk to Freedom"
Williamson Murray, "Military Innovation in the Interwar Period" & "Successful Strategies"
Anton Myrer, "Once an Eagle"
Hew Strachan, "The Direction of War"
Colin Powell, "My American Journey"
Steven Pressfield, "Gates of Fire"
Guy Sajer, "The Forgotten Soldier"
Michael Shaara, "The Killer Angels"
George P. Shultz, "Turmoil and Triumph" & "Issues on My Mind"
Viscount Slim, "Defeat into Victory"
Nicholas Monsarrat, "The Cruel Sea"
Robert Gates, "Duty"
C. E. Lucas Phillips, "The Greatest Raid of All"
Will & Ariel Durant, "The Lessons of History"
Ron Chernow, "Alexander Hamilton"
Alistair Horne, "A Savage War of Peace"
Betty Iverson & Tabea Springer, "Tabea's Story"
Sun Tzu, "The Art of War"
Andrew Gordon, "The Rules of the Game"
Paul Kennedy, "The Rise and Fall of Great Powers"

亨利・季辛吉，《外交》、《世界秩序》
丹尼爾・詹姆斯・布朗，《船上的男孩》
威廉・曼徹斯特，《美國凱撒》、《告別黑暗》
馬克斯・黑斯廷，《慘痛的一九一四：歐洲參戰》
大衛・佛藍金，《一個終結所有和平的和平》
E. B. 史賴吉，《決戰沖繩島》
麥可・瓦瑟，《正義與不義之戰》
瓦維爾，《其他男人的花朵詩集》
賓・魏斯特，《守護村落》
安東尼・辛尼，《在開第一槍之前》
馬漢・瓦金，《戰爭、道德與軍事專業》
蓋爾・西斯勒，《為國家與陸戰隊》
赫曼・沃克，《凱恩艦事變》
勞夫・彼得，《永不退出》
馬克斯・雷納，《荷姆斯法官的內心與信念》
《陸戰隊準則第一冊：作戰》
艾博特・皮爾斯，《戰略、倫理與反恐戰爭》
約瑟夫・康拉德，《吉姆老爺》
T.E. 勞倫斯，《智慧七柱》
魯迪亞德・勞倫斯，《金》
詹姆斯・麥克佛森，《自由的戰嚎》
亞齊伯德・瓦維爾，《總督的旅程》

David Rothkopf, "National Insecurity: American Leadership in an Age of Fear"
Barbara Tuchman, "The March of Folly" & "The Guns of August"
Vali Nasr, "The Dispensable Nation: American Foreign Policy in Retreat"
Henry Kissinger, "Diplomacy" & "World Order"
Daniel James Brown, "The Boys in the Boat"
William Manchester, "American Caesar" & "Goodbye Darkness"
Max Hastings, "Catastrophe 1914: Europe Goes to War"
David Fromkin, "A Peace to End All Peace"
E. B. Sledge, "With the Old Breed"
Michael Walzer, "Just and Unjust Wars"
Archibald Wavell, "Other Men's Flowers" (poetry)
Bing West, "The Village"
Tony Zinni, "Before the First Shots Are Fired"
Malham Wakin, "War, Morality and the Military Profession"
Gail Shisler, "For Country and Corps"
Herman Wouk, "The Caine Mutiny"
Ralph Peters, "Never Quit the Fight"
Max Lerner, "The Mind and Faith of Justice Holmes"
Marine Corps Doctrinal Publication 1: "Warfighting"
Albert Pierce, "Strategy, Ethics and the 'War on Terrorism'"
Joseph Conrad, "Lord Jim"
T. E. Lawrence, "Seven Pillars of Wisdom"
Rudyard Kipling, "Kim"
James McPherson, "Battle Cry of Freedom"
Archibald Wavell, "The Viceroy's Journey"

附錄 C

西南太平洋區總部

總司令辦公室

1943 年 8 月 23 日

親愛的海爾賽：

以萊城為目標的任務發起日暫定在 9 月 4 日，最後的決定將取決於天氣預報。根據長期預報，在我們的氣象人員已經進行了大約三週的推敲之後，不僅非常準確，而且顯示 D 日的任務能在良好或與預報非常相近的環境下執行。我們會在最後確定的一刻通知你。

如果萊城行動能得到南太平洋地區佯動作戰的支援，將會具有極大的幫助。我因此來函，要求你考慮以艦隊的部分兵力發起一次行動，一方面吸引敵軍的注意，一方面讓敵方空軍的兵力停留在布卡島——拉包爾——卡維恩地區。基於這個計畫在執行方面實際的可行性，其性質和範圍都將由你決定。我將會很感激你若能仔細考慮，並表達你的觀點。

你麾下部隊近期無論在地面、海上或空中的作戰當中，對於位在西南太平洋地區的我們而言是極大的幫助。謹讓我利用這次機會，重申我對於你的全面合作，以及你指揮下作戰的素質表達致謝之意。

你親切的
道格拉斯・麥克阿瑟

致小威廉・F・海爾賽上將
第三艦隊司令

APPENDIX C

GENERAL HEADQUARTERS
SOUTHWEST PACIFIC AREA
OFFICE OF THE COMMANDER-IN-CHIEF

DECLASSIFIED
DOD ltrs.
8 Jan. & 20 June 1974
By ,LC; Date 10/17/75

SECRET

23 August 1943.

My dear Halsey:

D-day for the operation against Lae has been set tentatively for 4 September, final determination depending upon the weather forecast. The long range forecast, for which our weather men have been running sequences for about three weeks, is excellent and indicates that the operation can go under favorable conditions on D-day or very close to it. You will of course be informed the moment the final determination is made.

It would be highly advantageous if the Lae operation could be supported by deception in the South Pacific. I am writing, therefore, to ask you to consider a movement by an element of your fleet which would attract the enemy's attention and serve to fix in place the hostile air strength in the Buka-Rabaul-Kavieng area. The decision is yours as to the practical feasibility of execution of this plan and of its nature and scope. I would appreciate, however, your careful consideration and an expression of your views.

The action of your forces, ground, naval and air during the course of recent operations has been a source of great pleasure to all of us in the Southwest Pacific Area. Let me take advantage of this opportunity to reiterate my appreciation for your complete cooperation and for the fighting qualities of your command.

Cordially yours,

Douglas MacArthur
DOUGLAS MacARTHUR

Admiral Wm. F. Halsey, Jr.,
Commander, Third Fleet.

SECRET

美軍太平洋艦隊南太平洋部隊

旗艦司令部

1943 年 8 月 25 日

機密個人信件

親愛的將軍：

關於萊城任務的發起日，我相信我可以如你所願，發起一場相當有效的佯動與轉移敵軍注意力作戰。

我的提案簡述如下：

1. 8 月 30 日，強大的聯合特遣艦隊將會從聖靈島和艾法特島出發，並在新赫布里底群島以西進行演習。
2. 9 月 2 日，艦隊將從新赫布里底群島往北，進入班克斯——聖塔特魯茲地區，並對作戰半徑內的敵方空軍保持警戒。預料將於 9 月 3 日為日軍偵察機所發現。
3. 從 9 月 2 日開始，索羅門群島的飛機將會對布干維爾島南端與相關的日軍行動，發起連續性的空中攻擊，這次行動將會持續到 9 月 3 日。

我相信這次無預警的艦隊與空中活動，將會讓對方警覺，認為我方會在南太平洋發起某些大型作戰。假使這次轉移敵軍注意力的行動，無法將駐拉包爾的空中兵力給拖住或調離，我提議把握任何敵軍在防空上暴露出有利於我方的弱點。

關於我提議轉移敵軍注意力的行動，相關細節已經向艾薛柏格將軍說明。我將這信和你 23 日來信副本，傳呈尼米茲與金恩。

預祝你 D 日全面獲勝

你親切的
W.F. 海爾賽

致美國陸軍上將
道格拉斯・麥克阿瑟

COMSOPAC FILE

SOUTH PACIFIC FORCE
OF THE UNITED STATES PACIFIC FLEET
HEADQUARTERS OF THE COMMANDER

DECLASSIFIED
DOD ltrs.
8 Jan. & 20 June 1974
By: ,LC; Date

SECRET

25 August 1943.

SECRET and PERSONAL

My dear General:

I believe that I can create a reasonably effective feint and diversion such as you desire in connection with the Lae Dog-Day.

Briefly, my proposal is this:

1. On 30 August strong combined Task Forces will sortie from Espiritu Santo and Efate and commence exercises west of the New Hebrides.

2. On 2 September Fleet will move north of New Hebrides into the Banks-Santa Cruz area with prudent regard for enemy air radii of action, but with the expectation of being sighted by Jap reconnaissance planes on September 3rd.

3. On 2 September Aircraft Solomons will commence a round-the-clock air assault on the Southern Bougainville and associated Jap activities, the assault to continue through the 3rd of September.

I believe that the sudden Fleet and air activities will serve to alert the enemy for some major operation by South Pacific. If the diversion fails to immobilize or divert Rabaul air, I propose to take such advantage of any weakness in the enemy's air defense as may appear profitable.

The details of my proposed diversionary operation were explained to General Eichelberger, and I am forwarding copies of this letter, together with yours of the 23rd, to Nimitz and King.

All success to your D-Day.

Cordially,

W. F. HALSEY.

General Douglas MacARTHUR, U.S. Army,
Commander-in-Chief, Southwest Pacific Area.

Copies sent to Admirals King and Nimitz on 26 August. HC

00A	
01	
02	
11	
12	
15	
16	
17	
20	
22	
25	
26	
27	
31	
52	
75	
80	
90	
95	
05	
06	
07	

附錄 D

陸戰隊潘道頓營基地，加州（2004 年 2 月 20 日）
師長
第一陸戰師（加強）艦隊陸戰隊
潘道頓營，加州，92055-5380

2004 年 2 月

一封由師長致部署至中東的海軍與陸戰隊官兵家屬的信。

我們正要重返伊拉克，關於在那裡等待著我軍的挑戰，我們當中沒有人存有任何不切實際的幻想。我們也能體會，當我們部署時，自己所愛的人理所當然會感到焦慮。我們將會彼此陪伴，我們全體，通過忠誠和友誼的強化，一同克服每項困難。這件事雖然不容易，但人生當中多數值得去做的事情，都是得來不易的。

國家需要我們投入到讓伊拉克恢復穩定的困境中。我們的敵人在觀望，他們以性命與計畫做為賭注，認定美國沒有持續這場戰鬥的勇氣。我們的海軍與陸戰隊員，在陸軍和很多已經進駐伊拉克的友邦部隊輔助下，將會證明敵人犯下了嚴重的錯誤。隨著第一陸戰師返回戰區，你們所愛的人將會需要你們在精神上的支持，才能專注在自己的職責上。

我們的家眷扶助官們以及重要的志工，都已經準備好幫你們完全掌握情況。另外在我們的陸戰隊基地內，也設置了支援單位，能提供家屬在面對任何挑戰之際所需要的工具。我們將順利通過這段時期——藉由彼此支援與互相照應，並讓我們的家庭更為強大，信仰更為堅定，且營造出畢生的情誼。我並不是說這對任何人都是輕鬆的。但，我們必須了解，唯有團結一心，大家才能承受最強的風暴、摒棄最不實的謠言，帶著信心克服任何危機。團結一心，藉由公開的溝通與互信，我們將能維繫這個近期在阿富汗與伊拉克的部署中獲致成功、充滿韌性的團隊。

讓我們知道你的疑問，如此我們才能回答你。最重要的是，保持信心，將團體的力量與自己的勇氣分享給彼此，甚至是全美國民眾。我們全體都為那些訓練有素的海軍與陸戰隊員感到驕傲；我們了解，本師的派遣去對付敵軍，將會讓國家更為安全。我們同樣以你們為榮；當我們重返這場惡戰時，牢記你是我們陸戰隊大家庭中不可或缺的一員，我們將會攜手經歷這一切。

願上帝保佑你們

永遠忠誠，

J.N. 馬提斯
少將，美國海軍陸戰隊

APPENDIX D

MARINE CORPS BASE CAMP PENDLETON, Calif. (Feb 20, 2004) --
COMMANDING GENERAL
1ST MARINE DIVISION (REIN), FMF
CAMP PENDLETON, CALIFORNIA 92055-5380

February 2004

A letter from the Commanding General to the Families of our Sailors and Marines deploying to the Middle East.

We are returning to Iraq. None of us are under any illusions about the challenges that await out troops there. We also know the understandable anxiety that will be felt by our loved ones when we deploy. We are going to stand by one another, all of us, reinforced by our faith and friendship, and together overcome every difficulty. It will not be easy but most things in life worth doing don't come easily.

Our Country needs us in the struggle to put Iraq back on its feet. Our enemies are watching, betting t heir lives and their plans on America nor having the courage to continue this fight. Our Sailors and Marines, reinforcing the Army and our many allies' forces already in Iraq, will prove the enemy has made a grave mistake. As the division goes back to this combat zone, your loved ones will need your spiritual support so they can focus on their duty.

Our Family Readiness Officers and Key Volunteers stand ready to keep you fully informed. Our Marine Bases have support agencies who, you will find, can provide the tools to deal with every challenge you may face. We will come through these times – seeing one another through, looking out for each other- with our families strengthened, our faith stronger, our friendship cemented for life. This does not imply it will be easy for anyone. But, we must recognize that together we can withstand the strongest storm, dismiss the wildest rumors, and overcome any crisis in confidence. Together, with open communication and trust, we will remain the team that so recently succeeded and proved its resilience during deployment to Afghanistan and Iraq.

Let us know your questions so we can keep you informed. Most importantly, keep the faith and share both your clan strength and your courage with each other and with the American people. We are all enormously proud of our well-trained Sailors and Marines; we know that our country will be safer with our Division deployed against the enemy. We are equally proud of you; remember that you are an integral member of our Marine family as we go back into this brawl and that we will stick together through it all.

God bless you all.

Semper Fidelis,

J. N. MATTIS
Major General, U.S. Marines

附錄 E

美國海軍陸戰隊

中央司令部陸戰隊

7115 南界大道

麥克迪爾空軍基地，佛羅里達州 33621-5101

2007 年 8 月 8 日

發文者：指揮官

受文者：賈斯汀・L・夏拉特上等兵，美國海軍陸戰隊

事由：案件最終處分

依據：

(a) 海軍陸戰隊司令於 2006 年 6 月 6 日，轉發中央司令部陸戰隊指揮官之公文（主旨：對哈迪沙事件調查指定並連帶轉移任何必須之行政或懲戒作為之權限）

(b) 陸軍在 2006 年 6 月 15 日，依照陸軍法規 15-6，對 2005 年 11 月 19 日伊拉克哈迪沙事件之調查（陸軍少將巴爾吉威爾，依照行政調查程序與軍官委員會規定），本資料經移交簽署

(c) 海軍罪犯調查處從 2006 年 4 月 12 日至 2007 年 5 月 25 日，關於哈迪沙事件之一系列報告

(d) 調查官依照軍職人員法典第 32 條，對美國海軍陸戰隊賈斯汀・L・夏拉特上等兵之調查簽核報告

1. 按照依據 (a)，並基於我對依據 (b)，(c) 和 (d) 的通盤考量，我認定在你案子中的指控，將在不損害既有權利的前提下撤銷。我是基於所有

APPENDIX E

UNITED STATES MARINE CORPS
U.S. MARINE CORPS FORCES CENTRAL COMMAND
7115 SOUTH BOUNDARY BOULEVARD
MACDILL AIRFORCE BASE, FLORIDA 33621-5101

5800
SJA
AUG O g.7n p,

From: **Commander, U.S. Marine Corps Forces, Central Command**
To: Trial Counsel

Subj: DISMISSAL OF CHARGE AND SPECIFICATIONS IN THE CASE OF UNITED STATES V. LANCE CORPORAL JUSTIN L. SHARRATT, XXX XX 1095, USMC

Ref: (a) R.C.M. 306, Manual for Courts-Martial (2005 Edition)
(b) R.C.M. 401, Manual for Courts-Martial (2005 Edition)

Encl: (1) DD Form 458 Preferred 21 Dec 06

1. In accordance with the references, the charge and specifications
p nhn nnn>n, •ann hriSy ogpo

[redacted]

By direct ion

Copy to:
TC
DC

的呈堂證據，並特別考量到依據 (d) 中，調查官依照第 32 條所提出之建議，以及他推定相關證據不足以移交至軍事法庭。

2. 所謂的戰鬥經驗，很難通過理智方面去理解，也很難通過情感去體會。國內最善於表達意見的最高法官，小奧立佛．溫德爾．荷姆斯，是一名南北戰爭期間的步兵，曾以「無法溝通的經驗」來描述戰爭。另外他也曾在別處說過，「面對高高舉起的刀，不能要求獨立的反思」。陸戰隊官兵向來以面對武力強大的敵人時，仍能保持冷靜著稱。像荷姆斯法官描述的殘酷現實，其實每一天都在伊拉克上演，而你們仍願冒極大的風險保護無辜的民眾。當那裡的敵人全然罔顧任何戰爭中的道德規範時，我們貫徹紀律與克制，保護戰場上的無害者。我們的作法是對的，但也是最難的。

3. 你於 2005 年 11 月 19 日所涉入的該次事件，已經過陸戰隊、陸軍與海軍罪犯調查處調查員詳盡檢視。一位依照法規第 32 條指派的調查官，在考慮所有的事實之後，認定你是依照接戰準則採取行動，他對證據的評議包括在 (d) 之中。對這起事件乃至你的作為的嚴格檢視，對於維持我們的紀律標準，一如陸戰隊隊歌中「維持我們的榮譽無瑕」而言是必要的。我清楚你已經歷過這個最為困難的過程。我仍樂觀地以為，你自始至終都相信並得到無罪推定的保障，而這正是我們軍事司法體系的基石。

4. 你們在伊拉克以陸戰隊步兵的身分服役，我國正在當地對抗一群如鬼魅般的敵人。他們混在無害的民眾之間，也不遵守任何的戰爭規範，時常以民眾為目標，甚至故意吸引我們朝百姓攻擊。你們都很清楚這個戰鬥環境所帶來的挑戰，讓你和其他陸戰隊夥伴面臨了極大的壓力。作戰、倫理乃至於法律上的要求，使我們的官兵必須真誠地面對自己的規範，並在這個道德受到影響的環境中，持續地遵守戰爭法。隨著罪名不被起訴，你們可以正當地論定，自己已經盡了全力遵守規範。這些規範是被經歷過多次戰爭，和你們一樣必須在戰鬥的極短時

UNITED STATES MARINE CORPS
U.S. MARINE CORPS FORCES CENTRAL COMMAND
7115 SOUTH BOUNDARY BOULEVARD
MACDILL AIR FORCE BASE, FLORIDA 33621-5101

IN REPLY REFER TO:
5810
CG
AUG 08 2007

From: Commander

To: Lance Corporal Justin L. Sharratt, U.S. Marine Corps

Subj: DISPOSITION OF CASE

Ref: (a) Commandant of the Marine Corps ltr to Commander, U.S. Marine Corps Forces Central Command dtd 06 Jun 2006 (Subj: Designation as Consolidated Disposition Authority for Any Necessary Administrative or Disciplinary Actions Relative to the Haditha Investigation)
(b) Army Regulation 15-6 Investigation of Events in Haditha, Iraq on 19 November 2005 (MG Bargewell AR 15-6) dtd 15 June 06 and Forwarding Endorsements
(c) The Naval Criminal Investigative Service's Reports of Investigation Concerning the Haditha Incident from 12 April 2006 to 25 May 2007
(d) Uniform Code of Military Justice Article 32 Investigating Officer Report ICO United States v. Lance Corporal Justin L. Sharratt, U.S. Marine Corps

1. Pursuant to reference (a), and based upon my thorough consideration of references (b), (c), and (d), I have determined that the charges in your case will be dismissed without prejudice. I have made this decision based upon all of the evidence and have specifically considered the recommendation articulated in reference (d) from the Article 32 Investigating Officer and his determination that the evidence does not support a referral to a court-martial.

2. The experience of combat is difficult to understand intellectually and very difficult to appreciate emotionally. One of our Nation's most articulate Supreme Court Justices, Oliver Wendell Holmes, Jr., served as an infantryman during the Civil War and described war as an **"incommunicable experience.,, He has also noted elsewhere that** "detached reflection cannot be demanded in the face of an uplifted knife." Marines have a well earned reputation for remaining cool in the face of enemies brandishing much more than knives. The brutal reality that Justice Holmes described is experienced each day in Iraq, where you willingly put yourself at great risk to protect innocent civilians. Where the enemy disregards any attempt to comply with ethical norms of warfare, we exercise discipline and restraint to protect the innocent caught on the battlefield. Our way is right, but it is also difficult.

3. The event in which you were engaged on 19 November 2005 has been exhaustively examined by Marine, Army, and Naval Criminal

間內，做出生死抉擇的美軍人員所遵守。如同你們向來被「無罪推定」的前提所保護，隨著這些罪名的不起訴，你們無論是在法律抑或是我的面前，都是清白的。

J.N. 馬提斯

Subj: DISPOSITION OF CASE

Investigative Service investigators. An independent Article 32 Investigating Officer has considered all the facts and concluded that you acted in accordance with the rules of engagement. His comments on the evidence are contained in reference (d). The intense examination into this incident, and into your conduct, has been necessary to maintain our discipline standards and, in the words of the Marines' Hymn, "To keep our honor clean." I recognize that you have been through a most difficult experience. I am optimistic that you remained aware that you were, and have always been entitled to, and received the benefit of, the presumption of innocence that is the bedrock of our military justice system.

4. You have served as a Marine infantryman in Iraq where our Nation is fighting a shadowy enemy who hides among the innocent people, does not comply with any aspect of the law of war, and routinely targets and intentionally draws fire toward civilians. As you well know, the challenges of this combat environment put extreme pressures on you and your fellow Marines. Operational, moral, and legal imperatives demand that we Marines stay true to our own standards and maintain compliance with the law of war in this morally bruising environment. With the dismissal of these charges you may fairly conclude that you did your best to live up to the standards, followed by U.S. fighting men throughout our many wars, in the face of life or death decisions made by you in a matter of seconds in combat. And as you have always remained. cloaked in the presumption of innocence, with this dismissal of charges, you remain in the eyes of the law - and in my eyes - innocent.

J. N. MATTIS

附錄 F

白宮用箋

華盛頓

2007 年 9 月 28 日

致美國海軍陸戰隊中將，詹姆斯．N．馬提斯

陸戰隊第一遠征軍司令

中央司令部海軍陸戰隊

郵政信箱 555300

加州，潘道頓營 92055

親愛的馬提斯中將：

北大西洋委員會下轄的防衛計畫委員會，已指派您擔任轉型事務最高聯合指揮官，其相關之責任與職權，將會在北大西洋公約組織軍事委員會發布之職責規範中敘明。

在您任職美國聯合部隊司令部指揮官的同時，參議院已經同意閣下擔任轉型事務最高聯合指揮官之提名。在您接掌指揮權後：

1) 指派加入美國聯合部隊司令部之美國武裝部隊在達成任務所須的狀況下，其作戰指揮權將繼續由您負責；另外，

2) 在符合法律與規範的前提之下，您有權考慮以適當的數量與必要的職等，任用美國武裝部隊中之軍官、士官與美國政府中之民間雇員作為閣下之幕僚。

誠摯的

喬治．W．布希

APPENDIX F

THE WHITE HOUSE

WASHINGTON

September 28, 2007

Lieutenant General James N. Mattis, USMC
Commanding General
I Marine Expeditionary Force and Commander
United States Marine Corps Forces Central Command
Post Office Box 555300
Camp Pendleton, California 92055

Dear Lieutenant General Mattis:

The Defense Planning Committee of the North Atlantic Council has appointed you Supreme Allied Commander for Transformation. The responsibilities and the authority of the Supreme Allied Commander for Transformation will be contained in the Terms of Reference issued by the Military Committee of the North Atlantic Treaty Organization.

The Senate has now confirmed your nomination to the grade of general while serving as Commander, United States Forces Command and Supreme Allied Commander for Transformation. As you assume command:

1) The United States Armed Forces assigned to the United States Joint Forces Command will remain under your operational command to the extent necessary for the accomplishment of your mission; and

2) You are authorized to use officers and enlisted personnel of the United States Armed Forces and civilian employees of the United States Government on your staff as you consider appropriate in the numbers and in grade as necessary, consistent with law and regulation.

Sincerely,

George W. Bush

附錄 G

美國聯合部隊司令部指揮官對於效能作戰論之指南

美國海軍陸戰隊詹姆斯・N・馬提斯上將

這部分是我對於效能作戰論之看法與對指揮官的指引。這份文獻是為了提供美國聯合部隊司令部的幕僚們一份明確的引導，以及在跨軍種準則裡，和聯合訓練、概念發展與實驗中，如何面對效能作戰論提供一個新的指示。我深信由於各種對效能作戰論之解讀，在聯合軍種乃至我們的多國夥伴間，已經造成了必須加以修正的混淆。在我的看法，效能作戰論已經被錯誤應用，且過度延伸，實際上已妨礙聯合作戰而非有所幫助的程度。

因此，我們必須要回到那些經得起時間考驗的原則與術語，它們不僅經歷我軍在戰爭洗禮中的考驗，並在戰爭的理論乃至本質中有著良好的基礎。同時，我們必須延續並採用那些源自於效能論構想有用的特性。我們必須強調任務命令類型的重要性、包括了明確的指揮官企圖、清晰的任務與目標，以及最重要的，將方法與措施、可達成的目的連結起來。為了借重這些原則，我們必須善用非軍事能力，並盡可能去進一步了解，不同的作戰變數如何導致今日的作戰環境更為複雜。

我的評估是藉由自身的經驗，以及其他人源自不同作戰環境的經驗。我深信我們必須牢記下列事項：首先，未來的作戰將會需要在正規與非正規能力間取得平衡。第二，敵人是聰明且具適應能力。第三，所有的作戰環境不僅都是動態的，而且具有無限多的變數，因此就科學上而言，是不可能準確預測出單次作戰的結果。假使有人提出其他的看法，其實是違背了歷史經驗與戰爭的本質。第四，「當我們在一個戰區裡認為某種作法有效（或無效）其實是錯誤的」的觀點，可以一致性應用在所有戰區。最後，引述薛曼將軍的話：「每項企圖讓戰爭變得容易且安全的嘗試，將會遭致羞辱與災難。」歷史當中不僅充滿了案例，更令我們很難相信效能作戰論之長期評估循環，能夠帶來敏銳的可預測性，進而能強化我們的準則。

聯合軍種必須在不確定之中採取行動，且在混亂中壯大，察覺當中的機會，而非退而仰賴更多的資訊。聯合部隊司令部的目的在於確保聯合準則的平順，在減少友軍摩擦的同時，簡化聯合作戰。我的目的在於使我們的計畫程序與作戰概念的重新明確。最終要達成的，是確保每位指揮官都能以明確易懂的措辭，傳達其企圖，進而促使手下能果斷地採取行動。

完整文章請參看下列網址
https://apps.dtic.mil/sti/pdfs/ADA490619.pdf

APPENDIX G

USJFCOM Commander's Guidance for Effects-based Operations

BY GENERAL JAMES N. MATTIS, USMC

Herein are my thoughts and commander's guidance regarding effects- based operations (EBO). This article is designed to provide the US Joint Forces Command (USJFCOM) staff with clear guidance and a new direction on how EBO will be addressed in joint doctrine and used in joint training, con- cept development, and experimentation. I am convinced that the various inter-pretations of EBO have caused confusion throughout the joint force and among our multinational partners that we must correct. It is my view that EBO has been misapplied and overextended to the point that it actually hinders rather than helps joint operations.

Therefore, we must return to time-honored principles and terminol- ogy that our forces have tested in the crucible of battle and that are well grounded in the theory and nature of war. At the same time, we must retain and adopt those aspects of effects-based thinking that are useful. We must stress the importance of mission type orders that contain clear commander's intent and unambiguous tasks and purposes and, most importantly, that link ways and means with achievable ends. To augment these tenets, we must leverage non- military capabilities and strive to better understand the different operating vari- ables that make up today's more complex operating environments.

My assessment is shaped by my personal experiences and the experi- ences of others in a variety of operational situations. I am convinced that we must keep the following in mind. First, operations in the future will require a balance of regular and irregular competencies. Second, the enemy is smart and adaptive. Third, all operating environments are dynamic with an infinite number of variables; therefore, it is not scientifically possible to accurately predict the outcome of an action. To suggest otherwise runs contrary to his-torical experience and the nature of war. Fourth, we are in error when we think that what works (or does not work) in one theater is universally applica-ble to all theaters. Finally, to quote General Sherman, "Every attempt to make war easy and safe will result in humiliation and disaster." History is replete with examples and further denies us any confidence that the acute predictabil-ity promised by EBO's long assessment cycle can strengthen our doctrine. The joint force must act in uncertainty and thrive in chaos, sensing opportunity therein and not retreating into a need for more information. USJFCOM's purpose is to ensure that joint doctrine smooths and simplifies joint operations while reducing friendly friction. My goal is to return clarity to our planning processes and operational concepts. Ultimately, my aim is to ensure leaders convey their intent in clearly understood terms and empower their subordinates to act decisively.

For complete article, see
http://strategicstudiesinstitute.army.mil/pubs/parameters/articles/08autumn/mattis.pdf

報（或稱為齊默曼信箋）是一九一七年時，德意志帝國考量到美國將參戰與其對抗，而與墨西哥建立軍事同盟的外交提案。但這項提案卻被英國情報單位截收並解碼，曝光的內容導致美國輿論的極度不滿，並有助於民間支持該年四月美國對德宣戰。威爾遜總統公開了這份電報，並立刻向國會提案，將美國商船武裝化以對抗德軍潛艦。

（註十） Admiral William J. Crowe Jr., *The Line of Fire* (New York: Simon and Schuster, 1993), p. 201.

（註十一） Sean Rayment, "Armada of International Naval Power Massing in the Gulf as Israel Prepares an Iran Strike," *Telegraph,* September 15, 2012, www.telegraph.co.uk/news/worldnews/middleeast/iran/9545597/Armada-of-international-naval-power-massing-in-the-Gulf-as-Israel-prepares-an-Iran-strike.html.

（註十二） Leon Panetta, *Worthy Fights* (New York: Penguin, 2014), p. 435.

（註十三） Alfred Thayer Mahan, *Mahan on Naval Warfare* (Boston: Little, Brown & Company, 1918), p. 12.

（註十四） George P. Shultz (ed.), *Blueprint for America* (Stanford, Calif.: Hoover Institution Press, 2016), p. 137.

第十七章

（註一） Rudyard Kipling, *Kim,* in *The Writings in Prose and Verse of Rudyard Kipling* (New York: Charles Scribner's Sons, 1902), Google Books.

in Albert Gallatin, *The Writings of Albert Gallatin,* vol. 1 (Philadelphia: Lippincott, 1867), p. 367, Google Books.

（註三） "Obama Says Egypt's Transition 'Must Begin Now,' " CNN, February 2, 2011, www.cnn.com/2011/POLITICS/02/01/us.egypt.obama/.

（註四） Liz Halloran and Ari Shapiro, "Obama: U.S. Is 'On Right Side of History' in Mideast," NPR, February 15, 2011, https://www.npr.org/2011/02/15/133779423/obama-u-s-is-on-right-side-of-history-in-mideast.

（註五） Wikipedia, s.v. "2011-12 Jordanian Protests," last modified April 29, 2019, en.wikipedia.org/wiki/2011–12_Jordanian_protests.

（註六） Rear Admiral J. C. Wylie, quoted in John Collins, "National Security Career Choices," War on the Rocks, September 16, 2013, https://warontherocks.com/2013/09/national-security-career-choices/.

（註七） Robert Palladino, Department of State press briefing, Washington, DC, April 2, 2019.

（註八） "Two Men Charged in Alleged Plot to Assassinate Saudi Arabian Ambassador to the United States," Justice News, U.S. Department of Justice, October 11, 2011, https://www.justice.gov/opa/pr/two-men-charged-alleged-plot-assassinate-saudi-arabian-ambassador-united-states. 同時參閱 Mark Memmott, " 'Factions' of Iran's Government Behind Terrorist Plot, Holder Says," NPR, October 11, 2011, www.npr.org/sections/thetwo-way/2011/10/11/141240766/reports-terrorist-plot-tied-to-iran-disrupted.

（註九） Wikipedia, s.v. "Zimmermann Telegram," last modified April 28, 2019, en.wikipedia.org/wiki/Zimmermann_Telegram 齊默曼電

（註六）　Mark Landler, "U.S. Troops to Leave Iraq by Year's End," *New York Times,* October 21, 2011, www.nytimes.com/2011/10/22/world/middleeast/president-obama-announces-end-of-war-in-iraq.html?searchResultPosition=27.

（註七）　"Barack Obama's Victory Speech—Full Text," *Guardian,* November 7, 2012, www.theguardian.com/world/2012/nov/07/barack-obama-speech-full-text.

（註八）　Mark Landler and Helene Cooper, "Obama Will Speed Pullout from War in Afghanistan," *New York Times,* June 22, 2011, www.nytimes.com/2011/06/23/world/asia/23prexy.html?mtrref=www.google.com&gwh=BF3E31C9DD88A65880999B1C0248021E&gwt=pay.

（註九）　Tony Zinni and Tony Koltz, *Before the First Shots Are Fired* (New York: St. Martin's, 2015), p. 177.

（註十）　參閱，例如Missy Ryan and Susan Cornwell, "U.S. Says Pakistan's ISI Supported Kabul Embassy Attack," Reuters, September 22, 2011.

（註十一）　Farhan Bokhari, "Pakistan Blasts 'Unpro-voked' NATO Attacks," CBS News, November 26, 2011, www.cbsnews.com/news/pakistan-blasts-unprovoked-natoattacks/.

（註十二）　Wikipedia, s.v. "2012 in Afghanistan," last modified April 6, 2019, en.wikipedia.org/wiki/2012_in_Afghanistan.

第十六章

（註一）　"Look Forward in Anger," *Economist,* August 6, 2016, www.economist.com/briefing/2016/08/06/look-forward-inanger?frsc=dg%7Ca.

（註二）　Thomas Jefferson to Albert Galla-tin, December 3, 1807,

說，「我願意拿副總統的職位和你對賭，馬力奇會延展美軍地位協定（SOFA）。」亦可參見凱德瑞（Khedery）的「為什麼我們支持馬力奇」（Why We Stuck with Maliki）：「馬力奇不會輕易交出權力。奧斯丁將軍清楚表明，他對現狀較為滿意，但中央司令部司令馬提斯則剛好相反。埃及人、沙烏地人、約旦人和卡達人都曾告訴過他，他們不希望馬力奇繼續留在位子上。假使馬力奇勝選，不但會影響整個地區，長期來看，任何伊朗方面對馬力奇政府的影響，都將對美國造成不利。馬提斯提醒他們，伊拉克政府的組成將會影響全中東各國之間的關係。……國家情報總監詹姆斯・克拉伯（James Clapper）也同意馬提斯對於區域會有顯著衝擊的觀點。」

（註三） Howard LaFranchi, "Iraq Withdrawal: How Many U.S. Troops Will Remain?" *Christian Science Monitor,* September 7, 2011, www.csmonitor.com/USA/Foreign-Policy/2011/0907/Iraq-withdrawal-How-many-US-troops-will-remain.

（註四） Lauren Carroll, "McCain: Obama Never Said He Wanted to Leave Troops in Iraq," PolitiFact, September 12, 2014, www.politifact.com/truth-o-meter/statements/2014/sep/12/john-mccain/mccain-obama-never-said-he-wanted-leave-troops-ira/.

（註五） 由於伊拉克國會未通過「美軍地位協定」，給了美國政府連留下三千五百人部隊都拒絕的理由。但當二〇一四年伊拉克蓋達組織（伊斯蘭國）再度興起後，美國政府在與二〇一一年撤軍時同樣的條件下，伊拉克政府提供同樣的法律保證及保護後——一項行政命令，僅通過確認我們的士兵在任何被指控的不當行為時是在執勤，就授予美國對其人員的軍事管轄權——重新投入超過五千人的兵力。為什麼這樣的保障在二〇一四到二〇一六年之間就可以，但在二〇一一年時卻被認為不足夠，我始終無法理解其中的原委。

（註七）　www.clausewitz.com/readings/Bassford/Trinity/TRININTR.htm.

第十四章

（註一）　參閱"The Joint Organization and Staff Functions," *The Joint Staff Officer's Guide* (2000), www.au.af.mil/au/awc/awcgate/pub1/. 中央司令部是一個作戰司令部（COCOM），對於它的詳細定義，列在跨軍種出版手冊O-2《武裝部隊之統一行動》（Unified Action Armed Forces, UNAAF）當中。它是依照美國法典第十章第一六四節，將特定部隊配屬於戰鬥指揮官，或依照總統指揮計畫（UCP）指示時的指揮體系，不得被授予他人或移轉。而美國國會授予戰鬥指揮官命令下級指揮部的權限，其中包括各類軍事行動、聯合訓練、後勤、擬定命令與兵力以執行特定任務、招募必要兵員以執行任務、規範下級指揮官的指揮權限、協調並批准行政、支援、懲處，並行使選派下級指揮官與作戰司令部幕僚的權力。

（註二）　"Combatant Commands," U.S. Department of Defense, www.defense.gov/know-your-military/combatant-commands/.

（註三）　"U.S. Central Command (USCENTCOM)," Global Security, www.globalsecurity.org/military/agency/dod/centcom.htm.

第十五章

（註一）　Ali Khedery, "Why We Stuck with Maliki—and Lost Iraq," *Washington Post,* July 3, 2014, www.washingtonpost.com/opinions/why-we-stuck-with-maliki-and-lost-iraq/2014/07/03/0dd6a8a4-f7ec-11e3-a606-946fd632f9f1_story.html?utm_term=.5f43adfd99c8i. 同時參閱Emma Sky, 336-42.

（註二）　Gordon and Trainor, *Endgame,* p. 643「馬力奇要我們留下，因為除此之外他看不出伊拉克能有將來，」據當事人引述拜登

Mississippi Valley Historical Review 32, no. 4, March 1946, JSTOR, www.jstor.org/stable/1895240?seq=1#page_scan_tab_contents.

（註七） Paul von Zielbauer, "Marines Punish 3 Officers in Haditha Case," *New York Times*, September 6, 2007, www.nytimes.com/2007/09/06/world/middleeast/06haditha.html.

第十二章

（註一） "NATO Decisions on Open-Door Policy," NATO, April 3, 2008, www.nato.int/docu/update/2008/04-april/e0403h.html.

第十三章

（註一） Matt M. Matthews, *We Were Caught Unprepared: The 2006 Hezbollah-Israeli War,* Long War Series Occasional Paper 26 (Fort Leavenworth, Kans.: Combat Studies Institute Press, 2008), p. 26.

（註二） Avi Kober, "The Israel Defense Forces in the Second Lebanon War: Why the Poor Performance?" *Journal of Strategic Studies* 31, no. 1 (June 5, 2008), p. 62.

（註三） Friedrich Hayek, Wikiquote, s.v. "Friedrich Hayek," last modified January 14, 2019, en.wikiquote.org/wiki/Friedrich_Hayek.

（註四） Mike Santacroce, *Planning for Planners: Joint Operation Planning Process* (Bloomington, Ind.: iUniverse, 2013), Google Books.

（註五） George C. Marshall, *Infantry in Battle,* 2nd ed. (Washington, DC: Infantry Journal Press, 1939), pp. 1–14.

（註六） James N. Mattis, "USJFCOM Commander's Guidance for Effects-based Operations," *Joint Force Quarterly* (Autumn 2008), p. 25.

counterinsurgency.

（註九） Victor H. Krulak, *First to Fight: An Inside View of the U.S. Marine Corps* (Annapolis, Md., Naval Institute Press, 1999), p. 243.

（註十） Admiral Horatio Nelson, quoted in "Trafalgar—21st of October, 1805," *Naval Review* XLIII, no. 4 (1955), p. 388, available at docplayer.net/51746379-The-issued-quarterly-for-private-circulation-november-1955.html.

（註十一） James Currie, *The Complete Poetical Works of Robert Burns: With Explanatory and Glossarial Notes; and a Life of the Author* (New York: D. Appleton, 1859), available at quod.lib.umich.edu/cgi/t/text/text-idx?c=moa&cc=moa&sid=95e3f6e828e116b80d4cccd93c806bc1&view=text&rgn=main&idno=ABE9038.0001.001.

第十一章

（註一） Mark Walker, "Mattis: Winning in Iraq Will Take Five More Years," *San Diego Union-Tribune,* December 21, 2006, www.sandiegouniontribune.com/news/2006/dec/21/mattis-winning-in-iraq-will-take-five-more-years/.

（註二） Joel Roberts, "Senator Reid on Iraq: 'This War Is Lost,' " CBS News, April 20, 2007, www.cbsnews.com/news/senator-reid-on-iraq-this-war-is-lost/.

（註三） John MacArthur, "Semper Why? One More Illusion Down the Drain," *Providence Journal,* June 20, 2006.

（註四） "Large Bombings Claim Ever More Lives," Iraq Body Count, October 4, 2007, www.iraqbodycount.org/analysis/numbers/biggest-bombs/.

（註五） Walker, "Mattis: Winning in Iraq."

（註六） Frank Freidel, "General Orders 100 and Military Government,"

may/21/iraq.rorymccarthy.
（註五） Ibid.
（註六） Tony Perry to Bing West, July 23, 2016.
（註七） Edward Cody, "Officers Say Target Was Safe House," *Washington Post,* June 20, 2004, p. A01.
（註八） Wikipedia, s.v. "The Paratrooper's Prayer," last modified May 1, 2019, en.wikipedia.org/wiki/The_Paratrooper%27s_Prayer.

第十章

（註一） Daniel Kahneman, *Thinking, Fast and Slow* (New York: Farrar, Straus and Giroux, 2013), p. 11.
（註二） Jon Clegg, "How Urban Meyer Took the Buckeyes to School," *Wall Street Journal,* Dec 6, 2014.
（註三） David Hancock, "General: It's Fun to Shoot People," CBS News, February 3, 2005, www.cbsnews.com/news/general-its-fun-to-shoot-people/.
（註四） S. L. A. Marshall, *Men Against Fire: The Problem of Battle Command* (1947; repr., Gloucester, Mass.: Peter Smith Publications, 1973), p. 138.
（註五） Esther Schrader, "General Draws Fire for Saying 'It's Fun to Shoot' the Enemy," February 4, 2005, www.latimes.com/archives/la-xpm-2005-feb-04-fg-mattis4-story.html.
（註六） West, *No True Glory,* p. 316.
（註七） Joint Publication 1, Doctrine for the Armed Forces of the United States, www.dtic.mil/doctrine/new_pubs/jp1.pdf.
（註八） "Small-Unit Leaders' Guide to Counterinsurgency," United States Marine Corps, June 20, 2006, www.slideshare.net/marinecorpsbooks/marine-corps-small-unit-leaders-guide-to-

（註十一） Dan Glaister, "US Gunships Pound Falluja," *Guardian,* April 27, 2004, www.theguardian.com/world/2004/apr/28/iraq.danglaister.

（註十二） Bremer, *My Year in Iraq,* p. 333.

（註十三） Ibid., p. 334.

（註十四） Ibid., p. 335.

（註十五） General Jim Conway, interviewed by Bing West, Fallujah, Iraq, May 29, 2004.

（註十六） West, *No True Glory,* p. 143.

（註十七） I MEF press conference, May 1, 2004.

（註十八） Bremer, *My Year in Iraq,* p. 345.

（註十九） Michael Gordon and Bernard Trainor, *The Endgame: The Inside Story of the Struggle for Iraq, from George W. Bush to Barack Obama* (New York: Pantheon, 2012), p. 113. 中情局認為處決地點就在卓蘭地區的一處安全屋內，該處為一神論與聖戰群（Tawhid Jihad）的基地，札卡維本人親手殺死了伯格。

（註二十） Richard DesLauriers, former FBI agent, and Kevin Carroll, Army intelligence officer, Fox News, September 19, 2014.

第九章

（註一） George W. Bush, "5 Step Plan for Democracy in Iraq," speech, Carlisle, PA, May 24, 2004, American Rhetoric Online Speech Bank, www.americanrhetoric.com/speeches/wariniraq/gwbushiraq52404.htm.

（註二） Bremer, *My Year in Iraq,* p. 393.

（註三） General Rupert Smith, *The Utility of Force* (New York: Vintage, 2005), p. 399.

（註四） Rory McCarthy, "US Soldiers Started to Shoot Us, One by One," *Guardian,* May 20, 2004, www.theguardian.com/world/2004/

2003.
（註四） J. R. Fears, "Afghanistan: The Lessons of History," Big Think, October 13, 2011, bigthink.com/learning-from-the-past/afghanistan-the-lessons-of-history. 從公元前三三〇到三二七年，亞歷山大以最為無情的方式運用軍力，有系統地征服了這個國家。征服了阿富汗之後，他不僅贏得了民心，更娶了阿富汗軍閥奧克夏特斯（Oxyartes）的女兒羅克珊娜為首任妻子，安撫了當地所有的其他軍閥。亞歷山大的長子兼帝國繼承人都會是阿富汗人，另外更將阿富汗視為其偉大新世界的盟友。亞歷山大並未將希臘的傳統或民主等價值，強加在阿富汗人頭上。除了允許他們維持自己的傳統，還採用阿富汗與波斯的習俗。這讓亞歷山大成為了阿富汗的國家英雄，並以斯堪德（Skander，亞歷山大在當地的發音）一名影響後世。
（註五） MerriamWebster.com, s.v. "primum non nocere," https://www.merriam-webster.com/dictionary/primum%20non%20nocere
（註六） Bing West, *No True Glory: A Frontline Account of the Battle for Fallujah* (New York: Bantam, 2005), p. 52.
（註七） L. Paul Bremer, *My Year in Iraq* (New York: Threshold Editions, 2006), p. 332.
（註八） Lieutenant General Ricardo Sanchez, *Wiser in Battle* (New York: HarperCollins, 2008), p. 350.
（註九） Rumsfeld, *Known and Unknown,* p. 332. 同時參閱p. 532:「國家安全委員會的所有成員，都認為我們不能讓一座伊拉克城市變為謀殺犯與恐怖分子的庇護所。我的動機不僅是要找出那些犯下暴行的敵人，更要對該國傳遞一項訊息，任何人只要從事恐怖活動，就要面臨美國的軍事力量。」
（註十） "Battle for Falluja Under Way," CNN, November 9, 2004, www.cnn.com/2004/WORLD/ meast/11/08/iraq.main/.

（註七） "William Joseph Slim," YourDictionary, updated April 12, 2019, biography.yourdictionary.com/ william-joseph-slim. 同時參閱Vicki Croke, *Elephant Company* (New York: Random House Trade Paperbacks, 2015), p. 223.

（註八） Franks, *American Soldier,* p. 511.

（註九） Donald Rumsfeld, *Known and Unknown: A Memoir* (New York: Penguin, 2011), p. 465.

（註十） Rick Atkinson, Peter Baker, and Thomas E. Ricks, "Confused Start, Decisive End," *Washington Post,* April 13, 2003.

第七章

（註一） Groen, *With the 1st Marine Division,* p. 97.

（註二） *Nashua Telegraph,* April 15, 2003, newspaperarchive.com/nashua-telegraph-apr-15-2003-p-6/.

（註三） B. H. Liddell Hart, *Strategy* (1954), cited at Classics of Strategy and Diplomacy (website), posted by Roger Beckett, January 19, 2016, www.classicsofstrategy.com/2016/01/liddell-hart-strategy-1954.html.

第八章

（註一） "Text of Bush's Speech at West Point," *New York Times,* June 1, 2002, www.nytimes.com/2002/06/01/international/text-of-bushs-speech-at-west-point.html.

（註二） "Anbar Province Plagued by Violence," *New Humanitarian,* January 15, 2007, www.irinnews.org/report/64374/iraq-anbar-province-plagued-violence.

（註三） Brian Knowlton, "Top U.S. General in Iraq Sees 'Classical Guerrilla-Type' War," *International Herald Tribune,* July 16,

（註二十一）Mary Anne Weaver, "Lost at Tora Bora," *New York Times,* September 11, 2005.
（註二十二）Franks, *American Soldier,* p. 324. 中央司令部副司令德隆中將事後解釋：「假使我們將兵力部署到那裡，將無可避免會與阿富汗村民交戰——在敏感時刻造成壞事——那是我們最不想做的事。」Lieutenant General Michael DeLong, *A General Speaks Out* (New York: Zenith Press, 2007), p. 56.
（註二十三）Henry A. Crumpton, *The Art of Intelligence* (New York: Penguin, 2012), p. 259.
（註二十四）Peter Baker, *Days of Fire: Bush and Cheney in the White House* (New York: Random House, 2013), p. 322.
（註二十五）Weaver, "Lost at Tora Bora."

第六章

（註一） Lieutenant Colonel Michael Groen, *With the 1st Marine Division in Iraq, 2003* (Washington, DC: History Division, Marine Corps University, 2006), p. 98.
（註二） Ulysses S. Grant, *The Complete Personal Memoirs of Ulysses S. Grant* (Berkeley, Calif.: Ulysses Press, 2011), p. 153.
（註三） Richard Miller, *In Words and Deeds* (Hanover, N.H.: University Press of New England, 2008), p. 133.
（註四） Ibid., p. 236.
（註五） 這句話原文是「Nullus melior amicus, nullus peior inimicus」，源自羅馬將領蘇拉（Lucius Cornelius Sulla）。據信他是一位極其忠誠的朋友，但對敵人卻殘酷無情。他在公元前七十八年前後寫出這句話後，還打算將它刻在自己位於羅馬戰神廣場（Campus Martius）的墳墓上。
（註六） General John Kelly, interviewed by Bing West, August 16, 2014.

Ministry for Culture and Heritage, updated March 1, 2016, nzhistory.govt.nz/media/interactive/gallipoli-casualties-country.

（註七） David C. Emmel, Major, USMC, "The Development of Amphibious Doctrine," master's thesis, Oregon State University, 1998. www.dtic.mil/dtic/tr/fulltext/u2/a524286.pdf.

（註八） Robert Heinl, *Victory at High Tide: The Inchon- Seoul Campaign* (Philadelphia: Lippincott, 1968), pp. 346-51.

（註九） Lowrey, *Marines in Afghanistan,* pp. 103-10.

（註十） Lowrey, *Marines in Afghanistan,* p. 116.

（註十一） Lowrey, *Marines in Afghanistan,* p. 142.

（註十二） Pentagon press release, November 27, 2001.

（註十三） Pentagon press release, November 26, 2001.

（註十四） Pentagon press release, November 27, 2001.

（註十五） Lowrey, *Marines in Afghanistan,* p. 133.

（註十六） Lowrey, *Marines in Afghanistan,* p. 207.

（註十七） Sean Naylor, *Relentless Strike* (New York: St. Martin's, 2015), p. 184.

（註十八） "The Heliograph," National Park Service, updated February 24, 2015, www.nps.gov/fobo/historyculture/the-heliograph.htm.「到一八八六年八月，邁爾斯已經能利用二十三座分別位於亞利桑那與新墨西哥州的信號哨站，每座的間距約達二十五英里。」

（註十九） Yaniv Barzilai, *102 Days of War* (Washington, DC: Potomac Books, 2013), p. 317.

（註二十） 美方最後一次公開在媒體上提到賓拉登的，是一位三角洲部隊指揮官，他提及在十二月十二日的一次無線電監聽中，確定對方仍舊躲藏在托拉波拉山區。Pete Blaber, *The Mission, the Men and Me* (New York: Penguin, 2008), p. 195.

1776. oll.libertyfund.org/titles/washington-the-writings-of-george-washington-vol-iv-1776.

第四章

（註一） 陸戰隊安全警衛的員額接近一千人，分駐在一百七十四個地點（也稱為分隊），他們一共組成九個區域性的陸戰隊安全警衛指揮部，派駐在超過一百三十五個國家。Wikipedia, s.v. "Marine Security Guard," last modified March 28, 2019, en.wikipedia.org/wiki/Marine_Security_Guard.

（註二） Field Marshal Viscount Slim, *Defeat into Victory* (New York: First Cooper Square Press, 2000), p. 542.

第五章

（註一） General Tommy Franks, *American Soldier* (New York: HarperCollins, 2004), p. 255. 同時參閱 Nathan S. Lowrey, *U.S. Marines in Afghanistan, 2001-2002: From the Sea* (Washington, DC: Historical Division, US Marine Corps, 2011), p. 134 二〇一一年九月十三日，法蘭克斯將軍宣稱：「阿富汗不利於陸戰隊的兩棲兵力，因此地面作戰將會仰賴美國陸軍的戰鬥力量，並由美國空軍提供後勤支援。」

（註二） Lowrey, *Marines in Afghanistan,* p. 34.

（註三） Napoleon I, 1769-1821, *Mémoires,* cited in Wikipedia, s.v. "Coup d'Oeil," last modified August 19, 2018, en.wikipedia.org/wiki/Coup_d%27oeil.

（註四） Lowrey, *Marines in Afghanistan,* pp. 82-83.

（註五） Lowrey, *Marines in Afghanistan,* p. 89; Clarke Lethin, interviewed by Bing West, September 4, 2014.

（註六） "Gallipoli Casualties by Country," New Zealand History,

參考文獻

第一章

（註一）　一八〇五年，路易斯上尉來到鎮外的一片草地，他的日誌裡寫道：「有一百名來自不同族的印地安人來到這裡，其中不少人帶了木頭給我們。我們和他們全體一起抽菸，隊上有兩個人會演奏小提琴，讓他們很愉快。」Lewis and Clark, Clark Journal Entry, October 19, 1805. lewisandclarkjournals.unl.edu/item/lc.jrn.1805-10-19.

（註二）　當我在《外交政策》雜誌官網上，讀到陸戰隊上尉喬丹・巴拉謝克（Jordan Blashek）二〇一四年的貼文時，感到非常欣慰：「與其試著記住六十九種不同的戰術、戰技與程序，我會建議那些年輕少尉們專注在一件事情上：『想想你的工作，弄清楚每件事情背後的原因。』面對當代戰場上的混亂，需要一個能夠進行批判性思考、細緻入微的頭腦，以及謙虛地提出正確問題的態度。」Jordan Blashek, "68 TTPs Too Many! Or, Why Lists Like That Won't Help Improve Our Junior Officers," Best Defense (blog), *Foreign Policy,* January 29, 2014, foreignpolicy.com/2014/01/29/68-ttps-too-many-or-why-lists-like-that-wont-help-improve-our-junior-officers.

第三章

（註一）　George Washington to the President of Congress, February 9,

學會領導

馬提斯從戰場與戰略規劃養成的管理學

Call Sign Chaos: Learning to Lead

作者：吉姆・馬提斯（Jim Mattis）、賓・魏斯特（Bing West）
譯者：趙武靈
審定：郭力升將軍
主編：區肇威（查理）
封面設計：莊謹銘
內頁排版：宸遠彩藝

出版：燎原出版／遠足文化事業股份有限公司
發行：遠足文化事業股份有限公司（讀書共和國出版集團）
地址：新北市新店區民權路 108-2 號 9 樓
電話：02-22181417
傳真：02-86671065
客服專線：0800-221029
信箱：sparkspub@gmail.com

讀者服務

法律顧問：華洋法律事務所／蘇文生律師
印刷：博客斯彩藝有限公司

出版：2022 年 3 月／初版一刷
　　　2024 年 5 月／初版五刷
定價：600 元

ISBN 9786269505586（平裝）
　　　9786269578603（EPUB）
　　　9786269505593（PDF）

國家圖書館出版品預行編目 (CIP) 資料

學會領導：馬提斯從戰場與戰略規劃養成的管理學 / 吉姆 . 馬提斯 (Jim Mattis), 賓 . 魏斯特 (Bing West) 作 ; 趙武靈譯 . 初版 . -- 新北市 : 遠足文化事業股份有限公司燎原出版 , 2022.03
面 ; 14.8X 21 公分
譯自 : Call sign chaos : learning to lead
ISBN 978-626-95055-8-6(平裝)

1. 馬提斯 (Mattis, James N., 1950-)
2. 傳記　3. 海軍陸戰隊　4. 領導者　5. 美國

785.28　111001461